はじめに

はじめまして。株式会社 AutoPilotAcademy（オートパイロットアカデミー）代表取締役の小池英樹と申します。

わたしが小学生高学年だった 1990 年代の半ば頃、欲しいものは店で買うのがあたりまえでした。食料品はコンビニ、スーパー、ゲーム機や CD コンポなら大手家電チェーン、洋服が欲しければアパレル量販店。通販は近くに店がない場合や、店で目当ての商品が見つからなかった場合の代替手段であり、テレビ CM や雑誌で気になる商品があれば、まずは店舗へ足を運びます。

店内で実際の商品を手に取り、他の商品と見比べ、店員の説明を聞きながら、自分の希望にマッチするのか、本当に買うべきモノなのかどうか検討し、ときには妥協して、ときには奮発して購入していました。

可処分所得、小遣いの金額の差こそあれ、1990 年代の半ばまで、年代・性別を問わず消費者一人ひとりのこうした購買行動にそれほど大きな違いはなかったと思います。

また、BtoB（企業間取引）の現場においても、売り手と買い手をつなぐのはあくまで人と場所でした。

事務用品や OA 機器を購入するにしても、業務をアウトソーシングするにしても、最初のステップはまず先方と顔を合わせること。

営業スタッフに来てもらい、あるいは自ら相手のオフィスへと赴き、対面での商談を通じて契約書にサインを交わすべきか検討していた企業が多かったはずです。

こうした購買行動、企業間取引の形が変わり始めたのは、2000年代の初め頃。ADSL などの高速データ通信が普及し、PC 端末の性能が飛躍的に進化したことにより、店舗や取引先に赴かなくても、自宅、オフィスにいながらにして商品の機能やデザインをチェックできるようになりました。

さらに 2007 年に初代 iPhone が発売され、スマートフォン、ソーシャルメディアがコミュニケーションツールとして定着すると、他ユーザーの投稿から商品のレビューまで把握することが可能に。本格的なデジタル時代の到来により、人、場所との物理的な接触を介さない購買行動が一般化したというわけです。

当然、売る側としてはこうした変化に後れをとるわけにはいきません。

2000 年 10 月にサービスを開始した Google アドワーズ（現：Google 広告）、Facebook、Instagram をはじめとするソーシャルメディアなど、さまざまなデジタル広告、媒体を駆使して顧客獲得、販路拡大を図るようになります。

また、2010 年代以降は YouTube を主戦場とする動画マーケティングや、インフルエンサーとのタイアップに力を入れる企業が増えたのも広く知られている通りです。

はじめに｜3

経済産業省によると、2022年における日本国内のネット通販の市場規模は約22兆7,000億円に達しています。これは2022年度の日本の国家予算の約5分の1に相当する金額です。

デジタルでモノを買うのが当たり前の時代

引用：総務省「令和4年度デジタル取引環境整備事業（電子商取引に関する市場調査）」(https://www.meti.go.jp/press/2023/08/20230831002/20230831002-1.pdf) を筆者加工

　新型コロナウイルスの影響による一時的な落ち込みはあったものの、それを除けばネット通販市場は右肩上がりの拡大を続けています。食品、日用品はもちろんのこと、書籍やDVD、業務用アプリ、クラウドサービスといった法人向けの商材まで、オンラインで購入するのがあたりまえになりました。

　それにともない、多くの企業がデジタル広告の配信やソーシャルメディアアカウントの運用といったデジタルマーケティングに力を入れているのは、みなさまがご存じの通りです。

ただ、デジタルマーケティングには1つの落とし穴がある

それは、<u>販促・集客の手段、プロモーションツールの選択肢が極めて多岐にわたるということです。</u>例えば、多くの事業者が利用している Google 広告1つとっても、クリエイティブの仕様や配信面の異なる複数のキャンペーンが用意されています。

多様化するツールとデジタルマーケティングの課題

「今はネットでモノを買うのがあたりまえだから」「他社も出稿しているから」とやみくもにキャンペーンを選び、リスティング広告や動画広告を配信しても奏功することはありません。多くの場合、コンバージョンや認知拡大といった成果を得られないまま広告の掲載料、制作や効果測定の人件費が積み上がり、マーケティング予算を圧迫してしまうでしょう。

こうした失敗を避けるためにはまず、消費者の行動と心理をきちんと理解すること

アメリカの著名なマーケターであるブライアン・クラマー氏は著書で「BtoB（企業対企業）や BtoC（企業対個人）はもう古い。これからのビジネスは HtoH（人間対人間）です」と述べています。確かに、BtoB ではより長期的な関係性の構築が求められることが多く、BtoC では個々の消費者のニーズや感情に焦点を当て、迅速な対応が必要になる場合が多くなります。しかし、**いずれの場合も、消費者の顔が見えにくいデジタル全盛時代だからこそ、消費者の感情の動きを理解し、どのように行動するのかを捉えることが重要です。**

Google 検索する消費者はどんな情報を欲しているのか、何を求めて YouTube 動画をチェックするのか、最終的な購入の決め手となるのは何なのか。消費者の購買プロセスと、それぞれの段階における期待、関心、心情、感情の変化をしっかり捉えて、具体的な打ち手へと変換する必要があります。

本書では、そのための戦略と戦術を網羅的に解説

現代のマーケターは、顧客のライフサイクル全体を包括的に理解し、各ステップで効果的なデジタルマーケティングの戦略と戦術を適用する必要があります。**本書では、顧客視点を基盤に、各ステップにおけるデジタルマーケティングの基本から応用までを詳細に解**

説し、具体的なケーススタディとともに実際のビジネスの場での適用例を示しています。これにより、読者は目的を達成するためのデジタルマーケティングの戦略（全体的な目標や方向性の策定）と戦術（戦略を実現するための具体的な施策）の実装に必要な知識と技術を習得できるでしょう。

　本書はデジタルマーケティングが初めての方、すでに一定の経験がある方、または高度な知識を求めている方まで幅広く役に立つよう構成されています。以下にそれぞれの読者層に対するアプローチを解説します。

初心者

　デジタルマーケティングの基本的な知識やスキルを習得したい方や、デジタルマーケティングの重要性は理解しているが、具体的な戦略や手法についてはまだ学んでいない方に向けて、基礎知識から始め、効果的なデジタルマーケティングの戦略や戦術を構築および実践する方法を解説しています。

［ 想定する対象読者 ］
・事業者のマーケティング部門の新入社員
・マーケティング企業の新入社員
・新しいビジネスを立ち上げたばかりの起業家
・小規模ビジネスを運営しているが、デジタルマーケティングの知

識がなく、オンラインでのビジネス拡大のために基本的なデジタルマーケティングの知識を習得したい方
・旧来型のマーケティングの知識はあるが、デジタルマーケティングの知識を習得するのはこれからという方

中級者

　すでに基本的なデジタルマーケティングの知識やスキルを持っているが、さらに知識を深めたいまたは新しい戦略と戦術を学びたい方、また、組織でデジタルマーケティングのプロジェクトをいくつか経験しており、より効果的な戦略や戦術を探している方に向けて、新しいデジタルマーケティングのトレンドに焦点を当てて解説しています。

[想定する対象読者]

・事業者のマーケティング部門で数年の経験があり、さらなるスキルアップを目指す方
・マーケティング企業で数年働いており、クライアントに対するより効果的なデジタルマーケティングの戦略と戦術を適用したいと考えている方
・ビジネスを拡大するために新しいデジタルマーケティングの戦略と戦術を探している起業家やビジネスオーナー
・デジタルマーケターとして活動しており、より幅広い知識や新しい戦略と戦術を探している方

上級者

　高度なデジタルマーケティングの知識と経験を持っており、最新

のトレンドや先進的な戦略・手法について学びたい方。あるいは、デジタルマーケティングの専門家で、新しい知識や技術を継続的に学び、専門性をさらに磨きたい方に向けて、先進的な戦略や最新のデジタルマーケティングの戦術に焦点を当て、深く掘り下げて解説しています。

[想定する対象読者]

・デジタルマーケティングの専門家で、業界の最新のトレンドを追求している方
・デジタルマーケティングのコンサルタントやマーケティング企業のリーダーで、クライアントやチームに最先端の戦略や戦術を提供したい方
・デジタルマーケティングの教育者や講師で、学生やクライアントに最新の知識とベストプラクティスを教えたい方

なお、本書に掲載されているデジタルマーケティングの情報は、執筆が完了した時点での最新のものとなります。デジタルマーケティングは常に進化し続けており、新しいテクノロジーや消費者の動向の変化によって、掲載されている情報が古くなる可能性があります。

しかし、デジタルマーケティングの成功法則は時代を超えて変わらない

その理由は、マーケティングの戦略的側面が重要であり、これがすでに確立されているからです。SEO のトレンドや、どのソー

シャルメディアや広告媒体を選択するのが最適かといった戦術的な要素は変化していきますが、成功を収めるための基本原則は変わりません。

　日本マーケティング協会は「マーケティング」を次のように定義しています。

"マーケティングとは、顧客や社会と共に価値を創造し（１）、その価値を広く浸透させることによって、ステークホルダーとの関係性を醸成（２）し、より豊かで持続可能な社会を実現するための構想（３）でありプロセスである。"

《日本マーケティング協会 2024 年》
1）主体は企業のみならず、個人や非営利組織等がなり得る。
2）関係性の醸成には、新たな価値創造のプロセスも含まれている。
3）構想にはイニシアティブがイメージされており、戦略・仕組み・活動を含んでいる。

　デジタルマーケティングもまた、この基本的なマーケティングの定義と原則に基づいています。テクノロジーの進歩と共に新しいツールやプラットフォームが登場し、デジタルマーケティングの戦術は進化しますが、基本的なマーケティングの原則は変わりません。**成功のためには、顧客のニーズを理解し、価値を提供し、そして顧客との良好な関係を築くことが重要です。**
　時代やテクノロジーが変化し続ける中で、本書で解説しているマーケティングの普遍的な原則を理解し、適切なデジタルマーケ

ティングの戦術を実践することで、あなたは見込み客や顧客と互いに有益な関係を築くことができ、結果としてビジネスを成長させることができるでしょう。

本書では、生成 AI をデジタルマーケティングに活用する方法も紹介

40 年ぶりに漫画『ブラック・ジャック』（手塚治虫）の新作が発表され、話題となりました。この作品は、AI がストーリーやキャラクターの案を出し、その後、人間が作画やコマ割りを行う手順で作成されました。まさに、人間と AI が共に創り出した作品と言えるでしょう。

デジタルマーケティングにおいて生成 AI の活用は必須ではありませんが、業務の効率化に大いに寄与する重要なツールであることは間違いありません。このため、本書の各章の末尾には「AI と共に拓く」という課題を設け、各カテゴリにおける AI の活用法を紹介しています。また、生成 AI の活用方法は第 16 章に詳しくまとめています。ただし、**デジタルマーケティングの本質を理解せずに AI を効果的に使うのは難しいことを念頭に置いてください。正しい知識がないと、生成された回答が正しいか否かを判断することは困難です。AI は質問に対して適切な回答を生成する能力を持っていますが、その回答の価値を最大限に活かすためには、デジタルマーケティングに関する正しい理解が必要です。したがって、本書は基本的に第 1 章から順に読んでいただくことをお勧めします。**

目　次

はじめに　　　　　　　　　　　　　　　　　　　　　　　2

本書の実践的な使い方と基本用語　　　　　　　　　　　15

第 1 章　デジタル全盛の時代、　　　　　　　　　　　27
　　　　　マーケティングファネルの真の価値とは？
》コラム 01　カスタマージャーニーとマーケティングファネルの違い　　62

第 2 章　最適なターゲット市場を選び、理想的な　　　67
　　　　　顧客像（ペルソナ）を作成し、
　　　　　唯一無二の販売提案（USP）を明示する
》コラム 02　ビジネスの成功要因を見つけるのに役立つ3C分析　　92

第 3 章　顧客のニーズに応えるコンテンツ作成のポイント　　95

第 4 章　Google 検索エンジンから　　　　　　　131
　　　　　マーケティングファネルにトラフィックを集める
》コラム 03　Yahoo! と Bing の検索エンジン　　　　178

第 5 章　ソーシャルメディアから　　　　　　　　179
　　　　　マーケティングファネルにトラフィックを集める
》コラム 04　YouTube のチャンネル登録者数を増やすには？　　212
》コラム 05　新しいソーシャルメディアの Threads とは？　　218

| 第6章 | デジタル広告からマーケティングファネルに
トラフィックを集める | 219 |
| 》コラム 06 | ゼロから始める YouTube 広告 | 287 |

第7章	オプトインページとリードマグネットで 見込み客（リード）を獲得する ＆セールスレターで購買を促す	293
》コラム 07	ランディングページの成約率を高める ワイヤーフレームの作り方	332
》コラム 08	ランディングページの成約率を高める 入力フォーム最適化（EFO）の5つの方法	336
》コラム 09	成約率の高いビデオセールスレター（VSL）の作り方	340

| 第8章 | Eメールとウェビナーで購買意欲の高い
見込み客に育てる（リードナーチャリング） | 343 |
| 》コラム 10 | 顧客管理システム（CRM）とは？主要機能と導入のメリット | 389 |

| 第9章 | 集客商品（フロントエンド商品）の販売で見込み
客を顧客に育てる（コンバージョンの獲得） | 393 |

| 第10章 | 収益商品（バックエンド商品）の販売で
顧客生涯価値（LTV）を向上させる | 415 |
| 》コラム 11 | 商品やサービスのアップデート情報の提供で LTV を向上させる | 455 |

| 第11章 | 顧客自身を広告塔として、集客・販促を加速させる | 457 |

第12章	Google Analytics 4 を活用して データを解析する	479
》コラム 12	GTM（Google タグ マネージャー）で効率的にタグを管理する	512
》コラム 13	Google Search Console を活用して検索トラフィックを解析する	513
》コラム 14	ヒートマップツールを活用してデータを解析する	516

| 第13章 | データを基にした仮説検証で デジタルマーケティングのパフォーマンスを 向上させる | 519 |
| 》コラム 15 | 8割の成果につながる2割のデータを見極める | 550 |

| 第14章 | 認知・PR の意味とは？ マスメディア露出の戦略 | 553 |

| 第15章 | 企業成長に必要なデジタルマーケティングの スキルと組織 | 573 |

| 第16章 | AI と共に拓く：ChatGPT をマーケティングに 活かす方法 | 593 |

| 終　章 | おわりに | 632 |

| 索　引 | | 635 |

購読者限定
1. デジタルマーケティング実践チェックリスト
2. デジタルマーケティング改善シート ほか
3. AI プロンプト集 & 無料ウェビナー
4. 1時間オンラインコンサルティング

本書の実践的な使い方と基本用語

本書の実践的な使い方

0
01

　本書は膨大な情報を含んでいますが、学術書や辞書とは異なり、実務に焦点を当てた書籍です。各分野におけるデジタルマーケティングの戦略と戦術を解説し、読者が即座に実践できる方法を示しています。

　その内容は理論だけでなく、実際にどのようにデジタルマーケティングの戦略や戦術を計画し、実行し、評価するかに焦点を当てています。まずは基本的に第1章からお読みいただくことをお勧めいたします。そのうえで、デジタルマーケティングの業務を行う際、本書を手元に置き、必要に応じて参照してください。

　例えば、SEO の課題に直面したときは「SEO」の章、デジタル広告の課題に直面したときは「デジタル広告」の章をお読みいただければ、実践のヒントを得られるでしょう。
　デジタルマーケティング改善シート（P.18）は実務で役立つツールとなります。このシートは、マーケティングファネルの各段階における戦略や戦術を計画し、各段階におけるパフォーマンスを評価し、最適化の機会を探すのに役立ちます。

16　　本書の実践的な使い方と基本用語

■ デジタルマーケティング改善シートの特徴と概要

1. 業態や業種の汎用性

このシートは、さまざまな業態や業種のビジネスに適応するためのフレームワークとして設計されています。BtoB から BtoC まで、どのようなビジネスモデルにも対応可能です。

2. 1枚でデジタルマーケティングの業務を可視化

デジタルマーケティングの多岐にわたる業務を、このシート1枚で簡潔に見渡すことができます。これにより、チーム内でのコミュニケーションがスムーズになり、目標やタスクの把握が容易になります。

3. 自社でのカスタマイズ可能性

すべての要素は、顧客のニーズや自社の戦略に合わせて簡単に作成や修正ができる設計となっています。これにより、時代や市場の変動、企業の方針変更に柔軟に対応することが可能です。

4. 課題点の分析と最適化

このシートを使用することで、デジタルマーケティングの課題点や改善の余地を容易に特定できます。具体的な KPI（Key Performance Indicator：重要業績評価指標）を基に、効果的な最適化策を策定するためのツールとして活用できます。

それでは次のページで、実際のデジタルマーケティング改善シートを見てみましょう。

デジタルマーケティング改善シート

 顧客心理

認知 Awareness
 最近、デジタルマーケティングに興味が出てきた。どんな教材があるんだろう？

興味関心 Interest
このデジタルマーケティング教材、詳しい内容や特徴を知りたいな。

比較検討 Consideration
 この教材とあの教材、どちらが初心者に合っているんだろう？比較してみよう。

購買 Action
決めた！このデジタルマーケティング教材を買うことにする！

継続 Retention
 この教材、本当に役立ってる。他の関連教材も購入してみようかな。

紹介 Advocacy
このデジタルマーケティング教材はわかりやすくて有益だった！友達や同僚にも、おすすめしたい！

発信 Sharing
 このデジタルマーケティング教材は素晴らしい！みんなも試してみるべきだよ！
#おすすめデジタルマーケティング教材

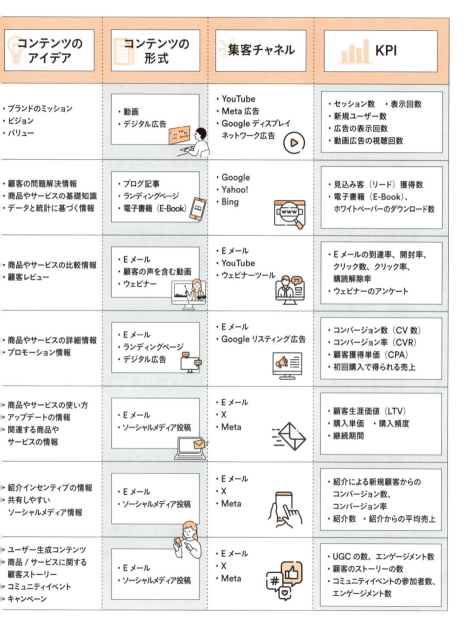

コンテンツのアイデア	コンテンツの形式	集客チャネル	KPI
・ブランドのミッション ・ビジョン ・バリュー	・動画 ・デジタル広告	・YouTube ・Meta 広告 ・Google ディスプレイネットワーク広告	・セッション数　・表示回数 ・新規ユーザー数 ・広告の表示回数 ・動画広告の視聴回数
・顧客の問題解決情報 ・商品やサービスの基礎知識 ・データと統計に基づく情報	・ブログ記事 ・ランディングページ ・電子書籍（E-Book）	・Google ・Yahoo! ・Bing	・見込み客（リード）獲得数 ・電子書籍（E-Book）、ホワイトペーパーのダウンロード数
・商品やサービスの比較情報 ・顧客レビュー	・E メール ・顧客の声を含む動画 ・ウェビナー	・E メール ・YouTube ・ウェビナーツール	・E メールの到達率、開封率、クリック数、クリック率、購読解除率 ・ウェビナーのアンケート
・商品やサービスの詳細情報 ・プロモーション情報	・E メール ・ランディングページ ・デジタル広告	・E メール ・Google リスティング広告	・コンバージョン数（CV 数） ・コンバージョン率（CVR） ・顧客獲得単価（CPA） ・初回購入で得られる売上
・商品やサービスの使い方 ・アップデートの情報 ・関連する商品やサービスの情報	・E メール ・ソーシャルメディア投稿	・E メール ・X ・Meta	・顧客生涯価値（LTV） ・購入単価　・購入頻度 ・継続期間
・紹介インセンティブの情報 ・共有しやすいソーシャルメディア情報	・E メール ・ソーシャルメディア投稿	・E メール ・X ・Meta	・紹介による新規顧客からのコンバージョン数、コンバージョン率 ・紹介数　・紹介からの平均売上
・ユーザー生成コンテンツ ・商品 / サービスに関する顧客ストーリー ・コミュニティイベント ・キャンペーン	・E メール ・ソーシャルメディア投稿	・E メール ・X ・Meta	・UGC の数、エンゲージメント数 ・顧客のストーリーの数 ・コミュニティイベントの参加者数、エンゲージメント数

各要素の具体的な説明は各章に委ねますが、ここでは概要を説明します。

1. 各章では、各要素の詳細について解説しています。第1章ではデジタルマーケティングのファネルの詳細を説明します。この章では、顧客心理について理解を深めていただけます。
2. デジタルマーケターの方は、自社のデジタルマーケティングの状況を考慮しながら、このシートに情報を記入してください。
3. シートに基づきデジタルマーケティングの業務を進め、定期的にKPIを計測し、目標達成の状況を評価してください。
4. 達成状況を基に、デジタルマーケティングの戦略や戦術を最適化してください。
5. 一通り本書をご覧いただいたうえ、第16章を参考に「AIと共に拓く」の課題に取り組んでください。

　デジタルマーケターの使命は、絶え間なく変化するデジタル時代で、消費者のニーズや動向を的確に捉え、それに応じた適切なデジタル戦略や施策を展開することです。この急速に進化する現代において、デジタルマーケターは新しい技術やツール、プラットフォームを取り入れる柔軟性を持ちつつ、ブランドの核心となる価値やメッセージを常に一貫して伝え続ける必要があります。

　本書を通じて学んだことを元に、時には革新的なアプローチを取ることで市場の先駆者となり、また時には既存の方法を最適化し効率を追求することで、常に競争力を維持しつつ消費者との良好な関係を構築するのがあなたの役割です。

本書は第1章から順に進めて読むことをお勧めしますが、自社の
デジタルマーケティングの中で課題があると思う分野を特定して、
その部分を先に読むのもよいでしょう。ぜひ日々の業務の友として、
存分に活用してください。

▎本書の提供する価値

1. 理論と事例を組み合わせて、デジタルマーケティングの要点を
　 明確に理解できます。
2. 単に知識を深めるだけでなく、実務で活用可能なフレームワー
　 クやツールを各テーマごとに紹介します。
3. デジタルマーケティング改善シートや巻末で案内している書籍
　 特典からダウンロードできるチェックリストなどを使えば、注
　 力すべき戦略や戦術の焦点を明確に定めることができます。
4. マーケティング担当者だけでなく、営業や製品開発のチームに
　 も役立ちます。社内に本書の内容を情報共有することにより、
　 共通の理解を築き、統一されたデジタルマーケティングの戦略
　 や戦術を展開することができるようになります。その結果、企
　 業全体のマーケティングの効果を最大限に引き出すことができ
　 ます。
5. デジタルマーケティングにおける AI の活用の仕方を紹介して
　 います。AI をマーケティングの戦略・戦術に取り入れる方法
　 まで学ぶことができます。

02 デジタルマーケティングの定義と基本用語

デジタルマーケティングとWebマーケティングの違いを再確認しながら、デジタルマーケティングに関連する基本的な用語について解説いたします。まず、デジタルマーケティングの定義から詳しく見ていきましょう。

▌デジタルマーケティングとは？

デジタルマーケティングとは、デジタルなツールやメディア、プラットフォームを活用して、主に商品やサービスの宣伝や販売を行う一連の活動を指すものです。

Web制作・運用

デジタル広告配信

Eメールによる集客

ソーシャルメディアでの販促施策
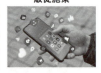

近年注目を集めているAIやメタバース、ブロックチェーンを活用した集客・販促施策もデジタルマーケティングの一部

多くの企業が行っているWebサイトの制作・運営、デジタル広

告の配信や効果の測定、ソーシャルメディアのアカウント管理などのマーケティング手法に加え、動画コンテンツを使用した集客や販促、ウェビナーの開催なども、デジタルマーケティングの範疇に含まれるといえます。

▌Webマーケティングとの違いは？

一方、Webマーケティングは、デジタルマーケティングの一部として、特にインターネットの領域、具体的にはWorld Wide Webを中心とした集客や販促活動を指します。

これには、Webサイトの制作・運用、デジタル広告の配信、SEO対策などが含まれます。デジタルマーケティングの広いカテゴリの中に、Webマーケティングという特定の手法が存在すると理解すると、その違いが明確になるでしょう。

現在、インターネットやWorld Wide Webのイニシアティブを牽引しているのはGoogleです。Googleが提供するメディア、ツー

ル、プラットフォームを活用して商品やサービスの販売を促進する多くの活動は、Web マーケティングとして捉えることができます。

▌デジタルマーケティングの基本用語

次に、デジタルマーケティングの基本用語に焦点を当てて解説します。

デジタルマーケティングにはさまざまな用語が存在しますが、今回は特に使用頻度が高く、マーケティング戦略において重要なものを基本用語として選んで紹介します。初めに、Web 関連の用語を取り上げます。

デジタルマーケティングの基本用語　　　Web

ページビュー数	Webページが閲覧された回数。多いほど商品やサービスの認知度が高まっていると考えられる。
クリック率	広告表示回数やWebページの表示回数に対するクリック数の割合。略称CTR：Click Through Rate。
コンバージョン率	Webページにアクセスしたユーザーのうち購入や予約に至った人の割合。略称CVR：Conversion Rate。
LPO (Landing Page Optimization)	ランディングページ（LP）最適化。CTRやCVRを高めるためにLPの導線や構成を改善する施策。
EFO (Entry Form Optimization)	エントリーフォーム最適化。CVRを高めるために、フォームの入力項目数などを改善する施策。

特に重要な指標の1つ

続いては E メールに関わる基本用語です。

デジタルマーケティングの基本用語　Eメール

到達率	配信総数のうち相手のメールボックスに届いた通数の割合。スパム判定などにより低下する。
開封率	開封数 ÷ 到達数 × 100％。開封率が高いほど、読者の関心も大きい。件名の変更などで改善できる。
購読解除率	解除数 ÷ 配信総数 × 100％。平均 0.1％〜 0.5％前後。著しく高い場合、内容や配信頻度の見直しが必要。
ステップメール	あらかじめスケジュールを設定し、ユーザーの行動に応じて段階的にEメールを配信する手法のこと。
パーソナライズドメール	受信者の詳細（名前など）、興味関心、行動などに基づいてEメールコンテンツをカスタマイズすること。

> Eメール配信システムの機能を使って実施可能

次はソーシャルメディアに関わる基本用語です。

デジタルマーケティングの基本用語　ソーシャルメディア

投稿のリーチ数	投稿を閲覧したユーザー数。リーチ数が多いほど、フォロワーの獲得やコンバージョン（Conversion：略称はCV）につながりやすい。
フォロワー数	アカウントをフォローしているユーザー数。どれだけファンがいて共感を得られているかを示す指標。
エンゲージメント率	いいねやコメント、リポストなど投稿に対してリアクションをしたユーザーの割合。
ハッシュタグ	投稿を分類するタグ。任意のキーワードの冒頭に「#」をつけることで作成可能。
ソーシャルメディアキャンペーン	投稿、フォローなどの条件を設け、当選者に景品を付与する懸賞企画。

> 商品やサービスを拡散させるのに効果的

最後に、特定のツールやプラットフォームに縛られず、デジタルマーケティング全体で一般的に使用される6つの基本用語を選びました。

デジタルマーケティングの基本用語 その他

ペルソナ	年齢性別やライフスタイル、志向などを想定した架空の人物像。ターゲティングに用いる。
リード	商品・サービスに興味関心がある見込み客、将来的な顧客になり得るターゲット集団のこと。
KPI (Key Performance Indicator)	重要業績評価指標として日本語に訳される。組織の主要な目標達成の進捗を測定するのに使われる。
CPA (Cost Per Acquisition)	成果・顧客を獲得するために要したコスト単価。CPAが低いほど効率的に成果を出せている証拠。
LTV (Life Time Value)	顧客生涯価値。1人の顧客が生涯を通じて売り手にもたらす収益。
最適化 (Optimization)	目標とする成果を最大化するために、戦略や戦術の策定や実施を行うこと。

　デジタルマーケティングとは、デジタル空間での商品やサービスの販売に関わるすべての活動を指します。これには、SEO対策やデジタル広告の配信などのWebマーケティングの手法も含まれています。デジタルマーケティングを効果的に実施するためには、使用するツールやメディア、プラットフォーム、そして基本的な用語を正確に理解することが鍵となります。

第 1 章

デジタル全盛の時代、マーケティングファネルの真の価値とは？

第1章の概要

　マーケティングファネルは顧客の購買プロセスを詳しく理解し、効果的なコミュニケーションを展開するために不可欠なフレームワークです。本章では、マーケティングファネルの基本を掘り下げます。具体的にはマーケティングファネルの定義や、それがビジネスの中でどのような役割を果たすのかを解説します。以下が本章のポイントです。

1. 「優れた商品がなぜ売れないのか？」という問いから考える、認知度の重要性
2. 購買行動モデルを視覚化するツールとしてのマーケティングファネル
3. マーケティングファネルを活用することで、なぜビジネスが成功するのか？
4. 収益向上のための効果的なマーケティングファネルの構築方法
5. デジタルマーケティングを成功に導く収益の方程式
6. 収益に影響を与える７つの要素

　さらに、本章で学ぶマーケティングファネルの基礎を軸に、序章で紹介したデジタルマーケティング改善シートを実際のビジネスに適用する方法を本章以降で詳しく紹介していきます。

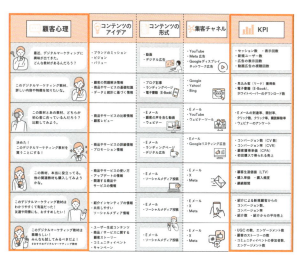

　このシートを活用すれば、認知、興味関心、比較検討、購買、継続、紹介、発信といった各購買段階ごとにおける顧客心理を把握し、それに応じたデジタルマーケティング戦略を立てるためのコンテンツのアイデアや形式の立案、適切な集客チャネルの選定、そして成果を測定するための KPI を体系的に整理することができます。

　このシートを利用して、あなたのビジネスにおけるマーケティング活動を改善し、より効果的な結果を導き出してください。

1｜01 「優れた商品がなぜ売れないのか?」という問いから考える、認知度の重要性

　仮に、創業から2年経過したベンチャー企業が新しいクラウド会計ソフトの開発に挑戦したとします。

　この企業は、経理効率化のため帳票の自動作成機能を導入し、ユーザーが使いやすい画面デザインの検討を重ねました。また、カスタマーサポート体制を強化し、監修には専門家の税理士を起用しました。

　そうしてソフトウェアの開発に全力を投じ、完成した製品を自信をもって市場に投入します。しかし、このソフトウェアのリリース直後に大量のユーザーを獲得することは難しいでしょう。

　その背後には、ソフトウェアがどれほど優れているかや、導入による効果がどれほどのものかということより、**多くの人々がこの新興企業や、その企業が開発したソフトウェアをまだ知らないという現実があります**。

　一般的に、消費者（または企業や団体）の購買行動は、主に以下の7つのステップに分けられます。

1. **認知 (Awareness)**：商品やサービスを知る
2. **興味関心 (Interest)**：商品やサービスに関心を持つ
3. **比較検討 (Consideration)**：類似の商品やサービスと比較する
4. **購買 (Action)**：購入を決意し、実行する
5. **継続 (Retention)**：購入した商品やサービスを継続して利用する
6. **紹介 (Advocacy)**：その商品やサービスを他人に推薦する
7. **発信 (Sharing)**：商品やサービスに関する情報を共有する

　例えば、デジタルマーケティングのオンラインスクールであるAutoPilotAcademyの場合、各購買段階における顧客心理を次の図のように考えています。

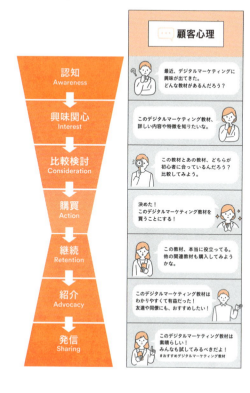

デジタル展開が主流となる現代、消費者が初めて商品に触れる機会は、テレビ CM からデジタル広告や検索エンジンへと移行しています。また、興味を持った消費者が情報を求める場所も、伝統的な物理的店舗から Web サイトやソーシャルメディアへとシフトしています。

　ソーシャルメディアの台頭で、消費者は容易に自分の意見を共有できるようになりました。これにより、ソーシャルメディアでの口コミや他のユーザーのレビューに対する反響が増加しています。しかし、評判を購買決定の判断基準とする行動はデジタル時代の登場前から存在し、購買行動の基本的な流れは変わっていないのです。

　つまり、インターネットやスマートフォンアプリの影響で、物理的な接触が少なくなっても、購買行動の核心は同じままです。

　デジタルマーケティングにおける成功の鍵は、まず商品やサービスを消費者に知ってもらうこと。そして、彼らの関心を引きつけ、比較検討を促進し、最終的に購買（コンバージョン）へと導く必要があります。
この一連のステップを視覚的に表現したものがマーケティングファネルとして知られています。

※コンバージョンとは、消費者が購買や他の特定の目的に基づく行動を実行することを指します。例えば、Web サイトの訪問者が商品を購入したり、セミナーに申し込んだり、資料を請求するなど、企業が期待する行動です。

32　│　第 1 章　デジタル全盛の時代、マーケティングファネルの真の価値とは？

1-02 購買行動モデルを視覚化するツールとしてのマーケティングファネル

ここでは、3つの主要なマーケティングファネルを紹介します。

> 「パーチェスファネル」は、消費者の購買行動を図式化した逆三角形のモデル

パーチェスファネル

消費者の購買行動を図式化した漏斗型（逆三角形）モデル

「パーチェスファネル」とは、消費者が商品やサービスを初めて認知する段階から購入に至るまでのプロセス（「認知」→「興味関心」→「比較検討」→「購買」）を逆三角形で示すモデルです。このモデルは、消費者の数が購買行動の各段階で減少する現象を反映しています。

例として、前述のクラウド会計ソフトでいえば、まずソフトの存在を知る認知から始まり、興味関心を持った中から比較検討を経て、最終的に購入を決意する人はさらに少ないのです。

　この消費者の減少する購買行動の過程が逆三角形を形成します。そして、この形が実験器具の漏斗（funnel）に似ているため、「パーチェスファネル」という名前がつけられました。

　また、パーチェスファネルは、消費者の行動と心理的な変化を5つのステップで表したアメリカの著作家、サミュエル・ローランド・ホール氏が1920年代に提唱した「AIDMAの法則」に基づいています。この法則は、Attention（注意）、Interest（興味）、Desire（欲求）、Memory（記憶）、Action（行動）という5つのステップで消費者の行動を示しています。パーチェスファネルはこのAIDMAの法則をもとに、消費者数の変動を組み込み、購買行動モデルとして発展させたものです。

AIDMAの法則とパーチェスファネル

サミュエル・ローランド・ホール
アメリカの著作家 1924年の著書『Retail Advertising And Selling』でAIDMAの法則を発表

消費行動に特化してモデル化

パーチェスファネル

インフルエンスファネルは、消費者の購入後の行動を図式化した三角形のモデル

インフルエンスファネル

消費者が商品やサービスを購入した後の購買行動を図式化した三角形のモデル

「インフルエンスファネル」は、消費者の購入後の行動を図式化した三角形のモデルです。

このモデルは、**購入後の消費者の行動を「継続使用」、「商品の推奨」、そして「情報の発信」という段階で視覚化**しています。"Influence" は英語で「影響力」という意味を持ち、消費者が商品やサービスに対する評価を広める力を示しています。

パーチェスファネルとは異なり、インフルエンスファネルは購入行動の後に影響を受ける人数が増加する現象を描写しています。この現象は、インターネットやソーシャルメディアの普及に伴い、情報の発信が容易となり、商品やサービスのレビューや意見が広く共有されるようになったためです。

インフルエンスファネルは、消費者の評価がどのように他の人々に影響をおよぼすかを理解するための有用なツールです。このモデルを利用することで、消費者の視点から商品やサービスの評価を理解し、さらに、その評価がどのように他人に伝わるかを把握することができます。

　さまざまな業種や市場において、インフルエンスファネルは消費者の評価や行動を可視化する手段として、商品やサービスの改善に役立つ重要なツールとなっています。

ダブルファネルはパーチェスファネルとインフルエンスファネルを組み合わせたモデル

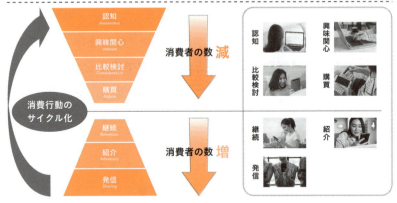

パーチェスファネルとインフルエンスファネルを組み合わせたダブルファネル

　「ダブルファネル」は、顧客の購入過程を示す「パーチェスファネル」と、購入後の顧客行動を示す「インフルエンスファネル」を組み合わせたモデルです。

このモデルを採用することで、既存の顧客からの口コミやソーシャルメディアによる評判の拡散を促進し、その結果、新しい顧客への関心を高める「ダブルファネル効果」が生まれます。この効果は、既存顧客の満足度を活用し、それが新規の顧客獲得につながる考え方に基づいています。

　ダブルファネル効果をうまく活用することで、一方では既存顧客からの売上の最大化を目指し、同時に新規顧客の獲得も促進します。商品やサービスの価値を多くの人々に伝えることで、既存顧客のリピート購入を促すとともに、新しい顧客の関心も引きつけます。このようなアプローチにより、効果的なマーケティング戦略を展開することが可能となります。

　本書では、マーケティングファネルを「ダブルファネル」として捉え直し、各ステップの詳細を深く探るとともに、それぞれのステップに合わせたデジタルマーケティングの戦略や戦術を具体的に紹介します。

マーケティングファネルを活用することで、なぜビジネスが成功するのか?

1 03

続いてマーケティングファネルの利点について説明します。デジタルマーケティングでファネルの概念を導入すると、どのような具体的なメリットがあるのかを見ていきます。

▍メリット①:商品やサービスの販売戦略の優先順位を明確に定めることが容易になる

前述したように、消費者が商品やサービスを購入するためには、まずその存在を知ることが必須です。知らない商品やサービスに対して、消費者が興味を持ったり、比較・検討して購入を決意したりすることはありません。

では、消費者の認知を得るためにはどのような手段が考えられるか。第4章以降で詳しく説明しますが、例えば、販促・集客用のWebサイトや商品紹介ページの開設、SEO対策による検索順位の向上、InstagramやX(旧Twitter)での商品情報の投稿などが挙げられます。

次に、消費者の興味や関心を引き出し、比較・検討を促すための

戦略について。この段階では、消費者はすでに商品やサービスを一定程度認知しており、より詳しい情報を求めています。そのための手法として、商品の特長や魅力を強調した Web コンテンツの制作、そのコンテンツへの誘導を目的としたデジタル広告の掲載、サービスの導入事例を紹介する E メールの配信などが考えられます。

マーケティングファネルの概念をマーケティング戦略に取り入れることで、消費者の心理と行動の過程を段階的に考えることができるようになります。この結果、各段階でのアクションや売り手としてのタスクが明確になり、効果的な優先順位付けが可能になるのです。

■ メリット②：施策の改善や軌道修正がより容易になる

　例えば、あるネットショップが多くの消費者を商品ページに集客しているにもかかわらず、コンバージョンが伸び悩むケースを考えてみましょう。消費者が多くの Web サイトの中からこのショップの商品ページを訪れているということは、最低限このネットショップの商品に関心があると推測できます。

　しかし、コンバージョンが伸び悩む理由として、商品ページを訪れたにもかかわらず、具体的な情報が少なくて比較検討が困難である、あるいは他の競合商品にメリットや優位性を見出して別のサイトへ流れてしまう、といった問題が考えられます。

　これらの問題を解決するためには、商品の詳しい情報提供や、購

入のきっかけとなる特典（例：送料無料、クーポンなど）を提供することが効果的です。

一方、コンバージョン率が高いのにショップの収益が低い場合、商品を知っている対象者の数が少ないことが一因として考えられます。商品の認知を高めるためには、ソーシャルメディアでの情報発信、SEO対策、デジタル広告の展開などが不可欠です。さらに、1回の購入での収益を増やすための施策として、アップセルやクロスセル※を検討することも重要です。

※ アップセルとは顧客に対し、より高価格・高付加価値の商品を購入してもらうための販売手法を指します。一方のクロスセルは、顧客が検討中、もしくは検討済みの商品とあわせて別の商品をセットで購入してもらうための販売手法を指します。

マーケティングファネルを活用することで、売上や収益の障壁となる要因や、それに対する改善策を迅速に特定することができます。

メリット③：改善点の特定が容易になり、コスト効率も向上

前述の通り、マーケティングファネルを活用して消費者の行動や心理を段階別に捉えることで、売り手として取るべきアクションが明確になります。

具体的な広告媒体やメディアの選定に際して、ターゲットの属性

や自社のビジネスモデルを考慮することは必須ですが、最低限の戦略の方向性が定まっていれば、トラフィック数（Web サイトやソーシャルメディアなどのプラットフォームへの訪問者数を意味する）が少ない中で高額な動画コンテンツの制作に資金を使ったり、逆にトラフィック数が確保されているのに無駄に広告費を使ってしまったり、といった基本的なミスは避けることができます。

さらに、マーケティングファネルに基づいた戦略を標準化することで、限られた予算やリソースの中での効果的な活動が可能となります。新しい商品をリリースする際に、多岐にわたるデジタル広告やソーシャルメディア、コンテンツの形式を毎回検討する手間も省けます。

マーケティングファネルを導入することで、**戦略の優先順位や改善の焦点がはっきりとし、運用のコストを抑制することができるため、デジタルマーケティングの投資対効果（ROI: Return On Investment）が向上**するのです。

1 / 04 収益向上のための効果的なマーケティングファネルの構築方法

これまでの説明で明らかなように、マーケティングファネルは消費者の行動や心理と売り手のアクションを関連付けて考える方法論です。

商品やブランドの認知度が何を意味するか、また消費者が何に興味や関心を抱くかには多様な解釈が存在します。本書では、これらの要素を包括的に捉えるため、購買行動の各段階に応じた**売り手の役割を明確に定義**しました。売り手がそれぞれの役割を適切に果たすことで、消費者の心理も購買へと導かれていきます。

ここでは、それぞれの段階における売り手の役割を簡潔に整理してみましょう。

消費者の購買行動と売り手の役割

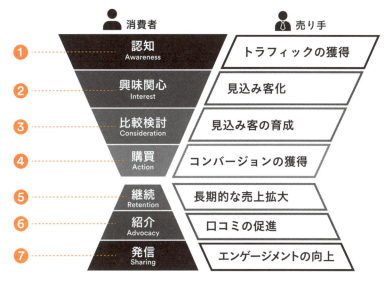

7段階の購買行動とそれぞれにおける売り手の役割

❶「認知」における売り手の役割：トラフィックの獲得

　購買行動の最初の段階である「認知」は、市場における商品の存在を消費者に知らせることを指します。すべての消費者が商品を知った瞬間に興味を持つわけではなく、購入に至るのはさらに限られた人々ですが、消費者にまず商品を知ってもらうことが何よりも重要です。

　そのため、マーケティングファネルの初期段階では、**売り手は商品について認知してもらうためのターゲット層の構築と、トラフィックの獲得に注力**すべきです。

ここでいう「トラフィック」とは、一般的には Web サイトやソーシャルメディアなどの訪問者数を指す用語ですが、この文脈では、将来的に顧客や購入者となる可能性のある消費者全体を意味しています。これには、Google 検索や Web サイトの利用者だけでなく、リスティング広告やソーシャルメディアの投稿を通じて商品を発見する消費者も含まれます。

> **効果的なマーケティング施策**
>
> ☑ ブランドのミッションやビジョンやバリューを伝える動画広告
> ☑ ソーシャルメディアでの情報発信など

❷ 「興味関心」における売り手の役割：見込み客化

「興味関心」の段階では、**消費者が商材に対して何らかの好奇心や関心を持ち始めることで、単なる認知から一歩進んで購入への可能性が高まり**ます。これは消費者が見込み客に変わり始めたことを示し、この見込み客の創出はマーケティングファネルの第 2 段階における売り手の主要な目標となります。

> **効果的なマーケティング施策**
>
> ☑ 顧客の問題解決情報を伝えるブログ記事や電子書籍（E-Book）の制作と公開
> ☑ 商品やサービスの基礎知識を伝える LP の制作と公開など

❸ 「比較検討」における売り手の役割：見込み客の育成

「比較検討」の段階では、消費者が購入へ向けてさらに具体的な検討を進めることになります。この時点での売り手の役割は、**商品**

やサービスに関する詳細情報を提供し、消費者の最終的な購入意思を形成する手助けをすることが不可欠です。最終的に顧客になるよう、

> **効果的なマーケティング施策**
>
> ✔ E メールの配信
> ✔ ウェビナーやイベントの開催など

関連する情報提供や積極的なコミュニケーションで見込み客の育成を行うことが、この段階の重要な役割です。

❹ 「購買」における売り手の役割：コンバージョンの獲得

ここまでの３つの段階を経て次のプロセスに進んだ消費者は、文字通り商品を購入するか、サービスを予約・利用することを決めた状態にあります。**売り手の主な役割は消費者が購入を決断する際の不安や疑問を解消し、購入プロセスをスムーズに進めることです。**

> **効果的なマーケティング施策**
>
> ✔ LPO（ランディングページ最適化）
> ✔ EFO（エントリーフォーム最適化）
> ✔ 集客商品の販売など

マーケティングファネルの第４段階における役割は、コンバージョン獲得と位置付けることができるでしょう。

❺ 「継続」における売り手の役割：長期的な売上拡大

５つ目の「継続」段階では、既存顧客との関係を維持し、リピート購入や継続的な利用を促すことが中心となります。**定期的なコミュニケーション、特典の提供、クロスセルやアップセルの施策**

などを通じて顧客との絆を強化し、長期的な売上の拡大を目指します。

効果的なマーケティング施策

- ☑ アップセル
- ☑ クロスセル
- ☑ 定期的なコミュニケーションなど

❻ 「紹介」における売り手の役割：口コミの促進

6つ目は「紹介」です。満足度の高い顧客体験は、新規顧客の獲得を期待できる口コミや紹介を生む可能性があります。**顧客からの自発的な紹介や推薦を促す施策の実施が効果的**です。このアプローチでは、既存顧客のネットワークを活用して新たな顧客を獲得することが目標です。

効果的なマーケティング施策

- ☑ 紹介インセンティブの情報配信
- ☑ ソーシャルメディア
  キャンペーンの活用など

❼ 「発信」における売り手の役割：エンゲージメントの向上

最後に、プロセスの7番目は「発信」の段階です。この段階では、顧客自身が商品やサービスに関する情報を積極的に発信し、その情報が広がることで新たな認知や興味

効果的なマーケティング施策

- ☑ ユーザー生成コンテンツの促進
- ☑ コミュニティイベント
- ☑ 顧客のストーリーの共有など

を喚起します。**ソーシャルメディアや口コミの利用は、このプロセスを促進するうえで特に効果的**です。顧客による発信を促すことで、ブランドのエンゲージメントを高め、さらに大きな拡散効果を期待できます。

　以上のように、マーケティングファネルは消費者の行動心理と売り手がとるべき行動を結びつけて考察する方法論です。役割の設計が不明瞭な場合、メディアの選定に迷い、貴重な時間を浪費したり、不適切な施策に予算を消耗したりと、デジタルマーケティングにおける基本的な過ちにつながる可能性があります。

役割が曖昧なままだと……

何から着手すべきか
わからない……

デジタルツールや
メディアが多すぎる……

イベントを開催しても
コストが積み上がるだけ……

04　収益向上のための効果的なマーケティングファネルの構築方法

1 | 05　デジタルマーケティングを成功に導く収益の方程式

　これまでマーケティングファネルの概要を紹介してきましたが、このメソッドを効果的に活用するために考慮すべき、もう1つの重要な点があります。それは、**ファネルの初期段階における「先細り」をいかに抑制**するかです。

　「認知」から「興味関心」へ、そして「比較検討」を経て「購買」に至る過程で、消費者の数が自然と減少していくのは避けられません（しかし、「継続」「紹介」「発信」のステップでは、良好な顧客体験によって消費者の数が再び増える可能性があります）。したがって、「認知」から「購買」までの各段階において、効率的なアプローチを通じて、消費者の数の減少を最小限に抑える戦略が必要です。

　例えば、Google 検索やソーシャルメディアを利用して商品の特徴を明確に伝えることで Web サイトへのトラフィックを増やすことができます。また、Web サイトで詳細な商品情報を提供することで、消費者が比較検討を行いやすくなります。

　一度顧客化した消費者を定着させ、1回あたりの購入価格を高めたり、リピート購入を促進したりすることで、収益は増加します。

効果的なマーケティング施策によって、「認知」から「購買」までのファネルの「先細り」を抑制し、購買後の段階で消費者の数を増やしていくことができれば、最終的にコンバージョンと収益を最大化することができるでしょう。

鋭角のファネルと鈍角のファネル

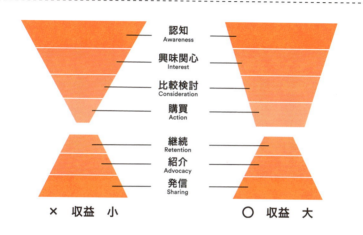

　購買行動の次のプロセスに進む消費者が増えるほど（ファネルの先細りを抑えるほど）収益は大きくなります。

　さらに、このモデルを具体的な計算式に当てはめてみると、以下のような形で表すことができます。

デジタルマーケティングにおける収益

デジタルマーケティングにおける収益＝①トラフィック（消費者の総数）× ②リード獲得率（見込み客化率）× ③ CVR（成約率）× ④平均購入単価 × ⑤購入頻度 × ⑥リファーラル率（紹介による新規顧客率）× ⑦アドボカシー影響度（顧客による発信の影響力）

すなわち、デジタルマーケティングによって企業が得る収益は、次の7つの要因に分解することができます。

1. トラフィック（消費者の総数）
2. リード獲得率（見込み客化率）
3. CVR（Conversion Rate：成約率）
4. 平均購入単価
5. 購入頻度
6. リファーラル率（紹介による新規顧客獲得率）
7. アドボカシー影響度（顧客による発信の影響力）

※リファーラル率とアドボカシー影響度は計測が難しいため、購入頻度までの5つの要素までで考慮するケースが多くなります。

広告の最適化、Eメールマーケティングの効果的な配信、そしてランディングページの改善などといった施策を駆使することにより、これらの主要な要素を改善することができます。これにより、大きな収益の増加が期待できます。

これらの要素をマーケティングファネルに適用することで、各段階の成果を明確に把握し、それが最終的な売上にどのように寄与しているのかを視覚的に理解できるようになります。

マーケティングファネルと収益化の方程式

　もし役割が売り手としての大きな目標、つまり行動指針であるとすれば、これらの要素はマーケティングファネルの各段階におけるKPI（Key Performance Indicator：重要業績評価指標）といえるでしょう。

　施策がうまくいかなかったり、期待した成果が得られなかったりするときに、これらの要素をKPIとして注視することで、問題点を的確に把握し、迅速な軌道修正が可能となります。

1 / 06 収益に影響を与える7つの要素

　それぞれの要素を詳しく見ていきましょう。まずは、1つ目の「トラフィック（消費者の総数）」から。

収益に影響を与える要素①：
トラフィック（消費者の総数）

　最初の要素であるトラフィックとは、**売り手が提供する商品やサービスについて知っている消費者の総数**です。マーケティングファネルの通り、購入プロセスが進むにつれて消費者の数は自然と減少するため、この数は多いほうが望ましいです。

　このトラフィックを、デジタルマーケティング活動と結びつけてさらに詳細に分析すると、Webサイト訪問者数やデジタル広告のインプレッション数やソーシャルメディア投稿のリーチ数などのKPIを考慮に入れることになります。認知の段階での施策がうまくいっていない場合、これらのKPIに注意を向けて改善を図る必要があります。

トラフィックを示すKPIの例
・　セッション数：Webサイトに訪れたユーザーの訪問回数

- 新規ユーザー数：新たにブランドや商品・サービスを知るユーザーの数

収益に影響を与える要素②： リード獲得率（見込み客化率）

2つ目の指標であるリード獲得率は、**商品の存在を知った消費者のうち、関心を示している人々の割合**を表します。関心があるとみなされる行動の基準は明確ではない場合もありますが、少なくとも商品に関する情報を積極的に収集しており、売り手からのアプローチを拒否していない消費者は、見込み客として捉えられます。

したがって、ニュースレターの登録率、ソーシャルメディアでのフォロワーへの転換率、イベント参加率などの数値が、リード獲得の効果を測定する主要な KPI となります。

リード獲得率を示す KPI の例
- リード獲得率：サイト訪問者のうち、商品やサービスに興味を示し、E メールアドレスなどの連絡先情報を提供した人の割合
- コンテンツダウンロード率：サイト訪問者のうち、電子書籍（E-Book）やホワイトペーパーをダウンロードした人の割合

収益に影響を与える要素③：CVR（成約率）

3つ目の指標は CVR（成約率）です。これは、商品やサービスに興味を持った**見込み客の中で、実際に購入に至った人の割合**を

表します。業界やビジネスモデルによって CVR は異なります。CVR は Web サイトのユーザビリティ改善、エントリーフォームの最適化（EFO：Entry Form Optimization）施策、特典の提供などの施策を通じて向上させることが可能です。

CVR を示す KPI の例
- コンバージョン数（CV 数）：目標達成数（例：購入数）
- コンバージョン率（CVR）：訪問者に対するコンバージョン数の割合

▌ 収益に影響を与える要素④：平均購入単価

　4 つ目の要素は平均購入単価です。これは**顧客が 1 回の購入で支払う平均金額**を指します。顧客が複数の商品を一度に購入したり、追加の有料オプションを選択してサービスを利用したりした場合も、その総支払額が購入単価として計算されます。これらは、アップセルやクロスセルなどの戦略を用いて向上させることができます。

平均購入単価を示す KPI の例

- オンラインショップでの 1 回のコンバージョンによる平均購入額
- BtoB サービスの月額平均利用額

▌ 収益に影響を与える要素⑤：購入頻度

　5 つ目の要素は購入頻度です。これは**顧客がどれだけの頻度で商品を購入するか、またはサービスを利用するか**を意味します。成

約率と購入単価が一定であっても、購入頻度が増加すれば売り手の収益は向上します。

　購入頻度を向上させるためには、新しい商品の紹介やセールの宣伝などのマーケティング活動が有効です。また、顧客ごとに長期にわたる信頼関係を築くことが非常に重要となります。
　このような理由から、顧客から寄せられる問い合わせへの対応や顧客サービスの充実は、売り手の収益増加に向けた重要な取り組みとなるでしょう。

購入頻度を示す KPI の例
・　継続期間：顧客が商品やサービスを利用し続けている平均的な期間

収益に影響を与える要素⑥：リファーラル率（紹介による新規顧客獲得率）

　６つ目の要素であるリファーラル率とは、**既存の顧客が新規顧客を紹介することによって獲得される顧客の割合**を指します。リファーラル率が高いほど、顧客が商品やサービスに満足しており、他人に推薦したいと考えていることを示します。

　この指標を向上させるには、まず紹介しやすい仕組みを構築し、既存顧客に紹介のインセンティブを与えることが効果的です。例えば、紹介した既存顧客に割引を提供するなどが考えられます。

リファーラル率を示す KPI の例

・ 紹介による新規顧客からのコンバージョン率：紹介によって Web サイトを訪れた新規顧客のうち、実際にコンバージョンに至った割合

■ 収益に影響を与える要素⑦：アドボカシー影響度

　最後の要素はアドボカシー影響度です。この指標は、**顧客があなたの商品やサービスについてどの程度積極的に、推奨して第三者へ話しているか、またその推奨がどれだけ効果的であるかを示す指標**です。これは、顧客満足度を超えて、顧客のブランドへの忠誠心を反映します。

　アドボカシー（支持）の促進には、品質の高い商品やサービスの提供だけでなく、顧客が共感できるブランドストーリーを語ることが重要です。これらの要素を満たすことで、顧客は自らの意思でブランドのサポーターとなり、その結果としてアドボカシー影響度が向上します。

アドボカシー影響度を示す KPI の例

・ ユーザー生成コンテンツ（UGC）の数：顧客によって作成されたコンテンツの総数
・ UGC へのエンゲージメント数：UGC に対するいいね、コメント、共有などの総数

▎デジタルマーケティングの方程式：ケーススタディ

　想定事例として、8万人の消費者が商品を認知し、そのうち15％が興味を示して見込み客になり、最終的にその中の2％が12,000円の商品を購入するとします。また、購入頻度は1.5回、リファーラル率は5％、アドボカシー影響度（新規顧客獲得に寄与する既存顧客の割合）は10％とします。

　この事例の計算式はトラフィック（8万人）×リード化率（15％）× CVR（2％）×平均購入価格（12,000円）×購入頻度（1.5回）×（1＋リファーラル率5％＋アドボカシー影響度10％）となり、導き出される収益は4,968,000円です。

　デジタルマーケティングでは、これらの**要素をどのようにバランスよく最適化し、いかにマーケティングファネルの先細りを抑えて収益を最大化できるかが重要な課題**となります。また、この計算式はかけ算であるため、全要素を同時に改善するのが難しくても、いずれか1つの要素を大きく改善することで、収益を伸ばすのも不可能ではありません。

　例えば、商品価格が高く成約率が低い、継続的な購入が見込めない場合でも、十分なトラフィックや見込み客を確保することで収益を保つことが可能です。反対に、トラフィックが少ない場合でも、購入単価や購入頻度を上げることで、収益を増やすことができるわけです。

第1章でやるべきこと

　マーケティングファネルをあなたのビジネスに適用し始めてください。各ステージでの顧客心理を理解し、関連する KPI を設定してください。もし最初は精度の高い顧客心理や KPI を設定できなくても心配はいりません。本書を読み進める中で、それらを徐々に修正し、改善していけるでしょう。特に KPI については、第 13 章で各購買プロセス別に適切な KPI の候補を紹介しています。こちらも参考に、自社のビジネスモデルに最適な指標を見つけ出してください。

(((AI と共に拓く)))

　第 16 章を読み、ChatGPT の活用の仕方を学び終えた後、作成したマーケティングファネルの顧客心理と KPI のフィードバックを ChatGPT から得てください。なお、**一度得られた回答に満足することなく、最適な結果を得るために ChatGPT との対話を継続的に行うようにしてください。ChatGPT は対話型の AI であり、より精度の高い回答を得るためには、質問の仕方を工夫すること、質問を繰り返すことが重要です。**プロンプトの例：あなたは [会社概要] の [商品概要・サービス概要] を集客・販促するデジタルマーケターです。認知段階の顧客心理は [作成した顧客心理] で、KPIは [設定した KPI] に設定しようと考えています。的確な顧客心理

と KPI か評価してください。

あなたは「デジタルマーケティングのオンラインスクール事業を運営する企業」の「オンライン動画講座」を集客・販促するデジタルマーケターです。認知段階の顧客心理は「最近、デジタルマーケティングに興味が出てきた。どんな教材があるんだろう？」で、KPI は「セッション数、表示回数、新規ユーザー数、広告の表示回数、動画広告の視聴回数」に設定しようと考えています。的確な顧客心理と KPI か評価してください。

デジタルマーケティングのオンラインスクール企業のオンライン動画講座を集客・販促する際の顧客心理と KPI の設定は、非常に重要な要素です。あなたが挙げた顧客心理と KPI について評価します。

顧客心理の評価
「最近、デジタルマーケティングに興味が出てきた。どんな教材があるんだろう？」という顧客心理は、認知段階における潜在顧客の典型的な思考を反映しています。この段階の顧客は情報収集を始めたばかりであり、利用可能なリソースや教材について学びたいと考えています。彼らはまだ具体的なコース選びには至っていないため、ブランド認知を高めるた

めの基本的な情報を提供することが重要です。この心理をターゲットとするコンテンツ戦略は、潜在顧客が探している情報を提供し、ブランドへの信頼を構築するよい機会となります。

KPI の評価

提案されている KPI は、認知段階でのパフォーマンスを測定するのに適しています。セッション数、表示回数、新規ユーザー数はウェブサイトやキャンペーンが新規の潜在顧客を引きつけているかを示す指標です。広告の表示回数と動画広告の視聴回数は、特にブランドがどれだけ視覚的な露出を得ているかを測定します。これらの KPI は、潜在顧客がどの程度ブランドに触れているか、そしてブランドのメッセージがどの程度広まっているかを理解するのに役立ちます。

ただし、これらの KPI を追跡する際には、ただ数値を集めるだけでなく、それらが実際の顧客関心とどのように関連しているかを分析することが重要です。例えば、新規ユーザー数が多くても、それらが質の高いリードであるかどうかは、追加的なエンゲージメント指標やコンバージョン率を通じて評価する必要があります。

総じて、顧客心理の理解と提案された KPI は認知段階に適しており、ブランド認知度を高めるための戦略的な決定として有効です。ただし、これらの指標をさらに深掘りし、顧客のエンゲージメントやコンバージョンへの貢献度を分析するための追加的なメトリクスを組み込むことが望ましいでしょう。

COLUMN 01

カスタマージャーニーと
マーケティングファネルの違い

　デジタル時代の到来に伴い、ビジネスの成功を左右する戦略は、さらに多様で複雑なものになっています。企業は伝統的な広告手法に加えて、デジタルマーケティングの効果的な実施が求められるようになりました。消費者の行動や意識が絶えず変化している今、顧客のニーズを的確に把握し、**適した時に適切なメッセージを伝える**ことが、極めて重要になっています。

　「カスタマージャーニー」と「マーケティングファネル」は、企業が顧客の

ステージ	認知	興味関心	比較検討
チャネル	YouTube 広告 SNS 広告 Google ディスプレイネットワーク広告	SEO ソーシャルメディアのシェア	E メールマーケティング レビューサイト
顧客行動	・駅で広告を見かける ・CM を目にする ・SNS でおすすめされる		
顧客心理	最近、デジタルマーケティングに興味が出てきた。どんな教材があるんだろう？	このデジタルマーケティング教材、詳しい内容や特徴を知りたいな。	この教材とあの教材、どちらが初心者に合ってるんだろう？ 比較してみよう。

購入プロセスを詳しく理解し、効果的なコミュニケーションを展開するために不可欠なフレームワークです。これらの枠組みを取り入れることで、狙いを定めた顧客層に対し、より効果的にリーチすることができます。

このコラムでは、カスタマージャーニーとマーケティングファネルのそれぞれの特徴と相違点について、詳しく解説していきます。

カスタマージャーニーとは

カスタマージャーニーは、直訳すると**「顧客の旅」という意味になる通り、顧客が商品やサービスに最初に興味を持ち、購入するまでの一連の過程を追う**ものです。顧客の行動パターンを「カスタマージャーニーマップ」として具体

購買	継続	紹介	発信
Eメールマーケティング リマーケティング広告	Eメールマーケティング アプリプッシュ通知	Eメールマーケティング SNSシェア	SNS コミュニティフォーラム

決めた！このデジタルマーケティング教材を買うことにする。	この教材、本当に役立ってる。他の関連教材も購入してみようかな。	友達や同僚にもこのデジタルマーケティング教材をおすすめしたい！とてもわかりやすくで有益だったから。	このデジタルマーケティング教材は素晴らしい！みんなも試してみるべきだよ。 #おすすめデジタルマーケティング教材

COLUMN 01　カスタマージャーニーとマーケティングファネルの違い

化することにより、消費者が各接点でどのような行動を取り、何を考えているのかを明らかにすることができます。

　カスタマージャーニーマップは、消費者が商品やサービスを知る「認知」の段階から始まり、最終的に顧客となって「発信」に至るまでのプロセスを描いています。これにより、各ステージで顧客が必要とする情報やサポートを特定し、マーケティング活動をそれに応じてカスタマイズすることが可能になります。これは顧客との関係をより強固で深いものに育む上で重要です。
　スマートフォンやインターネットの普及に伴い、商品との出合いから購入に至るプロセスが多様化しています。このような変化に対応し、一人ひとりの顧客の思考や行動パターンを正確に理解し、適切なマーケティング戦略を実施することが、ビジネス成功の鍵となっています。

カスタマージャーニーのメリットは顧客の行動と思考を深く理解できること

　カスタマージャーニーマップを通じて企業は、消費者が製品やサービスを認知し、興味を持ち、購入を検討し、そして最終的に顧客となって発信者になるまでの全行程を深く理解できます。このプロセスを明確にすることで、**顧客の背後にある感情や思考、疑問や悩みを詳細に捉えることが可能**になります。商品購入に至るまでの顧客の心情の変化を把握し、それに対応したマーケティング戦略を展開することができます。

　また、カスタマージャーニーマップを使用することで、顧客の感情の流れに合わせた適切なタイミングでコンテンツやプロモーションを提供することができます。顧客の旅の各ステージに対して具体的な戦略を策定し、経験を最適化することで、顧客のブランドに対するロイヤリティとエンゲージメントを高めることが可能になるのです。これにより、顧客との長期的な関係を築くための基盤を強化できます。

カスタマージャーニーとマーケティングファネルの違い

　カスタマージャーニーは個々の顧客の「旅」を追うもので、顧客が商品やサービスとどのように関わるか、その時どきの感情に焦点を当てます。顧客が何を感じ、どのような考えを持っているかという要素が中心となります。対照的に、マーケティングファネルは購入に至るまでの各ステージで顧客の数量や、どのタイミングでどのようなアクションを取るべきかを示します。マーケティングファネルは感情よりも、アプローチの効果性を最大化する方法に焦点を置いています。

顧客の感情や思考プロセスを深く掘り下げて、適切なコミュニケーションや施策を策定したい場合は、カスタマージャーニーが適しています。一方で、顧客の購入プロセス全体を俯瞰して、どこに力点を置くべきかを分析したい時にはマーケティングファネルが有効です。

　これら2つのツールを適切に理解し、用途に応じて使い分けることで、マーケティング活動の効果を高めることができます。

デジタルマーケティング改善シートを利用する価値について

　このシートは**マーケティングファネルとカスタマージャーニーの概念を組**

み合わせて作成したツールです。このシートを活用すれば、顧客の購買プロセスに沿った各ステージごとの顧客心理を把握し、それに応じたマーケティング戦略を立てるためのアプローチ、主要なチャネル、そして成果を測定するためのKPIを体系的に整理することができます。このシートを利用して、あなたのビジネスにおけるマーケティング活動を効率的に最適化し、より効果的な結果を導き出してください。

第 2 章

最適なターゲット市場を選び、理想的な顧客像（ペルソナ）を作成し、唯一無二の販売提案（USP）を明示する

第 2 章の概要

　本章では、ビジネスに最適なターゲット市場の選定と、理想的な顧客像（ペルソナ）の作成の方法を解説します。マーケティングの目的は、あなたのビジネスにまだ縁のない人々を、熱烈な支持者とまでいえる顧客へと成長させることです。これを実現するためには、自社のビジネスに最適な市場はどこにあるのか、そして、その市場内での理想的な顧客像はどのようなものかを明確に定義する必要があります。

　さらに、唯一無二の販売提案（USP）は、競合他社と自社を差別化する重要な要素です。この USP を明確に定義することで、ペルソナは自社の商品やサービスが最善の選択であると確信しやすくなります。その結果、マーケティングメッセージは、より共感を得て、顧客の購入行動に強力な影響を与えるものになるでしょう。

　本章のポイントは次の通りです。

1. 最適なターゲット市場を見極める重要性
2. 最適なターゲット市場を特定する 4 つの視点
3. 理想的な顧客像（ペルソナ）を作成する重要性
4. 効果的なペルソナの作成と利用方法の例
5. 唯一無二の販売提案（USP）を明示する重要性
6. USP 策定の 4 ステップ

2 01 最適なターゲット市場を 見極める重要性

　マーケティングにおいて最適なターゲット市場を選定することがなぜ重要かというと、その選択が**無駄な投資を防ぎ、効率的な資源配分を可能**にするからです。

　大手企業では、マスマーケティングと呼ばれる広い市場に向けてメッセージを発信することが一般的です。家庭用品、食品、衣料品などは、年齢、性別、地域などに関係なく、広範な消費者層に魅力的な商品カテゴリになりますので、大量の消費者へのアプローチが有効です。これは、「広大な海に網を拡げるようなアプローチ」であり、広範なターゲットに訴求することで一定の反応が得られるという考えに基づいています。

　しかし、特に中小企業やスタートアップでは、限られた資産を効果的に活用する必要があります。最適なターゲット市場を特定し、その市場に合わせたマーケティング戦略を採用することで、より高いROI（投資対効果）を達成できます。また、ターゲット市場を絞り込むことで、顧客のニーズや行動を詳しく理解し、パーソナライズ化されたマーケティングメッセージを届けることができ、結果として顧客ロイヤリティを向上させることができるのです。

2-02 最適なターゲット市場を特定する4つの視点

　ターゲット市場を適切に選ぶためには、**地理、人口統計、心理的傾向、そして行動という4つの視点から市場を細分化（セグメンテーション）する必要があります。**ここでは、デジタルマーケティングのオンラインスクールである AutoPilotAcademy を例に解説を進めます。

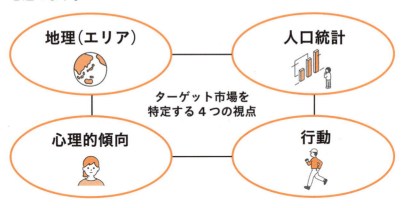

1. 地理

　地理的な位置や気候によって、消費者のニーズや行動パターンに影響を与えることがあります。AutoPilotAcademy はオンラインの学習プラットフォームであり、地理的な制約が少ないという利点があります。そのため、日本全国、あるいは世界中のどの地域からで

もアクセスが可能です。

チェックすべきポイント

オンラインビジネスなら配慮は不要
Webがそのまま商圏に

- ✓ 気候・風土
- ✓ 競合の有無
- ✓ 自社からのアクセス

2. 人口統計

　年齢、性別、職業、国籍など人口統計学的な要因によっても、消費者のニーズや行動パターンが変わります。デジタルマーケティングの学習者としては、20代から40代の初心者から中級者、ビジネスオーナー、マーケティング担当者、さらなるキャリアアップを望む個人などが考えられます。加えて、デジタルマーケティングに関心はあるものの、どのように学び始めればよいのか不明な初学者も重要なターゲットとして考慮に入れることができます。

CHECK

傾向の分析が難しい場合は、Webで公開されているアンケート結果やSNS（事業の関連ハッシュタグのフォロワー情報など）を参考に

3. 心理的傾向

　消費者のライフスタイルや個性は、ニーズや行動パターンに大きな影響をおよぼします。デジタルマーケティングの学習者は、一般的に自己啓発やスキルアップに対して高い価値を置く傾向にあります。また、デジタルマーケティング分野の最新のトレンドやテクニックに対する関心が強いと想定されます。

AutoPilotAcademyの場合

- ✓ キャリアアップに積極的
- ✓ ITの最新トレンドに関心が高い
- ✓ 体系的に学ぶことが好き
- ✓ デジタルマーケティング全般に興味がある

4. 行動

　消費者の行動パターンは、その購買傾向やブランドへの忠誠心を直接的に示します。求めている利点や購買履歴、ブランド忠誠度を分析することで、商品やサービスがもっとも効果的にリーチするべきターゲット層を特定することが可能です。AutoPilotAcademy を利用するユーザーは、自身のビジネスを拡大したりキャリアを前進させたりするために新しいスキル習得を目指している可能性が高いと予測されます。したがって、これらの目標達成をサポートするソリューションを探している人々が理想的なターゲットになります。

AutoPilotAcademy の場合
- ☑ 日頃からビジネス書籍を購入している
- ☑ 他社のセミナーの参加経験がある
- ☑ マーケティング系 Web メディアをブックマークし、定期的にチェックしている

　以上のように 4 つの視点を基に、AutoPilotAcademy のターゲット市場を選定することができました。

例．AutoPilotAcademy のターゲット市場

Type	20 代〜 40 代のビジネスオーナーや企業経営者 マーケティングに携わり、将来的に起業したい人
Mind	上昇志向が強く、知識習得やキャリア UP に積極的 最先端の IT やデジタルマーケティングに関心が高い
Action	ビジネス書籍や Web メディアを日頃からチェック セミナーや勉強会への参加 / 申し込み経験あり
Market	オンラインの教育サービス市場 ☑ 地理的制限はなし ☑ PC やスマホでネットにつながる顧客環境 ☑ 競合は中小規模のウェビナー運営企業

　<u>ターゲット市場の選定は消費者グループ全体を理解するのに役立ちます。</u>

2 / 03 理想的な顧客像（ペルソナ）を作成する重要性

理想的な顧客像は「ペルソナ（persona）」と呼ばれます。 語源はラテン語で、元々は演劇で役者が使用していた "仮面" を表す言葉として使われていました。この仮面（役割）を通じて、そのキャラクターは観客に認識されていたのです。この概念がマーケティングの世界において、理想的な顧客像を表現し、理解するためのツールとして用いられています。ペルソナを作成する際には、具体的な名前までつけることで、理想的な顧客像がより実在の人物のように感じられる効果があります。

なぜペルソナを作成することが、マーケティング戦略の立案において重要なのでしょうか？　先に挙げたターゲット市場の選定が広範囲な消費者グループを理解するのに役立つ一方で、**ペルソナの作成は、そのターゲット市場内の特定の顧客の悩みや課題をより深く掘り下げるための手法です。**

ターゲット	ペルソナ
広範囲な消費者グループを理解するのに役立つ	消費者グループの中から理想的な顧客像を1人特定する

　これら2つは、「適切な人にふさわしいメッセージを届ける」というマーケティングの鉄則を実践するために、ともに必要な要素といえます。

　各マーケティング施策におけるペルソナ作成のメリットは次の通りです。

コンテンツマーケティングにおけるメリット
　ペルソナの課題を深く理解し、共感を通じてエンゲージメントを高めるための適切なコンテンツを作成できます。

SEO（検索エンジン最適化）におけるメリット
　ペルソナが使用する検索キーワードとコンテンツ嗜好を把握し、Webサイトの最適化を通じて検索エンジンにおける上位表示を実現できます。

ソーシャルメディアマーケティングにおけるメリット

　ペルソナの明確化により、最適なソーシャルメディアの選定と共感を呼ぶメッセージを作成し、効果的に配信することができます。

Eメールマーケティングにおけるメリット

　ペルソナの興味に基づきマーケティングメッセージをカスタマイズし、顧客満足と売上を向上させることができます。

デジタル広告におけるメリット

　ターゲット属性の詳細設定とペルソナのニーズに合わせてクリエイティブを作成することで、広告効果を最大化します。

Googleアナリティクス解析におけるメリット

　特定のユーザーグループの行動や興味関心をより効果的に解析できるようになります。

データドリブンマーケティングにおけるメリット

　ペルソナのニーズを理解することで、データを基にパーソナライズしたコンテンツやオファーを提供し、エンゲージメントやコンバージョン率を向上させることができます。

　このように、あらゆるデジタルマーケティングを行ううえで大きなメリットをもたらします。

03　理想的な顧客像（ペルソナ）を作成する重要性　｜　75

2-04 効果的なペルソナの作成と利用方法の例

　それでは、AutoPilotAcademyを例にペルソナの作成と利用方法を解説します。**ペルソナを作成するためには、基本情報、情報源、目標・悩み、そして購入障壁という4つの視点から情報を洗い出し**ます。

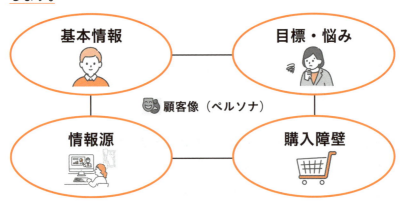

　AutoPilotAcademyでは、「デジタルマーケティングフライトスクール」を主要なサービスとして提供しています。これは、SEOやデジタル広告などを使ったトラフィック獲得、LPの構築やEメールマーケティングによるコンバージョン最大化、そしてGoogleアナリティクスなどによるデータ解析など、デジタルマーケティングの全領域をオンラインで学ぶことができる研修プログラムです。

私たちのペルソナ候補の一例として、「企業経営者」があります。この「企業経営者」の名前を「矢島 律」さんと名付けました。

　以下が矢島律さんのペルソナの詳細です。

1. 基本情報：
・名前：矢島 律
・年齢：40 歳
・性別：男性
・住所：東京都武蔵野市
・職業：広告代理店の経営者
・家族：妻、子1人
・趣味：映画鑑賞

取引先や顧客をモデルにするのも1つ

　これらの情報を設定することで、彼が抱える可能性のある課題や関心事を考慮し、それに応える形でメッセージを伝えることが可能となります。
　例えば、矢島さんは広告代理店の経営者であるため、顧客のマーケティング支援を的確に行うことに課題を感じているかもしれません。彼のニーズを考慮して、デジタルマーケティングフライトスクールについて伝えるメッセージを次のように作成しました。

「最先端のデジタルマーケティングにおけるノウハウを活かすことで、顧客のマーケティング支援を的確に行うことができるようになります」

2. 情報源：

・雑誌：「宣伝会議」「ハーバードビジネスレビュー」
・ブログ：AdverTimes
・セミナー：広告メディア EXPO

　情報源を設定することで、ペルソナが関心を持つ可能性のある内容、そしてその内容を彼（彼女）にどのようなメッセージにて届けるかについての洞察を得ることができます。矢島さんは常に変化する広告業界の最新のトレンドを追求し、自社のサービスを進化させたいと考えていることがわかります。

3. 目標・悩み：

・広告代理店の成長と業績向上
・広告運用の即戦力となる優れたマーケティング人材の採用が難しい

　ペルソナの目標を設定することで、彼（彼女）が何を求めていて、何を達成しようとしているのかについて深く理解することができます。その理解を基に、ペルソナが目標を達成する手助けをするメッセージを提供することで、信頼関係を築くことができるようになります。

　また、目標同様にペルソナが抱えている悩みも適切なマーケティングメッセージを作成するのに役立ちます。矢島さんは経験豊富なマーケターを求めていますが、有能な人材を見つけることに課題を感じているとわかります。

矢島さんは広告代理店事業を成長させるために、継続的にクライアントを獲得するとともに、優れたマーケティング人材を採用し、クライアントの広告運用を効果的に支援することで競争力を高めたいと考えています。

　情報源で「宣伝会議」をはじめとした広告業界のトレンドに敏感なことからも、彼は自分自身のビジネススキルを向上させることにも関心があり、マーケティングとセールスの専門知識を習得することでビジネス全体を管理し、適切な方向に導くことができるようになりたいと考えていることがわかります。そこで、彼の悩みを考慮して、デジタルマーケティングフライトスクールについて伝えるメッセージを次のように作成しました。

　「企業経営に活かすとともに、経営陣や従業員にノウハウを教え、事業成長を実現することができるようになります」

4. 購入障壁：
・学習に必要な時間の確保

04　効果的なペルソナの作成と利用方法の例 | 79

矢島さんは忙しい経営者であり、デジタルマーケティングフライトスクールの学習に必要な時間を確保するのが難しいと感じるかもしれません。これを考慮し、矢島さんが購入をためらう理由を解消するメッセージを次のように作成しました。

　「フライトスクールにご入学いただければ、わずか30日間であなたやあなたのチームは、マーケティングノウハウを最新のものにアップデートすることができ、ネットを使って顧客との強固な関係を構築することができるようになり、小さな企業でも大きな成長を実現することができるようになります」

　以上のように4つの情報を設定することで、AutoPilotAcademyのペルソナとメッセージを作成することができました。

例. AutoPilotAcademy のペルソナ

矢島 律（40歳）

基本情報
・東京都武蔵野市 在住
・広告代理店を経営
・家族構成：妻、子1人
・趣味：映画鑑賞

情報源
・雑誌：
「宣伝会議」「ハーバードビジネスレビュー」
・Webメディア：AdverTimes
・セミナー：広告メディアEXPO

目標・悩み
クライアントを継続的に増やしていって
会社を成長させたいが、それには
優秀なマーケティングスタッフが不可
なかなかよい人材が見つからない

購入障壁
自らデジタルマーケティングを学びたいが
毎日仕事が忙しくて時間が取れない

例．弊社（AutoPilotAcademy）のメッセージ

矢島 律（40歳）

メッセージ1
最先端のデジタルマーケティングを学ぶことにより、的確なクライアント支援を行えるようになる

メッセージ2
学んだノウハウを他のスタッフに共有することにより、新しい人材を採用しなくても、会社を成長させることができる

メッセージ3
広告専門誌やメディアで紹介されている事例やノウハウを、より実践的・体系的な形で身につけることができる

メッセージ4
30日間という短期学習プログラムのため、業務に大きな支障をきたさない

> 4つの要素から作成したメッセージはそのまま広告などのコンセプトに

複数商材を扱っている場合のターゲット、ペルソナ、メッセージの変化

　複数の商材を扱う企業では、それぞれの商材に応じてターゲット、ペルソナ、メッセージを変える必要がある場合があります。例えば、以下はマンション買取事業を行う企業の例です。

商材	ターゲット	ペルソナ	メッセージ
空室のマンション買取	親から不動産を相続した人	40代男性、親から相続した多くの物件の管理が手間で困っている	「相続した空室マンションの管理にお困りですか？スムーズに現金化して負担軽減！」
賃貸中のマンション買取	資産の入れ替えを検討している投資家	50代男性、現在の賃貸物件を売却して新たな投資先を探している	「資産の入れ替えをお考えですか？賃貸中でも高額買取いたします！」
リースバック	老後資金を捻出したい高齢者	70代夫婦、老後資金を確保しつつ現在の住まいに住み続けたい	「住み慣れた家にそのまま住める！リースバックで安心の老後資金を」

※リースバックは売却後も賃貸で住む続けることができるサービス

　このように、具体的にセグメント化することで、商材ごとに異なる顧客のニーズに応えることができます。

04　効果的なペルソナの作成と利用方法の例　81

唯一無二の販売提案（USP）を明示する重要性

2 / 05

ターゲット市場の選定と理想的な顧客像（ペルソナ）の作成で、「適切な人にふさわしいメッセージを届ける」というマーケティングの鉄則における「適切な人」を明確にすることができました。

次に、自社がターゲット市場およびペルソナに提供できる価値を明示することで、「ふさわしいメッセージ」まで作成することが可能となります。

自社がペルソナに提供できる価値を明示するうえで重要な概念が「USP」です。

USP（Unique Selling Proposition）は、商品やサービス独自の売りや強みを示すマーケティングの概念です。直訳すると「唯一無二の販売提案」となります。1960年代に活躍したコピーライター、ロッサー・リーブス氏が提唱し、以降広告やテレビCM、Web制作などで幅広く用いられてきました。USPを策定することで、ペルソナの背中を押し、彼（彼女）らを購入に向かって具体的に動かすことが可能となります。

USPの策定には以下の3つの要素が必要とされています。

　これらの要素を満たすUSPを策定することで、自社の商品やサービスがペルソナにとってなぜ有益で、なぜ選ぶべきなのかを明示することができます。

ドミノ・ピザにおけるUSPの事例

　USPの事例でもっとも有名な企業の1つに、ドミノ・ピザが挙げられます。同社は次のようなUSPを掲げることで、顧客から強く支持されました。

「30分以内にアツアツのピザをお届け。遅れた場合は無料にします」

　このUSPは以下のように3つの要素を満たしています（現在、このサービスは実施していません）。

1. ユニーク：当時、他のピザチェーン店では宅配ピザは冷めているのが当然でしたが、迅速な配達を保証しました。
2. 有益：アツアツのピザという具体的なベネフィットを提示しました。
3. 強力：「遅れた場合は無料」という強力な保証が、顧客に安心感を与えました。

2 / 06 USP 策定の 4 ステップ

　ここからは USP を策定する際の基本的なステップを、4 つに分けて解説します。

▍ステップ①：情報の洗い出し

　最初のステップとして、価格、品質、アフターサポートなど、商材の売りとなるポイントを洗い出し、箇条書きで簡潔にまとめておきましょう。

USP になり得る情報

- ✅ 価格
- ✅ 品質
- ✅ アフターサポート
- ✅ 機能性・デザイン
- ✅ ラインナップの豊富さ

など

AutoPilotAcademyの場合

- ✅ 550本以上の動画講座
- ✅ 月9,800円〜
- ✅ 講師に質問できる
- ✅ オンラインで学習できる
- ✅ テンプレートやチェックリストが手に入る　など

84　第2章　最適なターゲット市場を選び、理想的な顧客像（ペルソナ）を作成し、唯一無二の販売提案（USP）を明示する

ステップ②:不要な情報の除外

次に、洗い出した情報の中から、競合の商品やサービスと重複する要素、差別化につながらない情報を除外していきます。例えばAutoPilotAcademyのようなデジタルマーケティングのオンラインスクールの場合、「ネット環境があればどこでも学べる」といった情報は、すべてのデジタルマーケティングのオンラインスクールに共通するものなので、USPになり得ません。そうした「あたりまえ」の情報をはじき出すのが、2つ目のステップです。

ステップ③:情報・要素のかけ合わせ

続いて3つ目のステップとして、複数の情報・要素をかけ合わせます。先述した通りUSPは他社にはない強みや魅力を指す概念ですが、よほど革新的な商材でもない限り、唯一無二の情報などそうそうあるものではありません。そこでポイントとなるのが、かけ合わせという考え方です。単独では引きの弱い情報も他の要素とかけ合わせることで、強い訴求力を持ち得ます。価格単独では売りが弱い場合も、機能やデザインとかけ合わせることによって唯一無二のUSPになるというわけです。

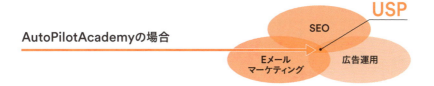

■ ステップ④：ユーザーメリットへの転換

　4つ目のステップは、ユーザーメリットへの転換です。 USPは売り手目線のコンセプトやキャッチフレーズではなく、ターゲットを動かすための「提案」であるべきです。一方的な情報発信にならないよう気を配りながら、訴求できる情報・要素を消費者のメリットに転換して表現しましょう。

　例えば、AutoPilotAcademyのデジタルマーケティングフライトスクールのUSPは、「550本以上のオンライン動画講座により、収益化のためのLP構築、Eメールマーケティング、Googleアナリティクスによるデータ解析、SEO、WEB広告といった、デジタルマーケティングのすべてを網羅的に学べる」です。

AutoPilotAcademy

デジタルマーケティングフライトスクール

https://www.autopilotacademy.jp/digital-marketing-flight-school/

自社の情報・要素
- 常時550本以上の動画講座を開講
- SEO、Eメールマーケティング、広告運用、SNS運用、LP制作 etc.

提供できるユーザーメリット
- デジタルマーケティングを網羅的に学習できる
- デジタルマーケティングの体系的な知識が身につく

550本以上のオンライン動画講座により、収益化のためのLP構築、Eメールマーケティング、Google Analyticsによるデータ解析、SEO、WEB広告運用といった、デジタルマーケティングのすべてを網羅的に学べる

以上のような4つのステップを経ることで、提供する価値（USP）の策定を行うことができます。

「情報・要素のかけ合わせ」と「ユーザーメリットへの転換」の重要性

　ユニークな商品やサービスも、真似されてしまえば、USPではなくなります。先述したように、当初は画期的であったドミノ・ピザの「注文から30分以内にピザを届ける」という宅配サービスも、すぐに他社が追随してきました。このように、一度成功したアイデアはすぐに模倣され、市場における競争力は低下します。

　そのため、USP策定のステップ③の「情報・要素のかけ合わせ」が重要になります。複数の異なる要素や情報を組み合わせることで、他社が簡単に真似できない独自性を生み出すことができます。例えば、新しいテクノロジーやカスタマーサービスを組み合わせたり、異なる業界のトレンドから学び自社の商品やサービスに取り入れることが考えられます。

　しかし、それだけでは不十分です。これらのかけ合わせがユーザーメリットをもたらすものでなければならないためです。そこで、USP策定のステップ④の「ユーザーメリットへの転換」が重要になります。より顧客満足度の高い商品やサービスを提供したり、今までにない顧客体験を提供することで、顧客に新しい価値を与えることができるとともに、競争の激しい現代の市場で成功し続けることができるのです。

第 2 章でやるべきこと

　巻末で案内している書籍購入者限定のページから、あなたのビジネスにとって最適なターゲット市場を選ぶためのワークシート、ペルソナ作成のためのワークシート、USPを作成するためのワークシートをそれぞれダウンロードできるようにしています。これらのワークシートを活用して、あなたのビジネスで最適なターゲット市場を選び、ペルソナ、USPを作成してください。

(((AIと共に拓く)))

　ターゲット、ペルソナ、USPのシートをアップロードし、ChatGPTからフィードバックを得てください。

　プロンプトの例：あなたは［会社概要］の［商品名・サービス名］を集客・販促するデジタルマーケターです。添付のように［ターゲット / ペルソナ /USP から選択］を作成しました。的確な［ターゲット / ペルソナ /USP から選択］か評価してください。

例. AutoPilotAcademy のターゲット市場

- **Type**
  - 20代〜40代のビジネスオーナーや企業経営者
  - マーケティングに携わり、将来的に起業したい人
- **Mind**
  - 上昇志向が強く、知識習得やキャリアUPに積極的
  - 最先端のITやデジタルマーケティングに関心が高い
- **Action**
  - ビジネス書籍やWebメディアを日頃からチェック
  - セミナーや勉強会への参加/申し込み経験あり
- **Market**
  - オンラインの教育サービス市場
  - 地理的制限はなし
  - PCやスマホでネットにつながる顧客環境
  - 競合は中小規模のウェビナー運営企業

あなたは「デジタルマーケティングのオンラインスクール事業を運営する企業」の「オンライン動画講座を集客・販促する」デジタルマーケターです。添付のように「ターゲット」を作成しました。的確な「ターゲット」か評価してください。

ターゲットの作成はデジタルマーケティングにおいて非常に重要です。提供された画像に基づいて、あなたのターゲットの評価をいたします。

画像には「AutoPilotAcademy」というオンラインスクール事業のターゲットに関する情報が含まれており、以下の要素が挙げられています：

・**Type**：20代から40代のビジネスマンを対象としており、この層がケースに関わり、未来に使えるスキルを習得したいというニーズがあることを示しています。
・**Mind**：自己啓発に興味があり、知識をキャリアアップに結び付けたいという意識の高いITアジャイルワーカーであることが強調されています。
・**Action**：ビジネス環境やWebスキルを改善するためのアクションをセミナーや講座などの学びに繋げたいという動機があります。
・**Market**：オンラインの教育サービス市場での位

置づけが示されており、地理的制限なし、PC やスマホでどこでも学べる環境、競合より利便性のあるエリート一連コースを提供していることが明記されています。

このターゲットは、次のような点で的確だと考えられます：

1. 明確な年齢層と職業：20 代から 40 代のビジネスマンを対象にすることで、キャリア向上を求める動機付けが高い層を捉えています。

2. ニーズの特定：自己啓発とキャリアアップを重視する層に焦点を当て、それに適したコンテンツ提供を検討している点が優れています。

3. アクションへの呼び水：学びを実際の行動に繋げることを促すアプローチは、顧客のエンゲージメントを高め、実際の収益に結びつける可能性があります。

4. 市場への適応：地理的な制限なしに学べる利便性や、競合に対する差別化要素を打ち出している点は、デジタルマーケティングにおいて強力な戦略です。ただし、以下の点にも注意する必要があります：

- **競合分析**：競合他社との比較において、あなたのサービスがどのように優れているかを明確にする必要があります。
- **顧客の行動理解**：ターゲットがオンライン講座に登録するための具体的なモチベーションや、教育コンテンツをどのように消費するかの理解を深めることが大切です。
- **具体的なマーケティング戦略**：ターゲットにリーチするための具体的なチャネルやメッセージング戦略を立てることが必要です。

総じて、このターゲットは非常に考えられており、適切なマーケティング戦略と組み合わせれば、成功につながる可能性が高いと評価できます。しかし、競合との差別化、顧客理解の深化、具体的な戦略の実行が、更なる成功への鍵となるでしょう。

COLUMN 02

ビジネスの成功要因を見つけるのに役立つ3C分析

3C分析とは？

3C分析は、顧客・市場（Customer）、競合（Competitor）、自社（Company）の3つの視点から分析を行い、ビジネスを成功させる要因を見出す手法です。マッキンゼーの日本支社長を務めていた大前研一氏が1982年に自著のなかで提唱し、広く知られるようになりました。デジタルマーケティングにおいても、自社の商品もしくはサービスならではの強み・売りなど、重点的に訴求すべき要素を見つけるために用いられます。

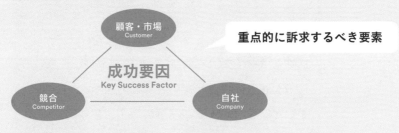

3C分析の進め方①：顧客・市場の分析

3C分析において最初に行うのは、顧客・市場の分析です。**顧客にどんなニーズがあり、どういった市場で事業を行うのかを把握していなければ、競合や自社を評価することはできません。**

必要に応じて下記のようなツール／手段を用いながら、しっかりと分析を行いましょう。

顧客・市場の分析に有効活用できる方法
- ✓ キーワードの検索需要を確認する（Googleキーワードプランナーなどを活用する）

- ✓ Q&Aサイトで悩みやニーズを抽出する（Yahoo! 知恵袋などを活用する）
- ✓ Webアンケートを実施する
- ✓ 規模や推移の定量調査を依頼する（マクロミルなどを活用する）
- ✓ シンクタンクの調査結果を参照する（矢野経済研究所などのWebサイトを活用する）
- ✓ 顧客や取引先に自社の商品やサービスについての評価をヒアリングする

引用：マクロミル（https://www.macromill.com/）

3C分析の進め方②：競合の分析

次に、競合分析を進めます。まずは自社と同様の商材を取り扱っていて、業界内で影響力がある企業を競合として選定します。また、競合分析を進めるうえで、間接的な競合にも注意を払うことが重要です。例えば、クラウド会計ソフトを提供している企業の場合、同業他社だけでなく、記帳業務を請け負う税理士事務所やBPOサービスの運営企業も間接的な競合となる可能性があります。一方で、**分析対象とする企業の数が多くなりすぎないよう、主要な競合企業を約5社程度に絞り込むことで、効率的に分析を進めることができます。**

必要に応じて下記のようなツール／手段を用いながら、しっかりと分析を行いましょう。

競合の分析に有効活用できる方法

- ✓ シェアの高い企業をピックアップする（矢野経済研究所などのWebサイトを活用する）

- ✓ 会社概要や売上を調べる
- ✓ デジタル広告の出稿状況を確認する（実際に検索したり Google 広告のオークション分析※1などを活用する）
- ✓ ランディングページのトラフィックを確認する（SimilarWeb ※2などを活用する）
- ✓ LP の構成や訴求点を確認する

※1：Google 広告のオークション分析は Google 広告で同じオークションに参加した広告主との掲載結果の比較ができる機能
※2：SimilarWeb（https://www.similarweb.com/）は URL を入力することで他社のトラフィック獲得状況がわかる解析ツール

3C 分析の進め方③：自社の分析

最後は自社の分析です。顧客・市場・競合の分析で得られた情報と対比させながら、自社の商材・ビジネスモデルの強みや弱み、顧客の利益となり得る要素を洗い出していきます。**より多角的な視点で分析するためにはマーケティングだけでなく、営業や開発といった他部署を交えて行うのがおすすめです。**

必要に応じて下記のような手段を用いながら、しっかりと分析を行いましょう。

自社の分析に有効活用できる方法
- ✓ 市場におけるポジションを確認する
- ✓ ニーズに応えられる商材を洗い出す
- ✓ 他社にはない強み・特長を洗い出す

第 3 章

顧客のニーズに応える
コンテンツ作成のポイント

第 3 章の概要

　ターゲット、ペルソナ、USP を定めた後は、「コンテンツ」の作成に移ります。コンテンツを活用したマーケティングは、「コンテンツマーケティング」と呼ばれます。さまざまな情報がインターネットに溢れているデジタル時代において、質の高いコンテンツを発信する企業やブランドは、人々の信頼と認知を得て、顧客との深い関係を築くことができます。

　消費者は今や、単に商品やサービスを購入するだけでなく、それにまつわる情報やストーリー、ブランドの価値観など、多岐にわたる要素に関心を寄せています。これらを効果的に伝えるのがコンテンツの役割です。コンテンツがユーザーの関心やニーズと合致すると、彼ら（彼女ら）は商品やサービスに自然と引かれ、長期的な関係を築く可能性が増します。

　では、どのようにして効果的なコンテンツを作成すればよいのでしょうか？　本章では、この問いに答えるため、コンテンツ作成のためのポイントを詳しく解説します。

　本章のポイントは次の通りです。

1.　そもそもコンテンツとは？
2.　消費者のニーズを探る方法
3.　コンテンツのアイデアを生み出すための視点

4. 主要なコンテンツ形式
5. コンテンツは専門性・経験・信頼性・権威性を備えているか？
6. 専門性・経験・信頼性・権威性を高める方法

本章では、デジタルマーケティング改善シートに基づき、コンテンツのアイデアと形式を具体的に立案する方法を詳しく紹介していきます。

このシートを活用することで、企業やブランドは消費者のニーズに応える質の高いコンテンツを効果的に作成し、それをデジタルマーケティングの戦略と戦術に統合することができます。

これにより、顧客との関係を深め、ブランドの信頼性と認知度を向上させることができるようになります。

3-01 そもそもコンテンツとは？

　コンテンツとは、デジタルマーケティングの領域において、企業やブランドがターゲットオーディエンスに対して情報を提供するための素材を意味します。価値あるコンテンツを提供することにより、企業やブランドの認知度を高め、消費者の関心を引きつけ、購買意欲を高めることができます。

ブログ記事もコンテンツ形式の1つ

> ターゲットやペルソナに合わせた
> コンテンツ作成と配信が鍵

　コンテンツを考える際には、消費者のニーズを理解することが

重要です。これは「誰に向けて情報を提供する」のか、そして「消費者がどのような情報を必要としているのか」を理解することを意味します。前章までに解説した通り、ターゲットやペルソナを明確にしておくことで、コンテンツを効果的に使用し、消費者のニーズに合わせて適切なメッセージを作成することができます。また、**ターゲットやペルソナが利用しているプラットフォームでコンテンツを配信する**ことで、良好な関係を築き、最終的には製品やサービスを販売することに成功します。

購買意欲別に有効なコンテンツの アイデアや形式は異なる

　購買意欲に応じて有効なコンテンツのアイデアや形式は変わることがあります。消費者は購買プロセスの異なる段階でさまざまなタイプのコンテンツに対して異なる反応を示すため、**各段階に適切なコンテンツを提供することは購買プロセスを円滑に進め、最終的にコンバージョンを促進するうえで重要**です。

　次の図は、各購買段階に適したコンテンツのアイデアと形式を示していますが、この図は1つの目安として捉えてください。コンテンツのアイデアも形式も、ターゲットオーディエンスの行動や好み、さらにはマーケティングキャンペーンの目的に応じて柔軟に選択する必要があり、必ずしも購買段階ごとに限定しません。

　各コンテンツのアイデアと形式については、本章でさらに詳細に説明します。

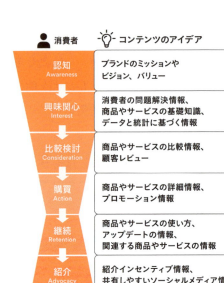

消費者のニーズを探る方法

3 / 02

コンテンツ作成の前段階として、消費者のニーズを正確に探ることが重要です。以下に主要な方法を紹介します。

検索キーワードから探る

SEO 対策については次章で詳細を解説しますが、知りたいことを調べるとき、多くの人はまず Google などの検索エンジンを使用します。情報を発信するうえで重要なのは、**どのキーワードで検索されているのかを知り、その検索意図に合ったコンテンツを提供する**ことです。

検索キーワードを調べる際には、次章にて解説している Google キーワードプランナーのようなツールを利用することが効果的です。これにより、目的に合致したキーワードを特定し、それを基にしたコンテンツ作成を行うことができます。

競合や専門家が発信しているコンテンツのリサーチ

競合他社や、業界の専門家が発信しているコンテンツの調査も有効です。これにより、現在の市場のトレンドを知り、競合や専門家

が提供する情報が消費者のどのようなニーズを満たしているのかを分析することが可能です。

▌口コミを分析する

商品やサービスに関する既存の口コミを収集・分析することで、消費者のニーズを把握することができます。**E コマースサイトやレビューサイトの口コミは、実際の使用感やユーザーの率直な声を反映した貴重な情報源**です。

ポジティブな口コミからは、商品やサービスの強みとなる要素や、消費者にとっての価値が明確になります。一方、ネガティブな口コミは、消費者が直面している問題点や改善を求めている点を示しており、これらの情報を基にコンテンツ作成の方向性を定めることができます。

▌アンケートを取る

特定の意見やニーズを明確にしたい場合、アンケート調査が効果的です。この方法は、特に新たに提供を検討しているコンテンツやサービスに対する直接的なフィードバックを得るために役立ちます。アンケートは直接対面で聞くことも可能ですが、Google フォームなどのオンラインツールを活用すれば、広範な対象者にリーチし、多様な視点からの意見を収集することが可能です。

引用：Google Forms（https://www.google.com/intl/ja_jp/forms/about/）

ソーシャルメディアにおけるトレンド分析

　ソーシャルメディアは、**消費者の意見や関心事をリアルタイムで把握するための有効なツール**です。日々の動向を追うことで、消費者の興味や悩み、そして願望を把握することが可能になります。

　以上のように、消費者のニーズを調べるには、さまざまな方法があります。いくつかの方法を組み合わせて利用することで、より深く顧客を理解し、ニーズを多角的に捉えることが可能です。

3 / 03 コンテンツのアイデアを生み出すための視点

コンテンツ作成における最初のステップは「アイデア出し」です。すばらしいアイデアがなければ、コンテンツ作成を始めることは難しくなります。特に、定期的にコンテンツを発信していると、「ネタ切れ」を感じることもあるでしょう。

以下のポイントに着目することで、直観だけに頼ることなくコンテンツのアイデアを出すヒントを見つけることができます。

「認知」の段階に有効なコンテンツのアイデア：ブランドのミッションやビジョンやバリュー

ミッション（企業の存在理由）、ビジョン（将来の理想の姿）、バリュー（重視する価値観や行動の指針）をコンテンツとして提供することで、ターゲットやペルソナに対してブランドの基本的な理念や目指す方向性を伝えることができ、初期の段階で関心を引くことができます。

例えば、AutoPilotAcademy の場合、「デジタルマーケティングの全体系化と方法論の普及を目標として、この目標を達成するために邁進します」をミッションとしています。

104 | 第3章　顧客のニーズに応えるコンテンツ作成のポイント

> "AutoPilotAcademyはデジタルマーケティングの
> 全体系化と方法論の普及を目標として
> この目標を達成するために邁進します"
>
>
> 小池 声樹
> CEO @ AutoPilotAcademy

「興味関心」の段階に有効なコンテンツのアイデア①：消費者の問題解決情報

　コンテンツ作成において重要なのは、**まず「誰に対して情報を伝えるのか」**です。ターゲットやペルソナの興味や悩みを理解し、それに対する解決策を提供するコンテンツを創出することで、より大きな価値を提供できます。

　例えば、アウトドア用品を販売する企業が「20代後半でアウトドア活動を楽しむ女性」というターゲットやペルソナを設定した場合、彼女の潜在的なニーズとして「都内からアクセスしやすいアウトドアスポットを探している」と想定することができます。このような場合、「東京近郊の隠れたアウトドアスポットガイド」というコンテンツを作成することで、具体的に彼女のニーズに応え、興味を引くことができます。

「興味関心」の段階に有効なコンテンツのアイデア②：商品やサービスの基礎知識

　「興味関心」の段階でのコンテンツ作成において、商品やサービ

03　コンテンツのアイデアを生み出すための視点　｜　105

スに関する基礎知識の再確認と深い理解は、新しいコンテンツのアイデアを生み出すのに役立ちます。**日常的にはあたりまえと思われる情報でも、消費者にとっては新しい発見となることが多い**ものです。このような基礎知識の整理は、消費者に価値あるコンテンツを創出するための重要なヒントとなります。

　例えば、観光業界が外国人観光客を対象に茶道体験を含む文化体験ツアーを企画する際、茶道に関するコンテンツの作成は特に重要です。このコンテンツでは、茶道の基本的な流れや手順だけでなく、その歴史的背景にも焦点を当てた詳細な解説を提供します。このような基礎知識に基づくコンテンツは、日本文化に興味を持つ海外の観光客にとって、魅力的な情報源となります。

「興味関心」の段階に有効なコンテンツのアイデア③： データと統計に基づく情報

　データと統計を活用したコンテンツの提供は、消費者への説得力を高めるために不可欠です。例えば、貿易管理システムを提供する企業が、最新の輸出入統計、市場動向、消費者行動の変化などの業界トレンドを分析し、これらの情報をコンテンツに反映させることは、消費者にとって大きな価値を持ちます。これらのコンテンツは、消費者にとって興味深く、実践的な情報源となります。

　データと統計に基づくコンテンツは、**消費者に対して具体的で信頼性の高い情報を提供し、製品やサービスの選択肢を検討する際の決定的な要素**となります。これにより、企業は消費者の関心

を深め、エンゲージメントを高めることが可能です。

「比較検討」の段階に有効なコンテンツのアイデア：商品やサービスの比較および顧客レビュー情報

　信頼性の高い比較およびレビューのコンテンツは、消費者の購入前の疑問や不安を解消し、商品やサービスの真の価値を深く理解する助けになります。そのため、商品やサービスの比較とレビューのコンテンツは、購入意欲を高め、消費者の信頼を構築するために重要です。

　例えば、Webサイト作成会社を紹介するサービスの場合、複数の作成会社に関する比較レビュー記事は消費者にとって有益です。これらのコンテンツにより、消費者はリサーチに費やす時間を節約し、提供された選択肢の中から効率的に比較検討することができます。また、複数の作成会社の情報を比較することで、各業者の専門分野、実績、コストパフォーマンスなどが明確になり、消費者が自社のニーズや予算に最適な作成会社を選定する助けとなります。

「購買」の段階に有効なコンテンツのアイデア①：商品やサービスの詳細情報

　商品やサービスに関連する深い情報の提供は、他社にはないユニークなコンテンツを創出する鍵となります。単に基本情報に留まるのではなく、独自の視点で詳細に掘り下げることで、コンテンツの希少価値が高まり、消費者にとってより魅力的になります。

例えば、桜の苗木を販売する企業が「日本の桜の種類と見分け方」というコンテンツを作成する場合、200種類以上存在する桜の品種に関する詳細な情報は、一般的にはあまりないため、消費者に新鮮な知識を提供します。各品種の特徴、見分け方、特に多く見られる地域に関するコンテンツは、顧客が他社では得られない貴重な情報を得る手助けとなります。

　このような深い情報の掘り下げによって作成される「関東地方でよく見られる桜の品種とその見分け方」といったコンテンツは、消費者の興味を引き、購買意欲を高めます。このように情報の深掘りによって作成されたコンテンツは、消費者に新たな価値を提供し、購買意欲を高める効果があります。

「購買」の段階に有効なコンテンツのアイデア②：プロモーション情報

　購買意欲が高まっている**見込み客の購入を後押しするのに特に効果的なのがプロモーション情報**の提供です。特別価格の提供や限定商品の販売といったプロモーションのコンテンツは、見込み客が他では得られない特別な価値を感じさせ、購入への最終的な決断を促します。

　例えば、ECサイトを運営している場合、正月、バレンタイン、ホワイトデー、母の日、父の日、ハロウィン、ブラックフライデー、クリスマスなどの特別なイベント期間に合わせて、商品やサービスを特別価格で提供するコンテンツは効果的です。さらに、限定商品

の提供や特別なプロモーションのコンテンツを配信することも、見込み客の購買意欲を高めるために重要です。これらのイベント期間に提供されるコンテンツは、見込み客に特別な買い物体験を提供し、商品への関心を高める絶好の機会を創出します。

「継続」の段階に有効なコンテンツのアイデア①：商品やサービスの使い方やアップデートの情報

顧客が商品やサービスを継続して使用するためには、**使い方や最新のアップデート情報を定期的に提供することが重要**です。これらのコンテンツは顧客のエンゲージメントを高め、継続的な利用を促進します。

例えば、オンライン会計ツールなどのSaaS（Software as a Serviceの略。インターネット上で使用できるインストール不要のソフトウェアのサービスを意味する）を提供するサービスの場合、新機能の追加や既存機能の改善に関する定期的なアップデート情報のコンテンツを顧客に提供することは、サービスの継続的な価値を伝えるために効果的です。このようなコンテンツは、顧客にサービスの最新の活用方法を示し、彼らがサービスから最大限の利益を得るための支援となります。

「継続」の段階に有効なコンテンツのアイデア②：関連する商品やサービスの情報

「継続」の段階で顧客の継続的な購入を促進するうえで重要なの

03　コンテンツのアイデアを生み出すための視点　｜　109

が、アップセルとクロスセルのコンテンツです。アップセルでは、既存の顧客に対してより高価格や高付加価値の商品やサービスのコンテンツを提案します。一方、クロスセルのコンテンツでは、顧客がすでに検討中または購入済みの商品やサービスに加えて、関連する別の商品やサービスの情報を提供します。これらのコンテンツにより、顧客の購買体験を拡張し、ビジネスの成長を促進します。

　例えば、特定の製品を購入した顧客に対して、より高機能の製品へのアップグレードに関するコンテンツを提供することはアップセルの一例です。同様に、その製品の使用をさらに充実させるアクセサリーやサービスに関するコンテンツを提案することは、クロスセルの効果的な手法となります。これらのコンテンツ戦略を適切に実施することで、顧客のロイヤルティを高め、売上の増加に寄与します。

関連性の高い別の商品やサービスの情報を提供することで
顧客のロイヤリティを高め、売上を増加できる

クロスセル　　　VS　　　**アップセル**

「紹介」の段階に有効なコンテンツのアイデア①：紹介インセンティブの情報

　「紹介」「発信」の段階で既存顧客に対して**紹介インセンティブのコンテンツを提供する**ことは、**リピート購入の促進と新規顧客**

獲得の有効な戦略です。例えば、顧客が商品やサービスを簡単に共有できるよう、専用のリンクや識別コードを提供することが考えられます。紹介や発信に応じてポイントやクーポンを提供することにより、顧客は具体的なメリットを得て、自社の価値を友人や知人に気軽に伝えることができます。

このような紹介インセンティブのコンテンツは、顧客の積極的な参加を促し、ブランドの認知度を高めます。また、コミュニティ内での自然な口コミを生み出し、紹介された新規顧客が既存の信頼関係を基に初めての購入をする可能性を高めます。

「紹介」の段階に有効なコンテンツのアイデア②： 共有しやすいソーシャルメディア情報

「紹介」の段階において、**ソーシャルメディアを活用して共有しやすいソーシャルメディア情報の提供は効果的です。具体的にはキャンペーンのコンテンツ提供など**が考えられます。例えば、X（旧Twitter）を利用したキャンペーンでは、リポスト（旧リツイート）やハッシュタグ付きの投稿、アカウントのフォローなどの簡単な参加条件を設けることが可能です。参加者は審査や抽選を通じて景品を獲得するチャンスがあります。このようなコンテンツは、紹介者にとっても、商品やサービスを直接プッシュするのではなく、友人やフォロワーをイベントに誘うような形で気軽に共有・紹介できるメリットがあります。

ソーシャルメディアキャンペーンのコンテンツは、参加者にとっ

て楽しいエンゲージメントの機会を提供し、ブランドへの関心を高めます。また、キャンペーンの口コミ拡散性によってブランドの露出が拡大し、新規顧客獲得につながることがあります。したがって、ソーシャルメディアキャンペーンのコンテンツは、オンライン上でのブランド認知度を高めるための有効な戦略となります。

「発信」の段階に有効なコンテンツのアイデア①：ユーザー生成コンテンツ（UGC）

　ユーザー生成コンテンツ（UGC：User Generated Content）は、**顧客自身が商品やサービスに関する情報を発信することを指します**。先述の共有しやすいソーシャルメディア情報は企業側が作成するコンテンツですが、UGCは顧客側が作成するコンテンツです。UGCを促進することは、ブランドの認知度を拡大し、コンバージョンの獲得に直接つながります。**顧客自身の体験談がソーシャルメディア、ブログ、動画メディアなどさまざまな媒体を通じて拡散**されます。発信者の影響力によっては、UGCが直接コンバージョンにつながることもあります。

商品やサービスのデザインや機能、使い心地をスタッフ自らが書き記したスタッフレビューはUGCを作成する助けとなる

「発信」の段階に有効なコンテンツのアイデア②：商品・サービスに関する顧客のストーリー

　既存顧客が商品やサービスを利用して得た経験を共有することは、ブランドに対する信頼を深め、新たな顧客の獲得につながります。顧客が直面した問題、商品やサービスを利用して問題を解決した方法、生活や仕事へのプラスの影響など、**ビフォー・アフターのストーリーとして紹介することが特に効果的**です。

　例えば、ダイエットプログラムを提供する企業の場合、顧客がサービスを利用して体重を減らしたり健康を改善したりした具体的なストーリーを共有することで、潜在顧客に対してサービスの効果を強調し証明することができます。

「発信」の段階に有効なコンテンツのアイデア③：コミュニティイベント

　コミュニティイベントは、**ブランドと顧客との間に強い絆を築き、参加者にブランドのコミュニティの一員であるという感覚を提供**します。これにより、顧客のロイヤルティが高まり、ブランドへの肯定的なイメージが醸成されます。

　例えば、音楽バンドのファンクラブでは、会員限定のサイトを設けることがあります。サイトを通じて、バンドメンバーと交流することができるようにすれば、ファンはバンドとの個人的なつながりを感じ、より深い忠誠心を育むことができます。

3-04 主要なコンテンツ形式

　デジタルマーケティングにおける**コンテンツの発信形式の選定は重要**です。同じ内容であっても、伝え方によって受け手の印象や理解度が大きく変わることがあります。ここでは、さまざまなコンテンツ形式とそれぞれの特徴について詳しく解説します。

1. ブログ記事

　ブログ記事は、誰でも容易に取り組める基本的な情報伝達方法として広く利用されています。詳細な情報を深く掘り下げて伝えるのに適しており、**SEO対策としても有効**です。キーワード配置や内部リンク挿入により、検索時の露出を高めることが可能です。

　特に**興味関心の段階でのブログ記事の有効性は優れて**います。この段階では、消費者が商品やサービスについてさらに知りたい

ブログ例（AutoPilotAcademy）

114 | 第3章　顧客のニーズに応えるコンテンツ作成のポイント

と感じ始めています。ブログ記事は詳細な情報を伝えることができるため、消費者の好奇心を満たし、興味を深めるのに向いています。

2. インフォグラフィック

複雑な情報やデータを視覚的に整理し、表現する方法です。**デザインと情報が融合することで、情報の要点が一目で伝わり**ます。言葉だけでは伝わりにくい内容も、洗練されたデザインを用いることで簡潔かつ明瞭に提示できます。

特に**「認知」と「興味関心」の段階において、インフォグラフィックは優れた効果を発揮**します。認知段階では、ブランドのミッション、ビジョン、バリューを視覚的に魅力的な方法で伝えるのに適しています。興味関心段階では、複雑なデータや統計を理解しやすく視覚化し、顧客の興味と理解を促進するのに役立ちます。

インフォグラフィック例
(AutoPilotAcademy)

3. 地図

店舗や観光スポットの位置情報、交通機関の路線など、テキストだけでは伝わりにくい情報を、**地図を使用して視覚的に示す**ことができます。スマートフォンのGPS機能を活用することで、現在

地からのルート案内や所要時間の確認が手軽に行えます。

　地図の**視覚的な情報提供能力は、購買プロセスの全段階にわたって有効**です。認知段階では、ブランドの物理的な存在（例えば店舗）を消費者に認識させるのに役立ちます。購買段階では、購入を検討している見込み客にもっとも近い購入地点やサービス提供場所を明確に伝えることができます。また、紹介・発信段階においては、コミュニティイベントの場所を示すのに効果的であり、参加を促進します。

4．ツール

　ツールの活用により、**消費者の問題やニーズに効果的に対応**することができます。例として、CMS（Content Management System）が挙げられます。CMSはWebサイトのコンテンツを構築、管理、運用するためのシステムです。CMSを導入することで、サイトの構築期間が短縮されるだけでなく、コンテンツの管理やサイト運用の分析も簡単にできるようになります。特にWordPressは、無料で利用できるCMSとして有名です。

　ツールは、**提供する内容に応じた多様性と実用性を備えているため全購買段階での提供が可能**です。特に比較検討段階では、製品の価格や特徴を競合他社と比較するツールを提供することが効果的です。これにより、消費者は製品選択の際に正確な情報に基づい

た決定を行うことが容易になります。

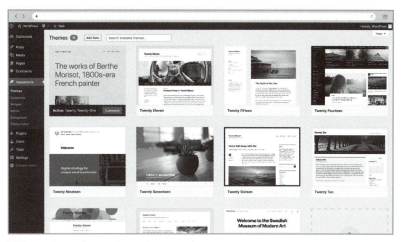

引用：WordPress (https://ja.wordpress.org/)

5. ソーシャルメディア投稿

　現在のデジタル社会において、ソーシャルメディアは情報発信やコミュニケーションの主要なツールとして位置づけられています。消費者層の特性や特徴を理解したうえで、**ターゲットやペルソナと相性のよいプラットフォームを選定し、コンテンツを配信することで、効果的なエンゲージメントを生み出す**ことができます。

　ソーシャルメディア投稿はその**柔軟性、広範囲なリーチ、エンゲージメントの向上に優れているため、購買プロセスの全段階で有効**です。認知段階では、ターゲット層が興味を持ちそうなコンテンツを共有することで広範なオーディエンスにアプローチし、ブランドの認知度を高めることができます。購買段階では、商品やサー

ビスのプロモーション情報を共有し、購買行動を促進します。紹介・発信段階では、顧客による製品レビューやシェアを促進することで、新たな潜在顧客を引きつけるのに役立ちます。

ソーシャルメディア投稿例（AutoPilotAcademy）

6. 電子書籍（E-Book）、ホワイトペーパー

　電子書籍（E-Book）は、オンライン上で読むことができる書籍の形式です。見込み客はデスクトップのみならず、タブレットやスマートフォンでも電子書籍を閲覧することが可能です。

電子書籍例（AutoPilotAcademy）

　一方、ホワイトペーパーは、見込み客が特定のトピックについての理解を深めるために使用される詳細な資料やレポートです。これらのコンテンツ形式は**データ、統計、研究に基づいて作成さ**

れ、見込み客が抱えている問題やニーズに対する解決策を提供することで、購買意欲を高めることに向いているため、興味関心段階に向いています。

7. 動画、音声

1分間の動画コンテンツにはWebサイト3,600ページ分の情報量があると言われています。Webサイトを閲覧する際には、多くの場合テキストをただ読んでいくだけです。対して**動画であれば、映像・テロップ・コピー・背景画像・まとめ・効果音など、多様な素材を詰め込んで、見せることが可能**です。画面さえ開けば視聴者はなんのアクションを取る必要もありません。ただ「見るだけ」です。

音声コンテンツやポッドキャストは、移動中や作業をしながらでも情報を手軽に取得することができる手段です。動画とは異なり、**視覚的な注目を必要としないので、仕事や家事をしながら聞き流す**こともできます。声を通じて、発信者の個性やパーソナリティがダイレクトに伝わるため、リスナーとの心理的距離を近づける効果があります。

動画と音声コンテンツはともにその情報の伝達効率の高さから、全購買段階に適しています。認知段階では、ブ

動画例（AutoPilotAcademy）

ランドのミッションやビジョンやバリューを動画広告やポッドキャストを通じて伝えることで、強い第一印象を与えることができます。購買段階ではプロモーションビデオやプロモーション情報を伝えることで、直接的な購買を促進します。発信段階ではユーザー生成コンテンツやコミュニティイベントのハイライトを動画や音声で伝えることで、既存顧客や潜在顧客にストーリーを共有できます。

8. ライブ配信、ウェビナー

　ライブ配信とウェビナーは、発信者と消費者がリアルタイムで情報を共有し、絆を深めるための手段です。これらはともにオンラインでのリアルタイムイベントですが、それぞれ異なる目的と形式を持ちます。ライブ配信はYouTube LiveやFacebook Liveなどのプラットフォームを利用し、商品発表やエンターテインメントなど多目的な内容に適しています。一方、ウェビナーはZoomなどのプラットフォームで実施され、教育的な内容や専門知識の提供に焦点を当てます。

　両方ともチャット機能を通じて即時のフィードバックや質疑応答が可能で、これにより双方向の交流が実現します。そのため、**消費者の興味を引きつける「興味関心」の段階に適し**ています。さらに、商品やサービスの詳細な機

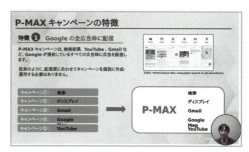

ウェビナー例（AutoPilotAcademy）

能、使用方法、ベネフィットなどを深く掘り下げて説明することができるため、**商品やサービスの選択を行っている「比較検討」の段階にも適し**ています。

9. Eメール

Eメールは、見込み客の購買意欲を育成したり、既存顧客に他の商品やサービスに関するコンテンツを提供したりするのに適しています。これにより、**真の意味での顧客や購入者を育てることが可能**です。Eメールマーケティングは、その費用対効果（ROI）が高いことで知られるマーケティング手法です。

Eメールは**顧客の興味や行動に基づいてパーソナライズ（顧客毎に最適な情報を提供すること）された内容を提供できるため、興味関心の購買段階に適し**ています。また、**購読者限定で特別な割引やオファーなどのプロモーション情報を提供することができるため、購買段階に適し**ています。既存顧客には**リピート購入促進のための関連する商品やサービスの情報を伝えることができるため、継続段階にも適し**ています。さらに、満足して

Eメール例（AutoPilotAcademy）

いる顧客に**紹介を促すインセンティブ情報を伝えたり**、コミュニティイベントの参加を促したりする情報提供にも使えるため、**紹介や発信段階にも適して**います。

10. ランディングページ

「ランディングページ」という言葉を聞くと、一部の方々はこれを「デジタル広告のリンク先」と捉えるかもしれません。しかし、広義において、ランディングページはユーザーが最初に訪れるすべてのページを指します。

これには広告をクリックして遷移したページのみならず、ソーシャルメディア投稿のリンクから最初にアクセスしたページ、または検索結果から最初に訪れたページも含まれます。

ランディングページは、商品やサービスの詳細を知りたいと考えている顧客向けに、商品やサービスの特徴、使用例、価格などの情報を提供し、理解を深めてもらうことに適しているため、興味関心段階に向いています。さらに、限定オファーを提供し、購入決定を促進するのに向いているため、購買段階にも適しています。

ランディングページ例（AutoPilotAcademy）

11. デジタル広告

　デジタル広告は、テレビやインターネットなどの**各種デジタルメディアを通じて、有料で消費者にリーチする広告**を指します。例えば、GoogleやYahoo!での検索時に表示される広告など、インターネット上での広告活動がこれに該当します。デジタル広告は、**ターゲットやペルソナに対して、的確なターゲティング設定を行うことにより、高いROI（投資収益率）を持つコンテンツの形式**として展開されます。

　デジタル広告は媒体やメニューも豊富で、フルファネルで配信できるように設計されていることが多いため、全購買段階に適しています。例えば、**認知の段階ではYouTubeを通じた動画広告が効果的**です。一方、**比較検討の段階では、リスティング広告を利用して特定のキーワード検索に応じた商品やサービスを紹介する**ことができます。さらに、**継続の段階では、既存顧客へのリピート購入を促進するためのリマーケティング広告が有効**です。

デジタル広告例（AutoPilotAcademy）

コンテンツは
専門性・経験・信頼性・権威性
を備えているか？

3 / 05

　次章の SEO 対策と関連していますが、**「専門性、経験、信頼性、権威性」は、Google が高品質なコンテンツを作成するために提唱しているガイドライン**です。

　以下で各要素について説明します。

▌専門性・経験・信頼性・権威性とは？

　Google が Web サイトの品質を評価する際に重視する 4 つの基準です。これらは「専門性（Expertise）」、「経験（Experience）」、「信頼性（Trustworthiness）」、「権威性（Authoritativeness）」を指し、Web サイトやコンテンツがユーザーにとって価値のある情報源であるかを判断するために用いられます。Google の検索品質評価ガイドラインでは、これらの頭文字を取って「E-E-A-T」という略称で参照されています。

引用：Google「検索評価ガイドライン」(https://static.googleusercontent.com/media/guidelines.raterhub.com/ja//searchqualityevaluatorguidelines.pdf)

1. 専門性（Expertise）

　コンテンツが特定のトピックに関して深い知識や洞察を提供しているかどうかを評価します。そのテーマに関する詳細な情報が記述されており、専門知識を活用して多数のユーザーの問題解決に寄与しているコンテンツは、高い専門性があると見なされます。

> **Point**　医療関連のコンテンツは、人々の健康に直接影響をおよぼすため特に専門性が強く重視される

2. 経験（Experience）

　コンテンツが作成者の実際の体験や実績を反映しているかどうかを評価する基準です。Webサイトのオリジナリティや内容の信憑性を高めるために重要視されます。作成者がそのトピックに関する専門家でない場合でも、個人の体験に基づく情報を提供しているコンテンツは、経験に基づく信頼性があると見なされることがあります。

> **Point**　AIがコンテンツを自動生成できるようになったため今後は特にコンテンツが経験に基づいているか否かが重視されると考えられる

3. 権威性（Authoritativeness）

　この指標は、コンテンツがどの程度社会的な権威を持っているか

を示します。分野の専門家による執筆や監修、あるいは信頼できる
組織からの情報提供がある場合、コンテンツの権威性が高まります。

4. 信頼性（Trustworthiness）

　コンテンツ内の情報が正確で、ユーザーにとって安全かつ信頼で
きるものであるかどうかを特に重視しています。また、信頼性の高
い他 Web サイトからのリンクが存在する場合、これは Web サイ
トの信頼性が高いという評価の一因となり得ます。

▌専門性・経験・信頼性・権威性が重要な理由

　次章で詳細に解説する通り、Google が目指すのはユーザーに
とって有益な情報を提供することです。この目的のため、Google
は信頼性と価値の高い情報を検索結果で優先して表示するよう設計
されています。

　「専門性」「経験」「信頼性」「権威性」は、検索結果のランキング
に直接影響するわけではありませんが、これらの要素を考慮してコ
ンテンツを作成することは、価値のある情報をユーザーに提供する
うえで極めて重要です。

　Google はブログ記事やランディングページなど、多種多様なコ
ンテンツ形式を評価します。評価対象外とされる形式のコンテンツ
であっても、専門性、経験、信頼性、権威性の基準を用いて自己評
価を行うことで、より高品質なコンテンツ作成に寄与します。

3 / 06 専門性・経験・信頼性・権威性を高める方法

留意すべきポイントを2つ紹介します。

1. 一次情報を基にコンテンツを作成する

　一次情報に基づいてコンテンツを作成することは、その質を高めるうえで重要です。例えば、新型スマートフォンのレビューを執筆する際に、他のレビューを単に参照するのではなく、自らが実際に製品を使用し、直接得た感想や体験に基づいてレビューを作成することで、コンテンツに説得力を与えることができます。また、独自の調査やアンケートを実施することで、オリジナリティと信頼性を持たせた情報を提供することが可能です。このようなアプローチは「経験」と「信頼性」の向上に寄与します。

2. 信頼できる専門家による監修を受ける

　特定の分野、特に医療や健康に関する情報を提供する際は、専門家や医師による監修は不可欠です。このような監修を経ることで、読者の信頼を得やすくなります。

第 3 章でやるべきこと

　あなたのビジネスにおいて、マーケティングファネルの各段階に適したコンテンツのアイデアとコンテンツの形式を考え、デジタルマーケティング改善シートを埋めてください。

((((AIと共に拓く))))

　作成したマーケティングファネルのコンテンツのアイデアと形式のフィードバックを ChatGPT から得てください。プロンプトの例：あなたは [会社概要] の [商品概要・サービス概要] を集客・販促するデジタルマーケターです。認知段階のコンテンツのアイデアは [作成したコンテンツのアイデア] で、コンテンツの形式は [作成したコンテンツの形式] に設定しようと考えています。的確なコンテンツのアイデアと形式か評価してください。

あなたは「デジタルマーケティングのオンラインスクール事業を運営する企業」の「オンライン動画講座」を集客・販促するデジタルマーケターです。認知段階のコンテンツのアイデアは「ブランドのミッションやビジョンやバリュー」で、コンテンツの形式は「動画・デジタル広告」に設定し

> ようと考えています。的確なコンテンツのアイデアと形式か評価してください。

デジタルマーケティングにおける認知段階では、潜在顧客の注意を引き、ブランドへの興味を喚起することが目的です。この段階で「ブランドのミッション、ビジョン、バリュー」をコンテンツとして使用するのは適切な戦略です。なぜなら、これらはブランドが何を代表しているのか、そして潜在顧客がなぜそのブランドに関心を持つべきなのかを伝える核となる要素だからです。

コンテンツ形式として「動画・デジタル広告」を選ぶことも有効です。動画は視覚的かつ情動的なエンゲージメントを促し、視聴者に強い印象を与えることができます。特に、ブランドの個性や価値をストーリーテリングを通じて伝える場合、動画はもっとも強力なツールの1つです。また、デジタル広告はターゲットとする市場に効率的にリーチすることができ、特にソーシャルメディアプラットフォームや検索エンジン広告を通じて、大きな視聴者層にアプローチできます。

ただし、動画やデジタル広告のコンテンツを作成す

第3章でやるべきこと | 129

る際には、以下のポイントを念頭に置くことが重要
です:

1. ターゲットオーディエンス：コンテンツが潜在顧
客の興味やニーズに響くように、オーディエンスの
分析に基づいてパーソナライズする必要があります。

2. ブランドの個性：ブランドの独自性を前面に出し、
視聴者に記憶に残るような独特のエレメントを含め
ることが大切です。

3. コール・トゥ・アクション (CTA)：視聴者が次の
アクションを取りやすいように、動画や広告に明確
な CTA を設定することが重要です。

4. マルチチャネル戦略：さまざまなデジタルチャネ
ルを通じて動画と広告を配信し、より広範なリーチ
とエンゲージメントを目指すことが望ましいです。

これらの要素を踏まえたうえで、コンテンツの企画
と形式の選択を行うことが、効果的なデジタルマー
ケティング戦略を構築するうえでの鍵となります。

第 4 章

Google 検索エンジンから
マーケティングファネルに
トラフィックを集める

第 4 章の概要

　本章からはマーケティングファネルにトラフィック（Web サイトやソーシャルメディア等のプラットフォームへの訪問者数を意味する）を集める方法を解説します。コンテンツを作成したら、ターゲットやペルソナが頻繁に訪れるプラットフォームでの配信を通して「トラフィックを集める」ことができます。数多く存在するプラットフォームの中でも、特に Google 検索エンジンから理想的な顧客を集め、ビジネスへの関心を高める方法に焦点を当てます。

　本章のポイントは次の通りです。

1.　Google 検索エンジンからトラフィックを集めることの重要性
2.　興味関心から購買段階で利用される検索エンジン
3.　検索エンジン最適化 (SEO) とは？
4.　Google が目指す目標を理解する
5.　検索順位はどのような方法で決められているのか？
6.　内部 SEO から始める
7.　コンテンツ SEO でトラフィックを集める
8.　トラフィックや被リンクを集めやすい記事の作成方法
9.　外部 SEO について理解する
10.　外部 SEO に取り組む

	顧客心理	コンテンツのアイデア	コンテンツの形式	集客チャネル	KPI
認知 Awareness	最近、デジタルマーケティングに興味が出てきた。どんな教材があるんだろう？	・ブランドのミッション ・ビジョン ・バリュー	・動画 ・デジタル広告	・YouTube ・Meta広告 ・Googleディスプレイネットワーク広告	・セッション数 ・表示回数 ・新規ユーザー数 ・広告の表示回数 ・動画広告の視聴回数
興味関心 Interest	このデジタルマーケティング教材、詳しい内容や特徴を知りたいな。	・顧客の問題解決情報 ・商品やサービスの基礎知識 ・データと統計に基づく情報	・ブログ記事 ・ランディングページ ・電子書籍（E-Book）	・Google ・Yahoo! ・Bing	・見込み客（リード）獲得数 ・電子書籍（E-Book）、ホワイトペーパーのダウンロード数
比較検討 Consideration	この教材とあの教材、どちらが初心者に合っているんだろう？比較してみよう。	・商品やサービスの比較情報 ・顧客レビュー	・Eメール ・顧客の声を含む動画 ・ウェビナー	・Eメール ・YouTube ・ウェビナーツール	・Eメールの到達率、開封率、クリック数、クリック率、購読解除率 ・ウェビナーのアンケート
購買 Action	決めた！このデジタルマーケティング教材を買うことにする！	・商品やサービスの詳細情報 ・プロモーション情報	・Eメール ・ランディングページ ・デジタル広告	・Eメール ・Googleリスティング広告	・コンバージョン数（CV数） ・コンバージョン率（CVR） ・顧客獲得単価（CPA） ・初回購入で得られる売上
継続 Retention	この教材、本当に役立ってる。他の関連教材も購入してみようかな。	・商品やサービスの使い方 ・アップデートの情報 ・関連する商品やサービスの情報	・Eメール ・ソーシャルメディア投稿	・Eメール ・X ・Meta	・顧客生涯価値（LTV） ・購入単価 ・購入頻度 ・継続期間
紹介 Advocacy	このデジタルマーケティング教材わかりやすくて有益だった！友達や同僚にも、おすすめしたい！	・紹介インセンティブの情報 ・共有しやすいソーシャルメディア投稿	・Eメール ・ソーシャルメディア投稿	・Eメール ・X ・Meta	・紹介による新規顧客からのコンバージョン数 ・コンバージョン率 ・紹介数 ・紹介からの平均売上
発信 Sharing	このデジタルマーケティング教材は業種もいい！みんなも試してみるべきだよ！#おすすめデジタルマーケティング教材	・ユーザー生成コンテンツ ・商品/サービスに関する顧客ストーリー ・コミュニティイベント ・キャンペーン	・Eメール ・ソーシャルメディア投稿	・Eメール ・X ・Meta	・UGCの数、エンゲージメント数 ・顧客のストーリーの数 ・コミュニティイベントの参加者数、エンゲージメント数

　Google検索エンジンからの集客は、デジタルマーケティング改善シートにおいて、主に興味関心、比較検討、購買の各段階において効果を発揮します。これらの段階における効果的なSEO戦略を実施することで、企業やブランドは消費者の検索行動に基づいた集客を行うことができるようになります。

　デジタルマーケティング改善シートを活用し、適切なSEO対策を行うことで、検索エンジンからの質の高いトラフィックを増加させ、ビジネスの成長を実現させてください。

4 / 01 Google 検索エンジンからトラフィックを集めることの重要性

　LINEリサーチが2021年に行った調査によれば、スマートフォンで情報検索するユーザーの約93％が、検索エンジンを利用しています。これはソーシャルメディアの利用率の約1.5倍、動画アプリの利用率の約2倍であり、**消費者に商品やサービスを知ってもらうには検索エンジンでの可視性を高めることが非常に重要**であることがわかります。

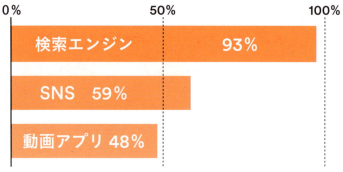

スマホで調べものをするときに使っているもの
※LINEリサーチ調べ（2021年7月）複数回答

引用：リサーチノート powered by LINE「スマホで検索するときに重視していることや調べるジャンルは？」（https://lineresearch-platform.blog.jp/archives/38356346.html）を筆者加工

　特に重要なのが、**検索エンジン市場で圧倒的なシェアを持つGoogle**です。日本国内の検索エンジンのシェアでは、Googleが

約78%、Yahoo! が約13%、Bing が約8%を占めており、Google
が約3/4のシェアを占めることになります

	すべてのデバイス	
検索エンジン名	順位	シェア
Google	1位	77.86%
Yahoo!	2位	12.84%
Bing	3位	8.02%

引用：statcounter GlobalStats「Search Engine
Market Share Japan Feb 2023 - Feb 2024」
(https://gs.statcounter.com/search-engine-
market-share/all/japan) より筆者作成

　つまり、消費者が検索エンジンを利用して情報を探す際には、多
くの場合、Google を利用しているといえます。そのため、検索エ
ンジンからトラフィックを集めるためには、まず Google に注力す
ることが不可欠です。
　具体的には、Google の検索結果において、自社が保有するコン
テンツを上位に表示させることにより、検索エンジンからのトラ
フィックを増やすことができます。

　さらに、Google は Web 検索の他にも地図、画像、動画、音声
などの検索にも対応しています。例えば、ユーザーが調べている地
域の情報を検索すると、Google マップからも最適な情報が表示さ
れます。特定コンテンツのフォーマットで検索しているユーザーを
ターゲットにすることも可能です。

　要するに、**検索エンジンからの集客において、Google に注力
することは、デジタルマーケティングの戦略において成功の鍵を
握る重要な要素**となります。

01　Google 検索エンジンからトラフィックを集めることの重要性　135

4/02 興味関心から購買段階で 利用される検索エンジン

　検索エンジンは**キーワード検索で情報収集されるという大きな特徴**があります。**消費者の購買プロセスに応じて、使われるキーワードは変化**します。例として、「東京のホテルに宿泊を予定している消費者の購買行動」を取り上げ、各段階での検索クエリの違いを解説します。なお、検索クエリとは、ユーザーが検索エンジンに入力する検索語句のことです。

▍興味関心段階

　この段階では、消費者は具体的なホテルに絞り込む前で、一般的な情報収集を行います。
　検索クエリの例：「東京　ホテル」、「東京 観光ホテル」、「東京ホテルガイド」

▍比較検討段階

　この段階では、消費者は具体的なホテルや宿泊プランを比較検討するための情報収集を行います。
　検索クエリの例：「〇〇ホテル　△△ホテル　比較」、「東京　ホ

テル比較」、「東京　ホテル　レビュー」

購買段階

　この段階では、消費者は具体的な予約に向けての情報収集を行います。

　検索クエリの例：「〇〇ホテル　予約」、「〇〇ホテル　割引」、「〇〇ホテル　宿泊料金」

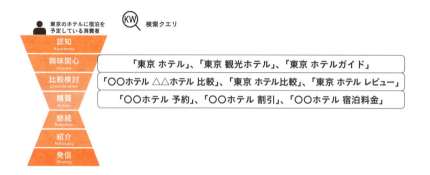

　消費者の購買プロセスにおけるキーワードの違いを理解することで、目的に合わせたトラフィックを効果的に集めることが可能になります。

4-03 検索エンジン最適化 (SEO) とは？

　検索エンジン最適化（SEO）は、検索エンジンでの露出を高めるための効果的な手法です。SEO は "Search Engine Optimization" の略で、日本語では「検索エンジン最適化」と訳されます。これは、**Web サイトや Web ページが検索エンジンの結果ページでより高い順位に表示されるようにするための方法**を指します。**SEO により、特定の購買段階にある消費者を効率的に対象の Web サイトに誘導することができます。**

引用：リサーチノート powered by LINE「スマホで検索するときに重視していることや調べるジャンルは？」（https://lineresearch-platform.blog.jp/archives/38356346.html）を筆者加工

　多くの消費者に商品やサービスについて理解してもらうには、**Web サイトの検索順位を向上させ、その存在を広くアピールするために SEO が不可欠**です。

ただし、SEOを実践することは簡単な作業ではありません。Web技術に関する専門知識が必要な場合もあれば、適切なキーワードの選定や効果測定など、相応の労力を必要とします。

　特に中小企業やスタートアップでは、**社内に専門の技術者がおらず、外部への依頼コストが負担**となることも珍しくありません。そうしたなか、限られた予算とリソースで何から始めるべきか、頭を悩ませているマーケティング担当者は少なくないようです。

4
04
Google が目指す目標を理解する

　そのような際には、まず Google の目標を知ることから始めます。SEO を正しく行うためには、「Google が掲げる 10 の事実」(https://about.google/philosophy/?hl=ja) を理解する必要があります。その中で「1. ユーザーに焦点を絞れば、他のものはみな後からついてくる」と述べられているように、Google は、**「検索を進化させ、ユーザーが必要としている情報だけをできるだけ早く提供すること」を目標**に企業活動をしています。重要なのはユーザーが求める答えであり、Google がインデックス（登録）している膨大な Web ページの中身そのものよりも、その答えをいかに早く正確にユーザーに提供するかという点に重きを置いていることがわかります。

　しかし、どのようにして Google は、保持している膨大なデータから、ユーザーが求めている情報をできるだけ早く提供するのでしょうか？

　その答えの鍵を握るのが、アルゴリズムと呼ばれる、コンピュータプログラムです。アルゴリズムとは、問題を解決するための方法や手順のことを意味します。一般的な検索キーワードの場合、関連性の高い情報を含むウェブページの数は、数千ないし数百万、ある

140　｜　第 4 章　Google 検索エンジンからマーケティングファネルにトラフィックを集める

いはそれを大きく超えると言われています。

　例えば、「東京　ホテル」という検索キーワードで検索した場合、約 275,000,000 件（執筆時点）の Web ページがヒットします。実際、ユーザーは、それほど多くの Web ページを見る時間はありません。その膨大な Web ページの中から、ユーザーが求めている答えが掲載されている Web ページを検索結果として上位表示する仕組み、それがアルゴリズムです。

Google 検索

　Google のアルゴリズムは、ユーザーが真に求めている情報を正確に推測し、提供することを目的としており、そのために 200 を超える独自の評価指標を採用しています。これらの指標には、Web サイト上の語句の使用、コンテンツの新鮮さ、利用者の居住地域、PageRank などが含まれています。ちなみに、PageRank は、Web ページの重要度を評価するための指標です。

　特定のキーワードで Web ページを検索結果の上位に表示させたい場合、Google のアルゴリズムを深く理解し、その基準に沿って Web サイトを最適化することが欠かせません。**具体的な方法やヒントは「検索エンジン最適化（SEO）スターターガイド（https://**

developers.google.com/search/docs/fundamentals/seo-starter-guide?hl=ja)」にて Google が提供しています。SEO を行う際にはこのガイドを参照することを強くお勧めします。

引用：Google 検索セントラル「検索エンジン最適化（SEO）スターターガイド」(https://developers.google.com/search/docs/fundamentals/seo-starter-guide?hl=ja)

4 / 05 検索順位はどのような方法で決められているのか?

　現在世界中で17億以上にものぼると言われるWebサイトは検索エンジンにどう認識され、どんな方法で検索順位が決められているのでしょうか?

　結論から言うと、検索順位が決められるまでには**「クローラーによる情報収集」→「インデックス」→「ランク付け」という3つのプロセス**があります。

　クローラーとはWeb上を回遊しているプログラムのことです。リンクをたどってWebサイトを訪れ、Webサイトの構造やテキスト情報、被リンク数、ページの表示速度といったデータを取得するのが役割です。Googleのメインクローラーである「Googlebot」の場合、1年間に1兆ページ以上を巡回すると言われています。

　このクローラーが収集した情報をデータベースに登録(インデックス化)し、アルゴリズムに沿ってページをランク化するというのが、検索順位が決まるまでの大まかな流れです。SEO対策を通じて検索順位をアップさせるためには、いかにクローラーに見つけてもらうか、いかに評価されやすい情報を公開するかが大切になって

きます。

　そこで基本となるのが、**「検索エンジンの評価＝ユーザーの評価」**という考え方です。

　検索エンジンの代名詞とも言えるGoogleでは、売買された人工リンクや隠しテキストといったブラックハットSEO（質の低いページを検索上位に表示させる不正な手法）が横行した過去の反省も踏まえ、アルゴリズムのアップデートを積み重ねてきました。**アップデートの基準はやはり「ユーザーの役に立つかどうか」**です。

　どんなにテキストや画像が多くても、どんなに多くのリンクが貼られていても、内容が不明瞭なページや正確性を欠く情報、ユーザーメリットをもたらさないコンテンツが現在の検索エンジンから評価されることはありません。前述の隠しテキストをはじめとするユーザーを欺く行為、質の低い有料ディレクトリサービスへの登録などは、2012年以降、Googleのペナルティ対象となっています。

パンダアップデート
2011年に英語圏に導入され、2012年7月から日本にも導入されました。主に低品質なコンテンツが検索結果に表示されにくくするためのGoogleの検索アルゴリズムのアップデートを意味します。

ペンギンアップデート
被リンク対策などのスパム行為を行うサイトの検索順位を下げて検索結果の品質向上を図ることを目的として2012年4月に実用化されたGoogleの検索アルゴリズムのアップデートを意味します。

　その一方でサイトのユーザビリティも重視されるようになり、2018年のアルゴリズム更新以降はWebサイトの表示速度も検索順位を決めるシグナルの1つとなりました。

4-06 内部SEOから始める

　ここでは、具体的なSEO対策の方法について掘り下げていきます。SEO対策は大きく「内部SEO」、「コンテンツSEO」、「外部SEO」の3種類に分けられます。

　検索順位を向上させるには、これら3種類のアプローチをバランスよく実施することが重要です。この3種類の中でもっとも簡単に開始でき、かつ効果が期待できるのは「内部SEO」です。

　名前から想像すると、技術的な知識が必要なように感じられるかもしれませんが、内部SEOには**複雑なプログラミングを必要とし**

ない手法が数多く存在します。また、コンテンツ SEO や外部 SEO に比べて、**外部要因の影響をほとんど受けない**という利点もあります。

　限られた予算とリソースのもとで SEO 対策を行う際には、まず内部 SEO から始めることをお勧めします。本書では、そのような内部 SEO の中でも特に手軽に実施できる 4 つの方法をご紹介します。

1. URL の最適化

　URL を最適化することで、Web を巡回する検索エンジンの**クローラーが Web ページを容易に見つけ、早く評価**しやすくなります。

　例えば、製品紹介ページなら「products」、サービスの料金を紹介するページなら「service/price」といった具合に、内容を正確かつシンプルに反映させることが大切です。

　多くの企業で利用されている WordPress では、管理画面の「一般設定」から URL を変更することができます。URL に使用する言語は、英語でも日本語でも問題ありません。

2. タイトルタグを最適化する

　タイトルタグは、Web ページの「顔」とも言える重要な要素であり、クローラーによるページ評価の基準となります。**URL との**

整合性を考慮し、**タイトルタグを使ってページ内容を明確かつ簡潔に示すことは、検索表示順位向上につながり**ます。

　タイトルタグの文字数に関しては、32 文字程度を目安にすることが推奨されます。32 文字以内に収めることで、ほとんどの端末やブラウザで商品名やサービス名が切れることなく表示され、SEO効果の向上が期待できます。

3. パンくずリストを設置する

　パンくずリストは、Web サイトのディレクトリ構造（階層）を示すナビゲーションヘルプです。これは**クローラーがページの内容を理解するのを助け、検索順位の向上に寄与**します。設置場所に厳密なルールはありませんが、ページの左上や他の目立つ位置に設置するのが一般的です。

　パンくずリストは比較的シンプルな HTML で作成することが可能です。不安がある場合は、インターネット上で無料で配布されているテンプレートやプラグインを利用して実装することをお勧めします。

4. ページの表示速度を上げる

　Google は Web ページの**表示速度を 3 秒以内に抑えることを推奨**しています。表示速度が極端に遅い場合、検索結果の順位にマイナスの影響をおよぼす可能性があります。

06　内部 SEO から始める　｜　147

多くの Web ページでは、容量の大部分を画像ファイルが占めています。したがって、以下のような無料ツールを活用して画像ファイルのサイズを圧縮することが有効です。

- TinyPNG (Tinify): https://tinypng.com/
- Squoosh：https://squoosh.app/
- Optimizilla：https://imagecompressor.com/ja/

など

また、Google が提供する「PageSpeed Insitghts（ページスピードインサイト）」というツールを利用すれば、URL をコピー＆ペーストするだけでページの表示速度を測定でき、更に改善すべき点に関する提案も受けられます。

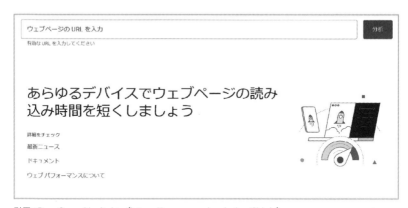

引用：PageSpeed Insitghts (https://pagespeed.web.dev/?hl=ja)

コンテンツ SEO で トラフィックを集める

4 / 07

　続いて、コンテンツ SEO について詳しく見ていきましょう。**コンテンツ SEO は、その名の通り、質の高い記事コンテンツを配信することで、ユーザーからの評価を高め、Web ページの検索順位を向上させる施策です。このアプローチは特に興味関心や比較検討の段階にあるユーザーのトラフィックを集めるのに適して**います。

内部 SEO	コンテンツ SEO	外部 SEO
✅ ページ構造の最適化 ✅ 内部リンクの最適化 ✅ ユーザビリティの改善	✅ 対策キーワードの選定 ✅ 記事・コンテンツの配信 ✅ 記事測定にもとづく記事・コンテンツの改善	✅ ソーシャルメディアやE メールによるコンテンツの宣伝・拡散 ✅ 宣伝・拡散を通じた良質な被リンクの獲得

　一方、**後述する外部 SEO はソーシャルメディアなどを活用し外部からのリンクを増やす施策**です。しかし、外部 SEO でもコンテンツは不可欠です。良質なコンテンツがなければ、宣伝や拡散の対象が存在せず、被リンクも得られません。

　このように、コンテンツ SEO と外部 SEO は密接に関連してい

07　コンテンツ SEO でトラフィックを集める　149

ます。そして、この関係の中心にあるのは、間違いなく前章で解説したコンテンツです。

　検索エンジンにおけるトラフィック獲得のためには、内部SEOと併せて、いかに質の高いコンテンツを配信するかが重要なポイントです。具体的にどのようなアプローチが効果的かを見ていきましょう。

▍被リンクを得やすい記事コンテンツとは？

　まず大切なのは、記事コンテンツのテーマ選びです。ブログやオウンドメディア（企業や組織が自ら作成・配信するWebサイトやブログ）ではさまざまなテーマで記事を書くことが可能ですが、**被リンクを効果的に獲得するためには、特定のパターンに従うことが有効**です。被リンクを得やすいコンテンツには主に3種類のパターンが存在します。

レポート型
- 特定の業種の市場規模や企業の動向レポート
- 消費者向けアンケートの結果と考察など

プレリリース型
- 新商品や新規サービスのリリース案内
- 資金調達やアライアンスのお知らせなど

辞書型
- 特定の業種や職種における専門用語の解説
- 用語の類義語、対義語、利用シーン、会話集など

レポート型

1つ目は、本章の冒頭で引用したような**市場調査や消費者アンケートの結果をまとめたコンテンツ**です。この種のレポート型コンテンツは、ネットユーザーが調査を行ったり、ソーシャルメディアの投稿やブログ記事を書く際の参照資料として用いられたりすることが多く、多くの被リンクを獲得する可能性があります。

また、記事は数字を中心に扱うため、表現や言い回しにこだわり過ぎて作成に不必要な時間を費やすことも少ないでしょう。

市場調査を行うことは難しそうに感じるかもしれませんが、現在ではマーケティングリサーチ会社の競争の中で、無料もしくは低価格で利用できる Web アンケートツールが増えています。

さらに、そうしたツールを使わなくても、既存の顧客に対して電話やメールなどで簡単なヒアリングを行い、その結果を「経営者100人に聞いた〇〇の悩み」といった形でコンテンツ化することも可能です。

汎用性の高いレポート型コンテンツは、記事の参照元・引用元として被リンク獲得につながりやすい。

プレスリリース型

このタイプは、その名の通り、**新商品の販売や新規事業の開始など、自社に関する情報をメディア向けにまとめたもの**です。

企業からの公式な情報発信として位置付けられるため、報道機関やWebメディアのサイトに転載されやすく、さらにこれらのサイトを参照するネットユーザーによる2次、3次の拡散が起こり、被リンクの獲得が期待できます。

プレスリリースには一定の形式（発信日、発信者、タイトル、リード文、本文など）があり、この形式に沿って作成すれば、作成に過度な時間を要することはありません。

また、過去に広報部門が作成したプレスリリースを活用し、そのままブログやオウンドメディアで配信することも可能です。レポート型と同様に、プレスリリース型は低コストで大きなSEO効果を期待できるコンテンツと言えます。

辞書型

　第3に挙げられるのは、専門用語や特定の事象に関する解説をまとめた辞書型のコンテンツです。これらは通常、「〇〇用語集」や「〇〇用語辞典」という形式を取り、複数のページから構成されることが多くなります。そのため、レポート型やプレスリリース型と比較して、作成にはやや時間がかかりますが、記事の引用元や参照元として、被リンクの獲得が期待できます。

　実際に、SEO対策における成功例も多く存在します。例えば、あるマーケティング会社が「AIDMA」や「オウンドメディア」といったマーケティング専門用語の辞書型コンテンツを配信した結果、自社サイトの月間ページビューを数百万以上に増加させました。特定ジャンルの用語や意味が網羅されると、被リンク獲得のみならず、検索エンジンからの評価も上昇する可能性があります。

　ただし、型にはまった内容に限定すると、検索エンジンから単なる他の辞書サイトのコピーと見なされ、SEOにおけるマイナス効果をもたらすリスクもあります。辞書型コンテンツをコンテンツSEOの一環として配信する際は、意味や定義の解説に加えて、会話例の提供や画像やイラストを交えたシーン別の用法の紹介など、独自の工夫を加えることが重要です。

※辞書型コンテンツを作成する際は、イラストや画像、会話集などを盛り込み、オリジナリティを高めるのがポイント。

4／08 トラフィックや被リンクを集めやすい記事の作成方法

　続いては、実際に記事、コンテンツを作成する際の進め方について解説します。

1. ターゲットとテーマの選定

　記事作成における最初のステップは、ターゲットとテーマの選定です。目的とする購買段階のトラフィックを集めるという大きな目的を念頭に置き、どのような対象者に**どのような情報を伝えるかを明確に決定**します。

　第2章で解説したように、ターゲットやペルソナを事前に設定することで、コンテンツのイメージのブレを防ぐことができます。

　テーマ選びに特定のルールはありませんが、初めてのうちは**本章で先に紹介した3つのテーマ、切り口を中心に選ぶのが効果的**です。

　レポート型、プレスリリース型、辞書型の記事を作成し配信することで、サイトのトラフィックがまだ少ない段階でも被リンクを獲

得しやすくなり、ブログやオウンドメディアの運営がスムーズに進むでしょう。

2. 対策キーワードの選定

　続いては、対策キーワードの選び方についてです。キーワードを選ぶ際には、ターゲットやペルソナが何を求めて検索しているか、すなわち「**検索意図**」について理解することが重要です。

　例えば、

- 「ホテル　泊まり方」を検索するユーザーは、チェックインやチェックアウトの手順について知りたい可能性が高いです。このようなキーワードを使用しているユーザーは情報収集を目的としており、直接的に予約につながる可能性は低いものの、多くのユーザーを集めることに役立ちます。

- 一方で、「ホテル名　予約」を検索するユーザーは、そのホテルへの実際の予約を考えている可能性が高いです。このようなキーワードは予約に直結する可能性が高く、具体的なアクションにつながりやすいです。

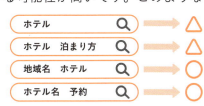

　コンテンツSEOにおいては、一般的に記事1本に1つのキーワードを紐付けるのが基本ですが、業種や職種、特定の商品カテゴリー

を示す単一キーワードでは競争が激しく、上位表示させるのは容易ではありません。

そのため、自社のビジネスモデルやターゲット、記事のテーマに合わせて、**2つから3つのキーワードを組み合わせることを推奨**します。複数のキーワードを組み合わせることで、記事の方向性が明確になり、制作プロセスがスムーズに進みます。

キーワードの例（採用管理ソフトを扱う企業の場合）

- ✓「人材採用　コスト削減」
- ✓「新卒　採用単価　改善」
- ✓「採用管理　残業　効率化」　など

複数を組み合わせることで記事の方向性も明確に

キーワードの候補が決定したら、Googleのキーワードプランナー（https://ads.google.com/intl/ja_jp/home/tools/keyword-planner/）を利用して、月間平均検索ボリュームを確認します。このツールはGoogle広告のアカウントを持っていれば無料で使用可能です。

引用：キーワードプランナー（https://ads.google.com/intl/ja_jp/home/tools/keyword-planner/）

検索結果で上位10位以内にランクインさせることを目指す場合、**月間平均検索ボリュームが1,000以下のキーワードを選ぶ方が賢**

明です。一般に、月間平均検索ボリュームが低いキーワードは競争が少なく、上位表示に到達しやすくなります。このように、検索ボリュームの少ないキーワードを「スモールキーワード（ロングテールキーワード：Long Tail Keyword）」と呼びます。**スモールキーワードは複数のキーワードをかけ合わせてできていることが多く、購買意欲の高いユーザーからのトラフィックを集めることができる特徴があります。**

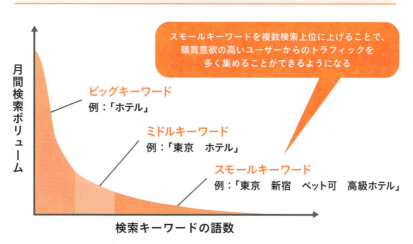

しかし、検索ボリュームが低いキーワードで上位にランクインしても、大量のアクセスを得るのは難しいです。そのため、多くのアクセスを目標とする場合は、月間検索ボリュームが1,000以上のキーワードを選定することをおすすめします。このようなキーワードは、より多くの潜在的な訪問者を引きつける可能性があります。

3. 構成の決定

次に取り組むべき第3のステップは、記事の構成を決めることです。

ターゲット、テーマ、そして対策キーワードが定まったら、次は記事全体の構成を考えます。アウトラインを事前に作成しておくことで、各部分で何を伝えるべきかが明確になり、結果としてわかりやすく伝えることができる記事が完成します。

トータル3,000文字前後までの記事の場合

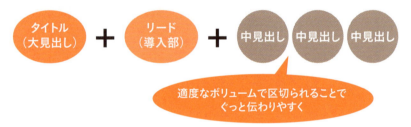

一般的なルールはありませんが、**3,000文字前後の記事の場合は3〜4のセクションに分ける**とよいでしょう。**5,000文字を超える長い記事の場合は、小見出しを含めて6〜8のセクションに分割する**と、読みやすさが向上します。

社内で記事制作のリソースが不足している場合、専門のライターへの外部委託も有効な選択肢です。委託する際には、記事の構成を事前に明確にしておくことが重要です。具体的には、タイトル、サブタイトル、ターゲットやペルソナ、記事の目的、テキスト量、各

セクションのテーマなどを明確にまとめることで、ライターに制作の意図を正確に伝えることができます。

4. 記事の作成

ここまでの準備が完了したら、いよいよ記事の作成に取りかかります。

読者に「わかりやすく」、「役に立つ」と感じてもらうためには、テーマや構成だけでなく、文章の書き方も重要です。

「伝わる」文章に仕上げるために

- ✓ 同じ語尾を続けない　→　強調したいポイントを明確に
- ✓ 接続詞を多用しない　→　稚拙な印象を与えるのを防ぐ
- ✓ 漢字：かなは 3:7 を目安に　→　記事全体の「黒さ」を避ける

上記にまとめた3つのポイントに注意を払いながら書くことで、リズム感のある、明確で読みやすい文章を作成することが可能です。文章は、メッセージを伝えるだけでなく、読者にとっての価値も重視することが大切です。

1. 語尾のバリエーション

同じ語尾を繰り返さないようにしましょう。「です」「なのです」「します」「しています」といった語尾が連続すると、文章が一本調子になり、何を強調しているのかが不明確になりがちです。体言止めや否定形を適宜用いるなど、語尾のバリエーションを持たせるとよいでしょう。

2. 接続詞の使用

文章内で「だから」「しかし」「でも」といった接続詞を過度に使用すると、内容が強引につながれているような印象を与えることがあります。接続詞に頼らず、自然な流れで内容がつながるように工夫することが重要です。

3. 漢字とかなのバランス

文章全体で漢字が過多になると、読みづらく、難解な印象を与える可能性があります。漢字とかな文字の割合を適切に調整し、理想的には漢字とかなの割合を3：7程度に保つとよいでしょう。

ブログやオウンドメディアに特定のルールはなく、執筆するトピックは自由です。しかし、例えばマーケティング担当者が自身の近況やニュース、トレンドに関する個人的な見解を述べるような記

事では、一般的には被リンクの獲得は期待できません。

　そのような記事は、多くのネットユーザーにとって一時的な読み物に過ぎず、書き手が特に著名な人物でない限り、個人の近況や意見を含む文章にリンクを張って再訪する人はほとんどいません。したがって、被リンク獲得や持続的な読者獲得を目指す場合は、より広範な関心を集めるトピックに焦点を当てることが効果的です。

　記事作成を外部に委託する際に便利なクラウドソーシングサービスの例を以下に示します。これらのサービスでは、**1文字あたり数円での委託が可能**です。

- ランサーズ：https://www.lancers.jp/
- クラウドワークス：https://crowdworks.jp/

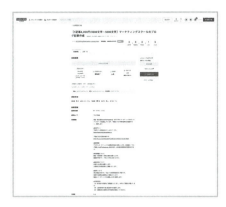

引用：ランサーズ (https://www.lancers.jp/)

　最近では、ChatGPT のような AI チャットボットの普及が進んでおり、これらのツールを使うことで、記事作成がより効率的に行

えるようになっています。**記事の概要を入力するだけで、質の高いコンテンツを迅速に作成することが可能**です。しかし、AIによって生成された記事については、著作権の侵害がないかどうかを慎重に確認することが必要です。

ChatGPTを活用したマーケティングに関する詳細は、第16章で詳しく解説しています。

5. 宣伝・拡散する

作成した記事の宣伝と拡散にはいくつかの手法がありますが、まず最初に考えるべきは検索エンジンでの露出です。検索エンジンを通じて、関連するキーワードで記事が上位に表示されるよう最適化することが重要です。

その次に、ソーシャルメディアを利用した宣伝と拡散が効果的です。Eメールや動画なども選択肢にはなりますが、**特にX（旧Twitter）の活用が推奨**されます。Xはテキスト中心のシンプルなフォーマットであるため、他のソーシャルメディアと比較して投稿が容易で、**リポストによる拡散効果も期待**できます。

実際に、多様な業界において、コンテンツSEOのために作成された記事コンテンツがソーシャルメディアを通じて宣伝・拡散され、成功を収めている例が多く見られます。これらの企業は、記事コンテンツの宣伝・拡散にXを積極的に利用しており、ソーシャルメディアを通じて効率的にトラフィックを獲得しています。ソーシャルメディアを活用したトラフィック獲得の具体的な方法については、次

章で詳しく解説していきます。

6. 効果測定をする

記事を公開した後は、**掲載順位の定期的な確認**が重要です。SEO チェキ（https://seocheki.net/）や GRC（https://seopro.jp/grc/）などの検索順位チェックツールを活用することで、キーワードに基づく記事の順位を簡単にチェックできます。

また、Google Search Console（https://search.google.com/search-console/about?hl=ja）は Google が提供する無料のサービスで、**Web サイトの検索結果におけるパフォーマンスを監視・分析**できます。このツールを使用すれば、どのキーワードで Web サイトが検索結果に表示されているか、また、どのキーワードがトラフィック獲得に貢献しているかを把握できます。

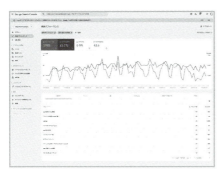

引用：Google Search Console (https://search.google.com/search-console/about?hl=ja)

7. 改善を実施

効果測定の結果、記事の掲載順位が期待していた位置にない場合や思ったようにトラフィックを獲得できていない場合は、背後にある要因を分析しましょう。上位表示が難しいと感じる場合に考えられる要因には以下のようなものがあります。

- 記事の内容が選択したキーワードと合致していない
- 対象としているターゲットやペルソナの検索要求を反映していない
- コンテンツが他と差別化されていない
- 文字数が競合サイトより少ない
- デザインが読みにくい
- ページの読み込み速度が遅い
- noindex 設定となっていて、Google にインデックスされていない

　SEO は競合との競争ですので、**上位に位置する競合サイトを調査し、自社サイトに足りない要素を見つけ出すことも大切**です。例えば、「SERPs アナライザー」（https://blog-bootcamp.jp/serps-analyzer/）という無料ツールを使うことで、キーワードごとの上位サイトの文字数やページ構成を確認することができます。

【2023年最新】東京観光おすすめスポット73選！名所 穴場 最新スポット完全網羅
- 世界中から注目を集める大都市・東京
- 東京をエリア別にチェック！
- 東京で楽しみたい事からチェック！
- 1.「東京下町エリア（浅草・上野）」の観光スポット
- 浅草寺・雷門・仲見世
- 今戸神社
- 東京スカイツリー® ・東京ソラマチ
- すみだ江戸切子館
- 江戸東京博物館
- 国技館
- アメヤ横丁（アメ横）
- 国立西洋美術館
- 国立科学博物館
- 東京国立博物館
- 上野恩賜公園
- 上野動物園
- 根津神社
- 柴又帝釈天参道
- 亀戸香取神社
- 東京下町エリア（浅草・上野）の観光マップ
- 2.「東京駅周辺エリア（丸の内・銀座・秋葉原）」の観光スポット
- 東京駅・東京駅一番街・KITTE丸の内
- 丸の内仲通り
- 皇居
- 銀座
- 歌舞伎座
- 築地場外市場
- 日本橋
- 秋葉原電気街
- AKB48劇場

引用：SERPs アナライザー
（https://blog-bootcamp.jp/serps-analyzer/）

　ユーザーのサイト内での行動は、検索順位に影響を与えると考えられます。そのため、その分析にも取り組むことが重要です。

「Clarity」（https://clarity.microsoft.com/）は無料のヒートマップツールです。このツールを使用して、注目されていない箇所や高い離脱率を示す部分を特定し、コンテンツの修正や再構築を検討することで、よりよいユーザー体験を提供することが可能です。

引用：Microsoft Clarity（https://clarity.microsoft.com/）

4/09 外部 SEO について理解する

　Google は、検索順位を決定する際に被リンクを重要な基準として扱っています。これは、検索エンジンがコンテンツの質を直接的に評価するのが難しいためです。**高品質なコンテンツは多くのリンクを集める傾向にある**と考えられています。したがって、被リンクの量と質は Web ページの価値を示す重要な指標として利用されています。

内部 SEO	コンテンツ SEO	外部 SEO
✓ ページ構造の最適化 ✓ 内部リンクの最適化 ✓ ユーザビリティの　改善	✓ 対策キーワードの選定 ✓ 記事・コンテンツの配信 ✓ 記事測定にもとづく　記事・コンテンツの改善	✓ ソーシャルメディアや　E メールによる　コンテンツの宣伝・拡散 ✓ 宣伝・拡散を通じた　良質な被リンクの獲得

　Google が被リンクを評価する際の 4 つの視点は以下の通りです。

1.　被リンクの数

　多くの外部サイトからのリンクを受けているページは、価値が高いと見なされます。この考え方は、学術論文の世界での「多くの引

用＝高い価値」という概念に基づいています。

2. 被リンクの質

当初は被リンクの数が主な焦点でしたが、SEO 実践者による悪用が増えたため、Google は質の低いリンクをペナルティの対象としました。具体的には、被リンク元のドメインやページの質が考慮されます。SEO ツールを提供する MOZ が提案する「ドメインオーソリティ」（DA）は、サイトの信頼性や価値を示す指標とされています。

3. 被リンクからのトラフィック量

リンクがユーザーによってクリックされ、トラフィックを生むかどうかが重要です。多くのトラフィックを引き寄せるリンクは、高い価値を持つと評価されます。

4. 被リンクの自然さ

Google はリンクがどのような速度で増加しているかを監視します。一時的な大量のリンク増加は問題ではありませんが、それに伴うクリックが極端に少ない場合、それらは不自然なリンクであると見なされる可能性が高まります。

09 外部 SEO について理解する | 167

4/10 外部 SEO に取り組む

続いて、外部 SEO の主要なアプローチを 5 つご紹介します。

1. 被リンクの購入はガイドライン違反

被リンクは外部 SEO において重要な要素です。しかし、Google のガイドラインではリンクの購入を禁止しています。このガイドラインに違反すると、サイトの評価が低下するリスクがあるため、注意が必要です。

引用：Google 検索セントラル「スパム行為や不正行為のあるページ、または質の低いウェブページを報告する」(https://search.google.com/search-console/report-spam)

2. 被リンクを獲得する

リンクの購入は禁止されていますが、被リンク自体は Google 検索の順位における大きな要因です。以下は被リンク獲得の具体的な方法です。

- 自社が管理する他のウェブサイトからリンクを設置する
- ビジネスパートナーにリンク設置を依頼する
- 取引先を取材し、その内容を記事にする

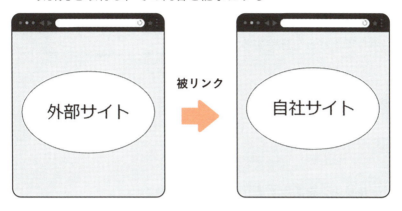

3. 外部サイトのリンク切れ対応

高い SEO スコアを持つ外部サイトでリンク切れが発生している場合、その修正を提案することで SEO の向上が期待できます。具体的には、Semrush（https://ja.semrush.com/）などのツールを用いてリンク切れを確認し、対応を行います。

引用：Semrush (https://semrush.jp/)

4. スパムリンクを排除する

Google は基本的にスパムリンクを無視しますが、問題が生じる場合は対処が必要です。「Semrush」などのツールを使用してスパ

ムリンクを特定し、Googleのリンク否認ツール (https://search.google.com/search-console/disavow-links) を利用してそれらを排除することができます。

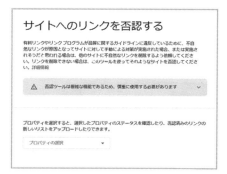

引用：Google Search Console「サイトへのリンクを否認する」(https://search.google.com/search-console/disavow-links)

5. 発リンクを活用する

　発リンクとは、自分のページから外部へのリンクを指します。これは他の情報を引用する際などによく用いられます。コンテンツの裏付けや根拠として発リンクを設定することにより、ユーザーの信頼性が向上し、結果としてSEOにもポジティブな影響を与えることができます。

第 4 章でやるべきこと

1. 「検索エンジン最適化（SEO）スターターガイド（https://
developers.google.com/search/docs/fundamentals/seo-starter-
guide?hl=ja）」を読み、SEO の基本について理解を深めてください。

2. あなたのビジネスにおいて、比較検討と興味関心と購買段階に
おいて、Google 検索エンジンからマーケティングファネルにトラ
フィックを集めることができないかを検討し、適切なコンテンツの
アイデアとコンテンツの形式と集客チャネルと KPI を考え、デジ
タルマーケティング改善シートを埋めてください。そして、本章の
内容を基に内部 SEO、コンテンツ SEO、外部 SEO を実践してく
ださい。

(((AIと共に拓く)))

1. 選定したキーワードのフィードバックを ChatGPT から得てく
ださい。プロンプトの例：あなたは [会社概要] の [商品概要・サー
ビス概要] を集客・販促するデジタルマーケターです。比較検討段
階のコンテンツ SEO におけるキーワードを [選定したキーワード]
に設定しようと考えています。的確なキーワードか評価してくださ
い。

あなたは「デジタルマーケティングのオンラインスクール事業を運営する企業」の「オンライン動画講座」を集客・販促するデジタルマーケターです。比較検討段階のコンテンツSEOにおけるキーワードを「デジタルマーケティング　オンライン動画講座　比較」に設定しようと考えています。的確なキーワードか評価してください。

「デジタルマーケティング　オンライン動画講座　比較」というキーワード設定は、比較検討段階にある潜在顧客に対しては非常に適切です。この段階の顧客は、利用可能なオプションを見極め、自分に最適な選択をしたいと考えています。キーワードに「比較」を含めることで、そのような意図を持つユーザーを引きつけることができます。

しかし、SEOにおいてはキーワード選定だけでなく、次のような追加の要素を考慮することが重要です：

1. **検索意図の理解**：キーワードは潜在顧客の検索意図に合致している必要があります。彼らがどのような情報を求めているのかを理解し、それに応えるコンテンツを作成することが求められます。

2. **コンテンツの質**：単にキーワードをウェブページ

に含めるだけでなく、そのキーワードに関連する質の高い、役立つ情報を提供する必要があります。コンテンツはユーザーに価値を提供し、彼らが探している回答を与えるべきです。

3. 競合分析：同様のキーワードを用いている競合他社のコンテンツを分析し、より優れた価値を提供する方法を見つけることが大切です。

4. ロングテールキーワード：「デジタルマーケティング　オンライン動画講座　比較」は比較的短いキーワードです。ロングテールキーワード（より具体的で長いキーワード）を組み合わせることで、さらに特定のニーズに対応したユーザーを引きつけることができるかもしれません。

5. ユーザーエクスペリエンス：SEO は検索エンジンのランキングを向上させるだけでなく、ウェブサイト訪問者に良好なユーザーエクスペリエンスを提供することも目指すべきです。サイトの構造、ローディング速度、モバイルフレンドリーなデザインなどが、SEO の成果に大きく影響します。

総合的に見て、「デジタルマーケティング　オンライン動画講座　比較」というキーワードは、比較検

第 4 章でやるべきこと　173

> 討段階にあるユーザーをターゲットにするには適切ですが、これを軸とした戦略的かつ包括的な SEO アプローチを構築することが肝要です。

2．コンテンツ SEO 用の記事の構成案のフィードバックを ChatGPT から得てください。プロンプトの例：あなたは [会社概要] の [商品概要・サービス概要] を集客・販促するデジタルマーケターです。[記事のテーマ] の構成案を下記のように考えました。評価してください。

あなたは「デジタルマーケティングのオンラインスクール事業を運営する企業」の「オンライン動画講座」を集客・販促するデジタルマーケターです。「リスティング広告の費用や運用の仕方」の構成案を下記のように考えました。評価してください。

・リスティング広告とは？　費用から運用の仕方
大見出し：リスティング広告とは？　費用から運用の仕方まで徹底解説
中見出し：リスティング広告とは
小見出し：広告媒体：検索エンジン（Google・Yahoo!・他）
小見出し：掲載エリア：検索結果ページ
小見出し：原稿フォーマット：テキスト

中見出し：リスティング広告のメリット
小見出し：即日配信スタートできる
小見出し：リアルタイムで改善できる
中見出し：まとめ

「リスティング広告の費用や運用の仕方」というテーマでの構成案は、教育的であり、リスティング広告に関心があるユーザーにとって価値が高いコンテンツとなるでしょう。以下の点に基づいて、提案された構成案を評価します。

1. コンテンツの明確さ：
大見出しは内容が明確で、検索者の意図に直接対応しています。リスティング広告についての全体的な解説から費用や運用方法までカバーしていることが約束されており、潜在的な興味を持つ読者を引き付けるでしょう。

2. コンテンツの構造：
中見出しと小見出しの構造は、情報を段階的に分解し、読者が理解しやすい形で提供されています。各セクションが独立していて、リスティング広告の概要から具体的な要素まで、順序立てて情報を掘り下げています。

3. 詳細と実用性：

広告媒体、掲載エリア、原稿フォーマットのような具体的なディテールは、リスティング広告の具体的な運用方法を学びたいユーザーに対して実用的です。即日配信開始とリアルタイムでの改善可能性についての説明は、リスティング広告の利点を強調し、実際の運用に関する重要な情報を提供します。

4. ユーザーのガイダンス：

「まとめ」セクションは、記事の情報を総括し、読者が得た知識をどのように活用できるかの指針を提供することで、学習体験を完結させる役割を果たします。

提案された構成案に対する改善点としては、以下のような要素を加えることを検討するとより充実します。

・費用の詳細：リスティング広告の費用について、もっと詳細な情報を提供することで、広告予算の計画に役立てられます。平均的なクリック単価（CPC）や予算の設定方法などが含まれるとよいでしょう。

・運用のベストプラクティス：成功事例や失敗事例を交えながら、リスティング広告の運用におけるべ

ストプラクティスについてのセクションを追加すると、読者にとってより実践的な価値を提供できます。

・キャンペーンの測定と分析：運用の成果を測定し改善する方法についての情報も非常に重要です。コンバージョン率の追跡やROIの計算方法などがあると役立ちます。

・Q&AやFAQセクション：読者がよく持つ疑問や誤解に答えるセクションを設けることで、さらに詳細なガイダンスを提供できます。

この構成案は、リスティング広告の基本から応用までを包括的に解説するための優れた出発点となりますが、上記のような追加情報を組み込むことで、さらに包括的でユーザーにとって価値あるリソースとなるでしょう。

第4章でやるべきこと　　177

COLUMN 03

Yahoo! と Bing の検索エンジン

　Google の SEO 対策について紹介しましたが、他にも「Yahoo!」や「Bing」などの検索エンジンが存在します。ここではそれぞれの特徴を簡潔に説明します。

LINE ヤフーの検索エンジン

　LINE ヤフーの魅力は、ニュース、メール、ショッピング、天気、スポーツ、ゲームといった多様なサービスを提供している点です。

　SEO 対策の観点からは、現状 Yahoo! 検索は Google と同じアルゴリズムを使用しています。このため、**Google 向けの SEO 対策は Yahoo! 検索でも効果的**です。ただし、2025 年 3 月に Google との契約が終了する予定で、その後のアルゴリズム変更は現時点で決まっていません。この変更に関する検討の一環としてテストを実施しているとの情報もあります。今後の進展に注目が集まります。

Bing の検索エンジン

　Microsoft 製品とのシームレスな連携が特徴の Bing は、Google や Yahoo! の次に利用される検索エンジンとして位置づけられています。日本でのシェアは小さいため、Bing 向けの SEO 対策による大きなトラフィックの獲得は難しいかもしれません。それでも、Google の SEO 対策を完了した後に、Bing 向けの対策を考える際は、Bing Webmaster Guidelines（https://www.bing.com/webmasters/help/webmaster-guidelines-30fba23a）を参考にするとよいでしょう。

第 5 章

ソーシャルメディアから
マーケティングファネルに
トラフィックを集める

第 5 章の概要

　デジタル時代においては、ソーシャルメディアを通じて商品や
サービスに関する情報を集める消費者も増加しています。本章では、
各ソーシャルメディアの特性を理解し、適切なプラットフォームの
選定から、その活用方法までを順序立ててご紹介します。なお、ソー
シャルメディアを活用したマーケティングは「ソーシャルメディア
マーケティング」と呼ばれています。

　本章のポイントは次の通りです。

1.　購買プロセスの全段階において有効活用なソーシャルメディア
2.　ソーシャルメディアのユーザー層と特徴
3.　ターゲット層に適したプラットフォームを選定する
4.　自社に精通した人材がいないかを確認する
5.　各ソーシャルメディアに合った形式で情報を共有する
6.　ソーシャルメディアのプロフィールを充実させる
7.　配信ペースと配信時間を最適化する
8.　複数のソーシャルメディアを有効活用する
9.　インフルエンサーを活用してトラフィックを獲得する
10.　解析ツールを活用して運用を最適化する
11.　炎上に対応する

　ソーシャルメディアマーケティングは、認知から発信まで、すべての購買段階において有効です。

　本章で解説している通りにソーシャルメディアを活用すれば、顧客の購買プロセスの各段階に対応した戦略や戦術を立案し、効果的にトラフィックを集めることができます。

　これにより、企業やブランドは認知度を高め、顧客との関係を深め、最終的に購買行動を促進することが可能となります。

第5章の概要　｜　181

5 | 01 購買プロセスの全段階において 有効活用なソーシャルメディア

　第3章で解説した通り、**ソーシャルメディア投稿はその柔軟性、広範なリーチ、エンゲージメントの向上に優れており、購買プロセスの全段階にわたって有効**です。認知段階では、ブランドのミッション、ビジョン、バリューを伝えることで強い印象を与え、興味関心を喚起します。購買段階においては、プロモーション情報を通じて購入の決断を促します。最近では、ライブコマース（「ライブ配信」と「Eコマース」をかけ合わせた販売手法）のようなソーシャルメディアのライブ配信機能を活用したセールスが一般的になっています。

　さらに、**ソーシャルメディアマーケティングの特徴的な側面として、満足している既存顧客が商品やサービスに関する肯定的なフィードバックや体験談を発信した際、その投稿がフォロワーや友人のネットワークに拡散され、ブランドに対する新たな認知の機会を生み出す点**が挙げられます。これにより、ブランドのリーチは拡大し、新規顧客の獲得につながります。

182　第5章　ソーシャルメディアからマーケティングファネルにトラフィックを集める

5
02

ソーシャルメディアの
ユーザー層と特徴

　それぞれのソーシャルメディアは、独自のユーザー層や文化、そして**特性**を持っています。効果的なマーケティング戦略を展開するためには、まずこれらのユーザー層の特性や特徴を深く理解することが不可欠です。ここでは、主要なソーシャルメディアを紹介します。

▎Facebook

・**実名登録制**：Facebook は実名登録を基本としており、信頼性の高いソーシャルメディアとして親しまれています。家族や友人や同僚や顧客とのコミュニケーションを土台に、実際の人間関係をオンライン上で反映しています。

・**年齢層が広い**：総務省の 2022 年の調査によれば、20 代～ 40 代の利用率はおおよそ 30% 以上となっており、特に 30 代の利用率がもっとも高くなっています。これは、ビジネス活動を行っている層に広く利用されていることを示しています。

・**男女比は比較的均等**：海外の統計調査によると、男性 56.3%、

02　ソーシャルメディアのユーザー層と特徴 ｜ 183

女性 43.7% と比較的均等な比率を持っています。

・**多機能**：グループ活動、ゲーム、ショッピングなど多岐にわたる機能が提供されています。例えばグループ機能を活用することで、目的や趣味や興味を共有するユーザーを集めて、情報交換やディスカッションを行うことができます。

・**広告プラットフォームとしての機能が充実**：高度な機械学習技術を採用しており、広告のクリック率やコンバージョン率などの KPI に関する予測を基に、ターゲティング、広告、予算など機械学習で効果が最大化されるよう働きます。

▌Instagram

・**ビジュアル中心のコンテンツ**：Instagram は、ビジュアルコンテンツを中心としたソーシャルメディアで、ユーザーが写真や動画を共有する場として人気があります。特に「ストーリーズ」（写真や動画をスライドショー形式で投稿できる機能。24 時間以内に消えるのが特徴）や「リール」（短尺の動画機能。音楽やエフェクトなどを活用してエンターテインメント性の高い動画を作成できるのが特徴）といった機能を通じて、短時間の動画や日常のスナップショットを手軽にシェアできます。

・**女性の利用率が高い**：総務省の 2022 年の調査によれば、10 代から 60 代の男性の利用率は 42.3% ですが、女性の利用率は 54.8% と、男性よりも高くなっています。これは、Instagram の

ビジュアルな特性が特に女性ユーザーに受け入れられていることを示しています。この点からも、Instagramはファッション、美容、ライフスタイルなどのカテゴリーでの情報発信やブランディングに非常に適したプラットフォームであるといえます。

▌X（旧 Twitter）

・**拡散力が高い**：Xはその特性上、投稿内容が短時間のうちに広まりやすいという特徴を持っています。ユーザー間のリポスト（X上で自分のフォロワーに公開して共有する機能。リポストを行ったユーザーのフォロワーのタイムライン上に表示されるため、ポストのリーチが広がりやすい特徴がある）によって、1つの投稿が瞬く間に数十万人のユーザーに届くこともあります。例として、ZOZOの前澤友作氏のポストがわずか3日間で約500万回リポストされ、ギネス世界記録を更新したこともあります。

・**手軽に投稿可能**：Xの投稿は半角280文字以内（有料版ではより長い投稿が可能）という制限があるため、情報発信はシンプルかつ短時間で可能です。画像や動画を添付することなく、即座に情報をシェアすることができます。この手軽さは、ソーシャルメディア初心者や時間の制約があるユーザーには特に魅力的です。

・**TwitterからXに名称変更**：2022年10月にイーロン・マスク氏によって買収されたTwitter。この買収の後、TwitterはXに名称を変更し、サードパーティアプリの利用制限や認証バッジの有料化など、一部の変更を行いました。特に、認証バッジがないアカウ

ントは広告を配信できなくなるという大きな変更が施されました。これにより、マーケティング活動を行う企業や個人は新しい状況に対応する必要が出てきました。

▎LINE

・**ユーザー数は日本一**：2023年3月時点でのユーザー数が9,500万人と、日本におけるソーシャルメディア・コミュニケーションアプリの中で圧倒的なユーザー基盤を持っています。10代〜60代のすべての年代で80％以上の利用率を保持しています。

・**メッセージング機能が核**：LINEユーザーの多くが利用するのはチャットです。ソーシャルメディアというよりはコミュニケーションツール、チャットアプリとしてLINEは使われています。

　マーケティング支援事業を手がける企業の調査でも、情報収集のためにLINEを利用するユーザーの割合は最下位の18％にとどまりました。

・**ビジネス活用の機能**：ビジネスやブランド向けには、「公式アカウント」が提供されており、これを通じてのマーケティングや情報発信が可能です。公式アカウントは、ファンや顧客との直接的なコミュニケーションや、新商品やイベント情報の発信など、さまざまなビジネスシーンでの活用が期待できます。

▎YouTube

・**動画コンテンツ中心**：YouTube は動画を投稿、閲覧、共有するためのプラットフォームとして、世界的に広く利用されています。

・**幅広いユーザー層が支持**：総務省の「令和 3 年度 情報通信メディアの利用時間と情報行動に関する調査」によれば、全年代を通じての利用割合は 87.9％と非常に高い数値を示しています。このデータから、YouTube が日常的に利用されていることや、幅広い年齢層に受け入れられていることがうかがえます。

・**ビジネス活用で期待**：企業や個人にとって、YouTube はブランドや情報の発信、および収益化のチャネルとして活用されています。多様なターゲット層にアプローチするためのプラットフォームとして、効果的なマーケティング活動が可能です。

▎TikTok

・**短時間の動画中心**：TikTok は 3 分までの短い動画をシェアできるプラットフォームです。この手軽さが特に若い世代に受け入れられています。

・**若年層が主なユーザー**：総務省の 2022 年の調査によれば、10 代の利用率は 62.4% と非常に高く、若年層に偏っていることが特徴です。

- **女性の利用率が高い**：同調査によると、男性の利用率は22.3%であり、女性の利用率は27.9%となっています。このことから、女性ユーザーがやや多い傾向にあるといえます。

Pinterest

- **画像中心の検索プラットフォーム**：画像コンテンツを中心としたプラットフォームとして知られています。ユーザーは興味を持った画像を「ピン」として保存し、それを基にDIYやファッション、料理などさまざまなアイデアやインスピレーションを得ることができます。

- **製品のビジュアルを訴求できる**：世界では多くのブランドや企業が、デジタルマーケティングの一環としてPinterestを積極的に活用しています。特に、製品のビジュアルを前面に出すことで、消費者とのコミュニケーションを図るのに適しています。

- **世界で広く利用されている**：日本市場での月間アクティブユーザーは約870万人となっています。しかし、世界全体で見ると、その数は驚くべき4億人にもおよびます。また、男女比率を見ると、女性ユーザーが76.7%と大半を占めていることがわかります。

LinkedIn™

- **実名と顔写真が基本の登録要件**：2003年にアメリカで生まれたビジネス専門のソーシャルメディアです。このソーシャルメディア

の特徴は実名と顔写真を基本とした登録が求められることで、そのために高い信頼性を持っています。

・**詳細なプロフィール**：プロフィールページには学歴や職歴、保有資格、スキルなどを詳細に記入することができ、それにより自身の経験や実績をアピールすることが可能です。さまざまな業界や職種の人々が、ビジネス拡大やキャリア発展のために利用しています。

・**世界中で広く利用**：2023 年現在、世界 200 か国以上で利用されており、ユーザー数は 10 億人以上に上ります。日本のユーザー数は 300 万人です。

	5
	03

ターゲット層に適した
プラットフォームを選定する

　ソーシャルメディアのプラットフォームを選定するうえで、プラットフォームがターゲットとする消費者層に活発に利用されているか、企業やブランドとの相性、そしてプラットフォームを使う目的を考慮する必要があります。以下の情報を参考に、あなたのビジネスに最適なプラットフォームを選定するようにしてください。

プラットフォーム	ターゲットとする消費者層	向いている業種	コンテンツ形式
Facebook	多世代	広範	テキスト / 画像 / 動画
Instagram	若年～中年層の女性	ファッション / 美容 / 食品	画像 / 動画
X（旧 Twitter）	多世代	メディア / エンターテインメント	テキスト / 画像 / 動画
LINE	多世代 （特に日本）	広範 （特に日本の消費者を ターゲットとする企業）	テキスト / 画像 / 動画
YouTube	多世代	広範	動画
TikTok	若年層	ファッション / 美容 / 食品	短時間動画
Pinterest	女性	ファッション / 家具 / 料理	画像
LinkdIn™	ビジネス関連の成人	企業 /BtoB	テキスト / 画像 / 動画

5-04 自社に精通した人材がいないかを確認する

　ソーシャルメディアを活用したマーケティングを成功させるには**一過性の施策ではなく、継続性が不可欠**です。そのためには、自社が楽しみながら継続してコンテンツを発信できる環境を整えることも重要なポイントです。すでにそのプラットフォームに慣れているか、短期間で慣れそうな人材がいるかどうかも考慮するとよいでしょう。

ソーシャルメディア運用は一貫性と継続が成功の秘訣

各ソーシャルメディアに合った形式で情報を共有する

5
05

ソーシャルメディアは、それぞれ独自のコンテンツ形式を持っています。そのため、各プラットフォームの特性を理解したうえで、適した形で情報を共有することが効果的なコミュニケーションにつながるのです。以下では、テキストから画像、動画といった各種形式へと変化する中で、コンテンツをどのように最適化して発信するかについて解説します。

■ テキスト中心の投稿

Xなどのテキスト主体のプラットフォームでは、次のポイントを押さえて情報を発信することが重要です。

・**簡潔性と明瞭性**：文字数制限があるため、メッセージは短くてもわかりやすくする必要があります。また、ユーザーはスクロールしながら多くの情報を消化しているため、短くても行動してもらえるよう、ユーザーに何をしてほしいのかを明示することが重要です。

・**ハッシュタグの活用**：関連するトピックやトレンドに興味関心のあるユーザーに広く参加してもらうためのハッシュタグを用いま

す。単にトレンドに乗るだけでなく、自社が考えた独自のハッシュタグを作ることで、そのハッシュタグに関連するすべての会話やデータも解析しやすくなります。

・**時事性の活用**：Xはリアルタイムの情報交換に特化しているプラットフォームです。最近のトレンドに関する情報はその性質上、短い期間で関心が高まるものが多い傾向にあります。そのため早めに正確な情報を投稿することで、注目を集めやすくなります。

・**対話を重視する**：ユーザーと対話をすることでエンゲージメントを向上させることができます。対話を促すために、質問形式の投稿をすると回答がもらいやすくなります。Xにはアンケート機能があるため、これを用いてユーザーの意見を容易に収集できます。オープンな場で話しにくい内容については、個別にダイレクトメッセージでのコミュニケーションを行うことがポイントです。

小池英樹　**AutoPilotAcademy** @hidekikoike_jp・2021年8月17日

【大切なのは「モノ」ではなく「コト」を見せること。Instagramのストーリーズ広告活用術】

CPA20%改善、会員獲得数300%以上アップの事例も。Instagramのストーリー広告で工夫したい、クリエイティブ面の5つのポイントを公開。

autopilotacademy.jp/instagram_stor...

#SNSマーケティング

▌画像中心の投稿

　Instagram や Pinterest のようなビジュアル重視のプラットフォームでは、単に「見せる」だけでなく、価値を「感じさせる」コンテンツが求められます。

　・質の高いデザイン：画像の品質はデザインに大きく影響するため、高解像度、高品質の画像を使用することが基本です。また、素材そのものがよいだけでなく、編集も重要なポイントです。照明、コントラスト、明度など画像のよさを引き立てる調整を行うことで、質の高いデザインに仕上げます。

　・ブランドイメージとの統一感：ブランドカラーを一貫して利用することで、ブランドイメージを強化できます。また、投稿する各種コンテンツは、同一のレイアウトやフォーマットを使用することで一貫性を保ちます。

　・簡潔性と明瞭性：画像自体が一目で何を伝えたいのかわかるように心がけます。

　・オーバーレイテキストやキャプション、テキストを添えて情報を補完する：画像だけでなく、その画像に何が写っているのか、なぜその画像が重要なのかといった補足情報をオーバーレイテキスト（画像内にデザインするテキスト）やキャプション（Facebook や Instagram、X などのソーシャルメディアにおいて、画像の下部もしくは横に表示されるテキスト）、テキストで加えることにより、

ユーザーにどのような価値や重要性があるのかを伝えやすくなります。例えば、フィットネス関連の写真に「新しい年！　今年こそ理想のボディへ！　今なら1週間無料体験あります！」というオーバーレイテキストを加えれば、新しい年にフィットネスに挑戦しようという動機付けとともに、「無料体験」の訴求もすることができます。

• **行動訴求**：「購入する」「登録する」「詳細を見る」など、ユーザーに取ってもらいたい具体的な行動を促す文言を加えます。画像内にオーバーレイテキストとして設置できれば、目立ち、より行動を訴求することにつながります。

動画中心の投稿

　YouTube や Tiktok などの動画プラットフォームでは、それぞれの特性に応じて最適化する必要がありますが、テキストや画像よりも多くの情報を一度に視聴者に伝えることができるのが特徴です。

• **技術的な側面が動画の質を左右する**：画質、音質、編集、字幕とキャプション、最適なコーデックとフォーマットなどを高品質に保つことで、視聴者が高品質と感じる動画コンテンツを作成することができます。

・**最初の1〜3秒で興味を引く**：最初の短い時間で視聴者の興味を引くことができなければ、離脱もしくはスワイプされてしまう可能性が高くなります。動画全体のテーマや目的と、密接に関連付けを行ったポイントを話す必要があります。

・**ストーリー性を持たせる**：最初に視聴者の注意を引き、中間で詳細の情報を提供し、最後に行動訴求を行う構造が効果的です。

・**視聴者とコミュニケーションを取る**：YouTubeはコメントやアンケートを活用して、TikTokもコメントやデュエットを活用して、視聴者とコミュニケーションを取ることでエンゲージメントを向上させることができます。

5 06 ソーシャルメディアの プロフィールを充実させる

　ソーシャルメディアのプロフィールは、企業やブランドの「顔」ともいえる部分です。訪れたユーザーが初めて見るのがこのプロフィールになるため、充実させることでよい印象を与え、エンゲージメントを高める機会が生まれます。各ソーシャルメディアでプロフィールの仕様は異なりますが、以下では Facebook ページを例にプロフィール登録のポイントを解説します。

・高解像度のプロフィール画像とカバー画像を登録する：好印象なブランドのイメージやメッセージを伝えることができる画像を登録することが重要です。

・自己紹介を詳細に登録する：ページ名はブランド名や企業名と一致させ、一貫性を保ちます。URL は短く覚えやすいものにするとよいです。また、企業やブランドの説明、Web サイトのリンク、業種、連絡先などの自己紹介の情報を詳細に登録します。

・適切なアクションボタンを登録する：「お問い合わせ」や「詳しくはこちら」など、目的に応じたアクションボタンを設置することで、ページを訪れたユーザーに購買行動を促すことができます。

5 07 配信ペースと配信時間を 最適化する

　ソーシャルメディア運用において配信ペースや配信時間を最適化させることは重要です。以下、その理由と最適化のポイントを解説します。

▌配信ペースの最適化

　フォロワーは一定のペースでコンテンツが配信されていることを期待しています。不規則な配信は、フォロワーの関心を失わせる可能性があります。どの程度のペースでコンテンツを投稿すべきかは、オーディエンスの反応によっても変わります。各ソーシャルメディアの解析ツールを使って、最適な配信ペースを見つけるようにしてください。

▌配信時間の最適化

　ターゲットとするオーディエンスが活動的な時間帯に配信すると、エンゲージメントが高まる可能性があります。さまざまな時間帯で投稿して、どの時間が自社のビジネスにとって、もっとも反応がよいかを検証することが重要です。

5 | 08 複数のソーシャルメディアを有効活用する

　ソーシャルメディアは、自社のビジネスにおける目標に適した複数のプラットフォームを同時並行で運用することで、トラフィックを効率的に獲得することができます。

■ リソースの確保と管理が重要

　複数のプラットフォームを運用する場合、人的リソースの確保と管理が重要になります。各ソーシャルメディアに適したスキルセットを持つチームを編成することで、より専門的な運用が可能になるでしょう。

　例えば、YouTube は動画の撮影や編集をするスキルが必要ですが、X では短くても強く訴求できるコピーを作成するスキルが求められます。

■ コンテンツカレンダーを作成する

　1週間、1カ月といった期間でどのプラットフォームで何を投稿するのかを計画的に考えることで、複数のソーシャルメディアを継続的かつ効果的に運用することができます。各コンテンツ制作にか

08　複数のソーシャルメディアを有効活用する　199

ける予算も考慮したうえで、コンテンツを作成・配信するスケジュールを立てて計画的に運用することが重要です。

コンテンツカレンダーのサンプル

日付	コンテンツタイトル	プラットフォーム	目的	備考
2024/07/01	「TikTok のフォロワー数を増やすには？今すぐ実践できる 6 つのコツ」	Facebook Instagram	トラフィック増加	投稿時間は午前 11 時
2024/07/05	「より多くのユーザーへ投稿を届けるために。Instagram の人気ハッシュタグと付け方のコツ」	X Instagram	認知度向上	ハッシュタグを使用
2024/07/10	「Google 広告 P-MAX キャンペーン活用術のウェビナー開催のお知らせ！」	LinkedIn™ Facebook	見込み客の育成	配信時間は午後 2 時
2024/07/15	「基本的な考え方は Web と同じ。YouTube のチャンネル登録者を増やす 3 つのステップとは？」	YouTube Facebook	エンゲージメント向上	ライブ配信
2024/07/20	「今さら聞けない拡張コンバージョン機能とは？ 講座リリースのお知らせ！」	Instagram	認知度向上	ストーリーズにも配信
2024/07/25	「【事例付き】起業する人が必ず知っておきたい 3 つのこと」	Facebook LinkedIn™	トラフィック増加	投稿時間は午前 10 時

▎1 つのコンテンツをフル活用する

　1 つのコンテンツを複数のプラットフォームで展開する視点も、忘れてはいけません。例えば長編の動画を YouTube にアップロードしたら、そのハイライトを TikTok や Instagram でシェアするなどの運用方法が考えられます。このように、元となる 1 つのコンテンツを各プラットフォームに適した形に編集することで、より広範なオーディエンスにアプローチすることができます。

インフルエンサーを活用してトラフィックを獲得する

5 / 09

インフルエンサーとは、特定の分野で影響力を持つ個人や団体を指します。多数のフォロワーまたは購読者を持ち、自らの意見を発信することで、人々の購買意欲や価値観に影響を与えています。インフルエンサーを有効活用することで、自社視点で発信する広告よりも成果を得られることが多くあります。

目標とするターゲットユーザーと相性のよいインフルエンサーを選定する

インフルエンサーにはさまざまなタイプがいます。例えば、知識やスキルを提供するインフルエンサー、社会的な問題に焦点を当てたインフルエンサーなどが考えられます。

すべてのインフルエンサーが自社のビジネスと相性がよい訳ではありません。若者に人気の YouTuber が高級ブランドの販売促進には必ずしも適していないことは想像しやすいでしょう。**インフルエンサーの選定には、各インフルエンサーのフォロワーの年齢や性別や興味関心などの属性、過去のコンテンツ、エンゲージメント率などを詳細に調査したうえで選定**する必要があります。

▍コンテンツの形式や配信プラットフォームも考慮する

　インフルエンサーと協力する際には、インフルエンサーが得意とするコンテンツの形式やプラットフォームも考慮する必要があります。一部のインフルエンサーは YouTube による長尺の動画コンテンツの配信を得意としていますし、また別のインフルエンサーは Instagram による画像コンテンツの配信を得意としています。

　自社がどのプラットフォームで何を伝えるのかを明確にして、インフルエンサーと協力を進めていくことがインフルエンサー活用のポイントです。

5-10 解析ツールを活用して運用を最適化する

どのような投稿が、より多くのエンゲージメントを獲得しているのかを理解するのに役立つのが、各ソーシャルメディアで用意されている解析ツールです。Facebook には Facebook インサイトが、Instagram には Instagram インサイトが、X には X アナリティクスが用意されています。これらのツールを有効活用して、ユーザーの行動を解析する必要があります。

KGI や KPI を選定する

ソーシャルメディアを運用する際には、事前に**運用の成功を測るための KGI(Key Goal Indicator：経営目標達成指標)** や

<u>KPI(Key Performance Indicator: 重要業績評価指標) を選定す</u>
<u>ることが重要</u>です。投稿のリーチ、エンゲージメント、ページへ
の新規「いいね！」数など、ビジネスにおける目標に応じて選定を
進めます。

▎ユーザー行動を解析して改善に活かす

　例えば、Meta が提供している Meta Business Suite（Facebook、
Instagram、Messenger の各アカウントのビジネスのインサイト
やアクティビティを管理・解析できる無料ツール）の投稿のインサ
イトでは、各コンテンツにおけるインプレッション数、リーチ数、
エンゲージメントを確認できます。どのようなコンテンツがより多
くのエンゲージメントを生んでいるのかが一覧でわかります。

　コンテンツのパフォーマンスは投稿する曜日や時間によっても変
わるため、最適な配信のタイミングを見つけることも重要です。

　また、オーディエンスの地域、年齢、性別などでデータを分割す
る機能も提供されているため、ターゲットとするユーザー属性に支
持されているか否かといった視点で確認することもポイントです。

　解析ツールを用いてこれらのポイントを考慮しながら運用を行う
ことで、継続的にパフォーマンスを向上させることが可能です。

10　解析ツールを活用して運用を最適化する　｜　205

<table>
<tr><td>5</td></tr>
<tr><td>11</td></tr>
</table>

炎上に対応する

　炎上とは、企業や個人がソーシャルメディアで大量の批判や悪評を受けることを意味します。一度炎上が始まれば、その影響はすぐに広がり、ブランドに大きな悪影響を与える可能性があります。

　ソーシャルメディアを運用するうえで、炎上は避けられないリスクの1つになりますので、炎上に備える対策について押さえておきましょう。

▌ 危機対応マニュアルの作成

　炎上の状況においてスムーズに対応するための指針がマニュアルです。マニュアルをつくっておけば、炎上が発生した際にパニックに陥るリスクを避けることができ、結果としてさらに状況を悪化させるリスクを避けることができます。

　マニュアルでは何をもって炎上とするのかといった、具体的な炎上の定義を明確にします。また、どの部署がどういう役割を果たすのか、社内で情報をどう共有すべきか、社外に対する公式なコメントや発表の形式やタイミングを定義します。

206　第5章　ソーシャルメディアからマーケティングファネルにトラフィックを集める

また、炎上が収束した後にマニュアル自体を見直し、必要な更新を行う手順を確立します。

ソーシャルリスニングツールの活用

先に紹介した各ソーシャルメディアの解析ツールは、各プラットフォームの深い解析を行うのに役立ちますが、Social Insight のような**ソーシャルリスニングツールは複数のソーシャルメディアを1つのツールでリアルタイムで監視できるため、炎上をより早く把握**できます。

ツールには投稿がポジティブかネガティブかを分析する機能もあるため、炎上の兆候を察知し、未然に防ぐことが可能となります。

引用：Social Insight（https://sns.userlocal.jp/）

第 5 章でやるべきこと

　あなたのビジネスにおける全購買段階において、ソーシャルメディアからマーケティングファネルにトラフィックを集めることができないかを検討し、適切なコンテンツのアイデアとコンテンツの形式と集客チャネルと KPI を考え、デジタルマーケティング改善シートを埋めてください。そして、本章の内容を基に、ソーシャルメディアマーケティングを実践してください。

(((AIと共に拓く)))

1.　作成済みのコンテンツ記事をソーシャルメディア投稿に利用できるように ChatGPT に依頼してください。プロンプトの例：あなたは［会社概要］の［商品概要・サービス概要］を集客・販促するデジタルマーケターです。コンテンツ SEO 用の記事タイトル［記事タイトル］でソーシャルメディア投稿に利用できるよう本文を作成してください。文字数は［任意の文字数］文字程度で作成してください。

あなたは「デジタルマーケティングのオンラインスクール事業を運営する企業」の「オンライン動画講座」を集客・販促するデジタルマーケターです。コンテンツ SEO 用の記事タイトル「より多

> くのユーザーへ投稿を届けるために。Instagramの人気ハッシュタグと付け方のコツ」でソーシャルメディア投稿に利用できるよう本文を作成してください。文字数は「500」文字程度で作成してください。

Instagramでの影響力を高める：人気ハッシュタグと効果的な付け方

Instagramでの集客力を高めたいですか？ 効果的なハッシュタグの使用が鍵となります。今日は、あなたの投稿をより多くのユーザーに届けるためのハッシュタグの選び方と付け方のコツをご紹介します。

トレンドを押さえる：現在人気のハッシュタグを使用することで、トレンドに乗り遅れることなく、より多くの視聴者にリーチできます。

関連性が重要：あなたの投稿内容に関連するハッシュタグを選ぶことで、ターゲットとなるオーディエンスに正確にアプローチできます。

ユニークなタグを作成：独自のブランドやキャンペーン専用のハッシュタグを作ることで、特定のキャンペーンやコンテンツを際立たせることができます。

> **数量のバランス**：多すぎず少なすぎず、適切な数のハッシュタグを使用することが大切です。通常、5〜10個が理想的です。
>
> このシンプルなヒントを実践することで、Instagramでのあなたの投稿のリーチとエンゲージメントが飛躍的に向上します。デジタルマーケティングを学ぶなら、私たちのオンライン講座にもぜひご参加ください！ #デジタルマーケティング #InstagramTips

2. ソーシャルメディア投稿用に作成されたコピーをご利用中のソーシャルメディアで利用できるようにChatGPTに依頼してください。プロンプトの例：上記を[ソーシャルメディア名]用に編集してください。文字数は[ソーシャルメディアの適切な文字数]程度に収めてください。

上記をX（旧Twitter）用に編集してください。全角140文字程度に収めてください。

了解しました。以下は、X（旧Twitter）用に全角140文字程度に編集した投稿文です。

☆Instagram成功の秘訣：人気ハッシュタグの活用！トレンド追跡、関連性重視、独自タグ作成、適切な

数を心がけて。#Instagram マーケティング 詳細は
こちらの記事へ！ #ハッシュタグ戦略

COLUMN 04

YouTube のチャンネル登録者数を増やすには？

YouTube のチャンネル登録者数とは？

YouTube のチャンネル登録者数は、**チャンネルをフォローしている視聴者（YouTube ユーザー）の数**を表します。チャンネルのホーム画面や動画コンテンツ内の登録ボタンがタップされるごとに増えていき、YouTube Studio から登録者の総数や推移を確認できます。YouTube を運用するうえでは重要な KPI の 1 つになります。

チャンネル登録者数が増えるとどうなる？

視聴者がチャンネル登録すると、チャンネルの動画がチャンネルタブに一覧表示され、さらに新しい動画がアップされた際に通知が届きます。これによりキーワードによる検索の手間を省き、**いち早く動画を届ける**ことが可能に。さらに一覧表示によって**再生回数アップの相乗効果**が期待できます。

チャンネル評価や動画再生回数との関係性

チャンネル登録者数は YouTube のアルゴリズムにおけるファクターの 1 つでもあります。登録者数が増えることでチャンネルの評価が上がり、動画の検索表示順位がアップ。それにしたがい再生回数も伸び、さらに登録者数が増えるという**好循環**が生まれます。

チャンネル登録者数を増やす5つのステップ

1. ターゲットやペルソナを決める

　最初のステップはターゲティングです。自社のビジネスモデルを念頭に置き、「どんな視聴者が集まるチャンネルにしたいのか」しっかり見定めたうえで、第2章を参照のうえ、ターゲットやペルソナを設計しましょう。**年齢・性別のほか、家族構成や生活・仕事の悩みまで細かく想定**しておくと、動画のテーマを決めたり、動画SEO対策を行ったりする際に作業がスムーズに進みます。

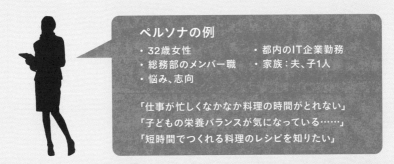

ペルソナの例
- 32歳女性
- 都内のIT企業勤務
- 総務部のメンバー職
- 家族：夫、子1人
- 悩み、志向

「仕事が忙しくなかなか料理の時間がとれない」
「子どもの栄養バランスが気になっている……」
「短時間でつくれる料理のレシピを知りたい」

登録者数が伸びやすいYouTubeチャンネルテーマの例
- ☑ ビジネスのノウハウ・事例共有
- ☑ レシピ・コーディネート紹介
- ☑ メイクアップ動画集
- ☑ 日用品、雑貨の活用術
- ☑ ローカル観光スポットの紹介　など

2. チャンネルテーマを決める

　YouTubeは「Googleに次ぐ検索エンジン」と言われるように、**特定ジャンルのリサーチ・情報収集のために利用するユーザーが多いのが特徴**です。ターゲットが定まったら、それに合わせてチャンネルのテーマを決めましょう。特定のテーマに絞ることで「〇〇ならこのチャンネル」といった印象が生まれ、登録者数の増加につながります。

3. 細部に気を配り撮影する

　YouTube動画はスマートフォン単体でも撮影できますが、ミニ三脚やマイクを組み合わせ、**ブレや雑音を抑えることでぐっと伝わりやすい内容に仕上がります**。視聴者の目線に合わせて丁寧につくられた動画コンテンツが、チャンネル登録者数アップにつながるのはいうまでもありません。

COLUMN 04　YouTubeのチャンネル登録者数を増やすには？

4. サムネイルに統一感を持たせる

　動画コンテンツの顔とも言えるのがサムネイル。YouTube ではサムネイルのデザインに統一感をもたせることによって**どんなチャンネルなのかがいち早く伝わり**、登録を促せます。

5. 基本的な動画 SEO 対策を行う

　Google と同様、YouTube でもコンテンツの対策キーワードを決め、**タイトルや説明文を最適化**することによって、検索順位アップを図ることが可能です。チャンネル登録者数を増やすにあたって非常に効果的なので、基本的な動画SEO 対策は必ず行いましょう。

動画SEO対策の基本
✓ キーワードは 5 〜 10 個を目安に設定
✓ ロングテールキーワードを使う
✓ タイトルは 30 文字前後でシンプルに
✓ 説明文は 300 文字程度までを目安にキーワードを適度にちりばめる
✓ 動画 1 本につき 3 〜 5 個程度のハッシュタグを紐付ける

YouTube Studio を活用し効果測定と運用改善を行う

　YouTube Studio は、無料で使用できる YouTube 公式のチャンネル運用支援ツールです。YouTube クリエイターツールの後継として 2020 年 4 月にリリースされました。個人・法人問わず、すべての YouTube ユーザーが利用でき、**動画の視聴回数や再生時間を分析したり、チャンネルをカスタマイズしたりすることが可能**です。

スマートフォンアプリ版と PC ブラウザ版の違い

　YouTube Studio にはスマートフォンアプリ版と PC ブラウザ版の 2 種類が用意されています。アプリ版では先述の効果測定のほか動画の公開設定やコメント管理、PC ブラウザ版ではそれらに加え、言語・字幕の設定やチャンネルのレイアウト変更が行えます。

YouTube Studio の利用方法

アプリ版は GooglePlay もしくは AppStore からインストールすることが可能。PC ブラウザ版は YouTube アカウント（Google アカウント）にログインした状態で利用できます。**いずれもアプリ内課金、有償の機能などはありません。**

ダッシュボードを活用してチャンネルの運用状況を確認する

ダッシュボードは YouTube Studio のメニュー最上部、ホーム画面の機能です。チャンネル登録者数、直近 4 週間の視聴回数・再生時間のほか、**人気動画のランキングや視聴回数を伸ばすためのアドバイス**が表示されます。アプリ版、PC ブラウザ版ともに利用可能です。チャンネルの運用状況を確認するために利用します。

コンテンツを活用して投稿別のパフォーマンスを解析する

コンテンツは動画、ライブ配信の公開日とあわせて視聴回数やコメントの数、視聴者の高評価率を一覧表示できます。あわせてコンテンツの画面上から動画のタイトルやサムネイルを変更することもできます。

COLUMN 04　YouTube のチャンネル登録者数を増やすには？

動画 AB テストの効果を検証したいとき、反応がよい配信のタイミングを探りたいとき、タイトルやサムネイルを見直したいときに利用します。

コメントを活用して視聴者のエンゲージメント向上に役立てる

コメントは名前の通り視聴者からのコメントを管理する機能です。閲覧・

返信、スパム行為の報告のほか、自社のチャンネルに対して他のクリエイターが作成したメンションを表示できます。

視聴者とコミュニケーションをとりたいとき、荒らし行為や炎上を防ぎたいときに有効活用できます。

カスタマイズで運用を最適化する

PCブラウザ版のみで利用できる機能になります。チャンネル名・説明文の編集やチャンネル紹介動画のアップロード、プロフィール写真の変更、サイトリンクの挿入などが可能です。あわせてチャンネル登録者におすすめの動画をハイライトすることもできます。

Webサイトへの流入を増やしたいとき、ホーム画面をリニューアルしたいとき、特定の動画の視聴回数を伸ばしたいときに有効活用できます。

> COLUMN 05

新しいソーシャルメディアの Threads とは？

　Threads（スレッズ）は、2023年7月にMeta社によってリリースされた新しいテキスト共有アプリです。公開初日から1万件以上のダウンロードがあり、一時期にはユーザー数が1億人を超える大きな注目を集めました。

　このアプリは、Meta社が他のプラットフォームの仕様変更などに不満を持つユーザーを取り込むための新たな施策の一環として開発されたと考えられています。Threadsでは、最大500文字のテキスト投稿や最大10枚の画像投稿が可能です。

　しかし、現時点ではハッシュタグ機能がなく、キーワード検索も実施できません。今後のアップデートによっては、他のソーシャルメディアプラットフォームのようにトラフィック獲得に役立つソーシャルメディアとなる可能性もあります。

利用は無料で、Instagramへの投稿シェアも可能

引用：https://about.fb.com/ja/news/2023/07/threads_launch/

第 6 章

デジタル広告から
マーケティングファネルに
トラフィックを集める

第 6 章の概要

　デジタル広告は、マーケティングファネルにトラフィックを集めるうえで即効性がある手段です。デジタル広告とは、テレビやインターネットなどの各種デジタルメディアを通じて顧客にリーチする有料の広告を意味します。ビジネスの目標やターゲット市場に応じて、最適なデジタル広告プラットフォームを選定します。そのうえで、各プラットフォームの特性を理解し、それぞれに最適化された広告キャンペーンを設計・実施することが重要です。

　本章のポイントは次の通りです。

1. デジタル広告がトラフィックを集めるうえでなぜ理に適っているのか？
2. 購買プロセスの全段階において有効なデジタル広告
3. 適切なデジタル広告のプラットフォームを選定する
4. Meta 広告（Facebook 広告・Instagram 広告）を活用してトラフィックを集める
5. Google・YouTube 広告を活用してトラフィックを集める
6. その他のデジタル広告を活用してトラフィックを集める
7. シミュレーションの作成と実績のレポーティングを行い、広告運用を最適化する
8. AB テストで広告運用を最適化する

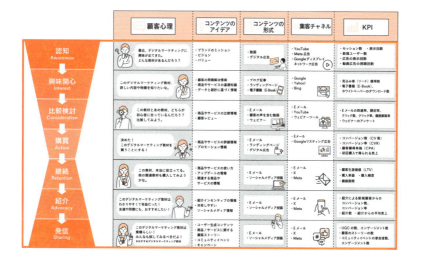

　デジタル広告は、ソーシャルメディアマーケティングと同様に全購買段階において有効です。

　例えば、YouTubeのリーチ広告は多くの視聴者にブランドや商品を広く知らせることができるため、認知段階で効果的です。比較検討や購買の段階では、GoogleやYahoo!のリスティング広告が効果的です。これらの広告は、検索エンジンで特定のキーワードを使用しているユーザーに対して直接リーチできるため、行動意欲の高いユーザーを効率的に集客することができます。

　デジタルマーケティング改善シートを活用し、各購買段階に応じた最適なデジタル広告戦略を実施することで、質の高いトラフィックを増加させ、ビジネスの成長を実現させてください。

6/01 デジタル広告がトラフィックを集めるうえでなぜ理に適っているのか？

　デジタル広告とは、例えばGoogleやYahoo!での検索時に表示される広告など、インターネット上で行われる広告活動のことを指します。このデジタル広告市場は近年、急速に成長しています。2023年の日本のインターネット広告媒体費は前年比で108.3%の成長を遂げて約2兆6,870億円に拡大し、2024年は2兆9,124億円まで増加すると予測されています。

引用：電通「2023年 日本の広告費 インターネット広告媒体費 詳細分析」
(https://www.dentsu.co.jp/news/release/2024/0312-010700.html)

デジタル広告市場の拡大には、モバイル端末の普及が大きく寄与しています。人々がデジタルメディアの視聴に費やす時間は年々増加しており、特にモバイル端末を通じたインターネットの利用が顕著に増えています。これは、外出先でもスマートフォンを使用し、インターネットを利用する人が増えたことに起因します。

　2023年、日本のデジタル広告費は、リスティング広告が1兆729億円で前年比109.9％の成長を記録し、動画広告は6,860億円で前年比115.9％、ソーシャルメディア広告は9,735億円で前年比113.3％と、各媒体および広告種別でそれぞれ大幅な成長を遂げています。

【インターネット広告媒体費の広告種別構成比】

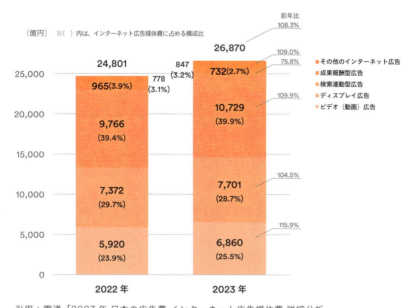

引用：電通「2023年 日本の広告費 インターネット広告媒体費 詳細分析」
(https://www.dentsu.co.jp/news/release/2024/0312-010700.html)

01　デジタル広告がトラフィックを集めるうえでなぜ理に適っているのか？　｜　223

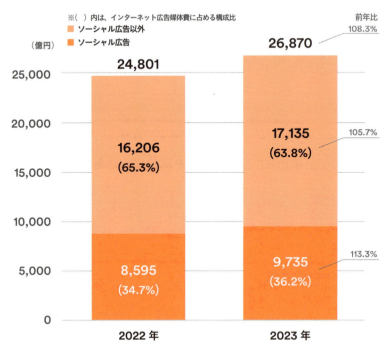

引用：電通「2023年 日本の広告費 インターネット広告媒体費 詳細分析」
(https://www.dentsu.co.jp/news/release/2024/0312-010700.html)

　また、**デジタル広告が市場で大きな成長を遂げている理由の1つは、投資利益率（ROI）に対する貢献度の高さ**です。

　Googleが公表している経済的影響の計算方法によると、企業はGoogle広告に1ドルを投資することで、Google検索と広告を通じて8ドルの利益を得ることができるとされています。これは、Google広告のROIが800％に相当することを意味します。

参照：Googleの経済的影響（https://economicimpact.google/methodology/）

こうした高いROIは、デジタル広告が企業や個人にとって魅力的な選択肢である理由の1つです。特に広告予算に制約がある場合でも、少額の予算から運用を始めやすいという特性があります。

デジタル広告は、その広告形式やクリエイティブの進化に伴い、テキストから画像、さらには動画へと発展してきました。しかし、**デジタル広告における最大の利点は、ユーザーが商品やサービスに関心を持つ瞬間に、効果的にアピールできる点**にあります。偶然の出合いを待つ必要はなく、ユーザーの積極的な情報収集やソーシャルメディアの活用に迅速に対応することが可能です。

商品やサービスを紹介したい、口コミを広めたい、購買につなげたいといった企業や個人のニーズに応えるために、デジタル広告は推奨されます。ユーザーがインターネットやモバイルを活用する時間が増え続けている現代の広告環境において、デジタル広告は効果的かつ効率的な広告手法として不可欠です。

6 / 02 購買プロセスの全段階において有効なデジタル広告

　デジタル広告は、購買プロセスの各段階を通じて効果的に活用されることがその大きな強みです。**広告媒体はフルファネルでの販促を可能にするための多様なメニューを提供**しています。例えば、Meta広告では、認知段階での販促には「認知度」を、興味関心の段階では「トラフィック」や「エンゲージメント」を、比較検討の段階では「リード」や「アプリの宣伝」を、購買の段階では「売上」など、販促の目的に応じた最適な広告配信が可能になるよう設計されています。

　例えば、認知段階ではYouTube広告を活用して商品やサービスの認知度を高めることが可能です。目を引く動画コンテンツを使用し、ブランドのストーリーや価値を伝えることにより、効果的に認知度を向上させることができます。一方で、購買段階ではリスティング広告を効果的に活用します。この際、商品やサービスに関連す

る特定の検索キーワードを使用し、購買を促進することが重要です。これにより、検索エンジンを利用するユーザーへ直接的かつ関連性の高い広告を提供できます。次の図では、各購買段階における効果的な広告媒体や広告メニューを示しています。

消費者	広告媒体や広告メニュー
認知 Awareness	YouTube（リーチ）、ディスプレイ（表示回数）、ソーシャルメディア（リーチ）など
興味関心 Interest	YouTube（視聴回数）、ディスプレイ（年齢性別や興味関心）、ソーシャルメディア（エンゲージメント）など
比較検討 Consideration	YouTube（クリック）、ディスプレイ（購買意向）、ソーシャルメディア（クリック）、リスティング（CV率低いキーワード）
購買 Action	リスティング（指名キーワード、CV率高いキーワード）、リマーケティング、類似オーディエンス（Facebook/Instagram）
継続 Retention	リマーケティング
紹介 Advocacy	ソーシャルメディア（紹介インセンティブ情報の共有促進など）
発信 Sharing	ソーシャルメディア（ユーザー生成コンテンツの促進など）

02　購買プロセスの全段階において有効なデジタル広告　227

6 / 03 適切なデジタル広告の プラットフォームを選定する

　デジタル広告プラットフォームは多岐にわたり、リスティング広告、ソーシャルメディア広告、ディスプレイ広告、動画広告など、さまざまな選択肢が存在します。各プラットフォームは利用者層が異なるため、目的のターゲットやペルソナに効果的にリーチするためには、適切なプラットフォームの選択が重要です。

　特に以下の11個のプラットフォームを推奨します。

1. Facebook 広告
2. Instagram 広告
3. Google 広告
4. YouTube 広告
5. Yahoo! 広告
6. Microsoft 広告
7. X（旧 Twitter）広告
8. LINE 広告
9. TikTok 広告
10. LinkedIn™ 広告
11. Pinterest 広告

これらのプラットフォームは運用型広告であり、各プラットフォームや代理店に運用を依頼しなくても自社で運用が可能です。そのため、**広告の追加、変更、削除、予算の調整、配信スケジュールの調整、ターゲティングのカスタマイズが容易に行えるというメリット**があります。

各プラットフォームの特徴や運用の仕方は次のページ以降で紹介しますが、以下の表では大まかな広告の種類とその特徴と使い方をまとめています。

主なデジタル広告の種類と特徴

広告の種類	特徴と使い方
リスティング広告	検索エンジンの利用者に直接アプローチできる。キーワードでのターゲティングが可能で、ユーザーが特定のキーワードを検索する際に広告が表示されるため、行動意欲の高い見込み客にリーチできる。Google 広告、Yahoo! 広告、Microsoft 広告などで配信可能。
ディスプレイ広告	視覚的に訴求できる画像広告が特徴で、認知段階のユーザーから購買意欲の高い見込み客や既存の顧客まで広くリーチできる。Google 広告、Yahoo! 広告、Microsoft 広告など各プラットフォームが保有するネットワークで掲載できる。ターゲティングオプションが豊富で、ユーザーの興味関心や行動に基づく精緻なターゲティングが可能。
動画広告	短尺の動画から長尺の動画まで幅広く利用可能。視聴者の興味関心に基づくターゲティングが可能で、YouTube や TikTok などのプラットフォームで効果的に使用できる。ブランド認知を高める目的から直接商品やサービスの購入まで促す目的まで利用可能。
ソーシャルメディア広告	Facebook、Instagram など多様なソーシャルメディアのプラットフォームでリーチできる。プラットフォームが保有するユーザーの詳細な情報に基づくターゲティングが可能。画像広告や動画広告などビジュアル中心の広告が特徴。情報共有をはじめとしたソーシャルメディア特有の利点を活かせる。

03　適切なデジタル広告のプラットフォームを選定する

6 04 Meta広告（Facebook広告・Instagram広告）を活用してトラフィックを集める

デジタル広告においては、まずMetaがお勧めです。Meta傘下のFacebookは世界最大のソーシャルメディアプラットフォーム

引用：https://www.facebook.com/business/m/get-started-meta-advertising

であり、2019年7月時点で日本国内のユーザー数は2,600万人とされています。

引用：Gaiax「2024年3月更新！性別・年齢別SNSユーザー数（X（Twitter）、Instagram、TikTokなど13媒体）」（https://gaiax-socialmedialab.jp/socialmedia/435）より筆者作成

10代の利用率は他のソーシャルメディアに比べて低いものの、

Facebookは男女問わず広範な利用者層にリーチすることができます。Facebook広告は運用型デジタル広告の特徴として、広告配信を自動で最適化する機能や、ユーザーの詳細データを基にした精緻なターゲティングが可能です。性別、年齢、居住地などの情報を用いて、特定のユーザーグループに広告を配信できます。また、自社の顧客情報を利用したカスタムオーディエンスというターゲティングも活用できます。さらに、購買の全段階にわたるアプローチが可能です。

また、InstagramもMeta（メタ）の傘下にあり、Instagram広告はFacebook広告と同じMeta広告管理ツールから運用できます。2019年3月時点でのInstagramの日本国内ユーザー数は3,300万人と発表されています（出典：Meta）。特に10代〜20代の利用率が高く、女性のユーザーが男性よりも多いという特徴がありますが、Facebookと同様に、男女問わず広範な利用者層にリーチすることが可能です。

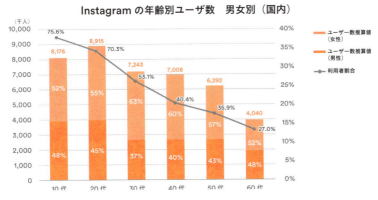

引用：Gaiax「2024年3月更新！性別・年齢別SNSユーザー数（X（Twitter）、Instagram、TikTokなど13媒体）」（https://gaiax-socialmedialab.jp/socialmedia/435）より筆者作成

04　Meta広告（Facebook広告・Instagram広告）を活用してトラフィックを集める

第一に、Meta広告をお勧めする理由として、認知から購買に至る各段階でのアプローチに適したプラットフォームであることが挙げられます。さらに、**Meta広告の運用方法を習得することは、他のソーシャルメディア広告の運用を容易にする助け**となります。特にX広告、LINE広告、TikTok広告などは、広告管理ツールのUI（ユーザーインターフェース）は異なるものの、類似した手順で広告キャンペーンを設計し、運用することが可能です。

▍適切なキャンペーンの目的を選ぶ

　Meta広告では、ビジネス目標に合致する目的を選択できます。これには「売上増加」「リード獲得」「エンゲージメント向上」「アプリ宣伝」「トラフィック増加」「認知度向上」など、複数の選択肢があります。**自社に最適な目的を選ぶことで、効果的なキャンペーンを展開**できます。

　例えば、売上向上を目指す場合は「売上」の目的を選択し、商品やサービスの販売促進に特化した広告を配信できます。また、「トラフィック」を目的に設定することで、Webサイトへのトラフィック増加を目指した広告を配信することが可能です。

　各目的には、それに対応した広告フォーマットや入札オプ

ションなどの広告設定が提供されており、選択した目的に基づいた広告の設計や最適化が行われます。

▎Meta ピクセルによる Web サイトでの広告効果測定

広告効果の測定には、Meta ピクセルと呼ばれるピクセルコードの設置が欠かせません。このコードを計測対象の Web サイトに埋め込むことで、Meta 広告の効果を追跡し、計測することが可能です。

Meta ピクセルを設置することで、広告をクリックしたユーザーの Web サイト内での行動を把握できます。これにより、広告リンク先のページ閲覧数や、広告を経由した商品やサービスの購入数など、具体的なデータを計測することができます。Meta ピクセルの設置方法については、Meta for Developers の Meta ピクセルヘルプページ（https://developers.facebook.com/docs/meta-pixel）を参照してください。

ベースコードをインストール

ピクセルは、ウェブサイトのヘッダーセクションに追加するJavaScriptのスニペットです。ピクセルはベースコードとイベントタグの2つの部分で構成されます。

① **ベースコードをコピー**

下のベースコードをコピーします。

```
<!-- Meta Pixel Code -->
<script>
!function(f,b,e,v,n,t,s)
{if(f.fbq)return;n=f.fbq=function(){n.callMethod?
```

コードをコピー

② **ベースコードをウェブサイトに貼り付ける**

ピクセルコードをヘッダーセクションの下部にある</head>タグのすぐ上に貼り付けます。ベースコードはウェブサイトのすべてのページにインストールします。詳しくはこちら

Meta ピクセルを計測対象の Web サイトの </head> タグのすぐ上に貼り付ける

04　Meta 広告（Facebook 広告・Instagram 広告）を活用してトラフィックを集める　｜　233

Metaピクセルを設置した後、次のステップとして、**ユーザーの具体的な行動（購入、登録、問い合わせなど）を計測するためにイベントを作成**します。イベントの作成には、コードを手動でインストールする方法のほかに、広告管理システムに用意されているイベント設定ツールの活用も可能です。

![イベントを設定ダイアログ]

イベント設定ツールは対象のWebページでMeta広告が用意している推奨イベントを視覚的に設定することができる

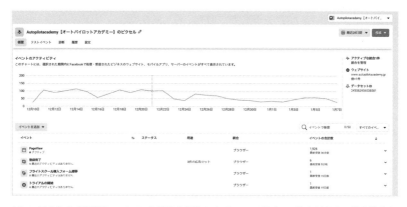

Metaピクセルを設置し、イベント設定を行うことで、ページビュー数をはじめ、購入数などを計測できる

「ユーザープライバシー保護に合わせた設定の必要性

　プライバシーポリシーの重要性が増している現代において、プライバシーを守りながら正確なデータ計測を行い、効果的な広告キャンペーンの展開を行うためには、広告媒体が推奨する設定を行う必要があります。特に、Cookie（Webサイトがユーザーのブラウザに保存する小さなデータファイル。これによりユーザーの訪問履歴を追跡できる）に関する規制やユーザーの意識が高まっています。

　Metaの場合、コンバージョンAPIと呼ばれる機能を利用することで、**Metaに自社が保有する消費者の購買行動のデータを暗号化した状態で送信することができ、ユーザーのプライバシーを保護したうえで、Cookieに依存せず、より正確なデータを追跡することができます。**これにより、広告の効果測定を改善することができ、広告を最適化することができるようになります。

　計測設定には技術的な内容が多く含まれるため、エンジニアと連携し、ヘルプページ（https://www.facebook.com/business/help）を参照しながら設定を行うことをお勧めします。

引用：Meta ビジネスヘルプセンター（https://www.facebook.com/business/help）

このような計測設定は、Meta 広告だけでなく、他のデジタル広告においても必要な場合があります。 ここまでの解説を参考に、他のデジタル広告キャンペーンにおいても適切な計測設定を行うことが重要です。

ターゲットやペルソナの情報を基にターゲティングを設定する

　Meta 広告の配信エンジンには実名登録制の Facebook の顧客情報が利用されており、他のデジタル広告と比較して非常に高いターゲティング精度が実現されています。ターゲティング設定には、自動最適の Advantage+ オーディエンスの他、以下の 3 種類のオーディエンスが用意されています。

1. コアオーディエンス：
　コアオーディエンスは**特定の条件に合致するユーザーを広告の配信ターゲットとする設定**です。この中で、**属性ターゲティング**

では年齢、性別、地域などを指定し、インタレストターゲティングでは興味関心のあるジャンルや行動を基にターゲティングします。

　第2章で作成したターゲットやペルソナの情報を基に、Meta広告のコアオーディエンス設定を行うことで、広告の効果を最大化することが可能です。

2. カスタムオーディエンス：

カスタムオーディエンスは、**広告主と何らかの接点がある人々をFacebook・Instagramユーザーの中から特定し、広告の配信ターゲットとする方法**です。この方法では、MetaピクセルをWebサイトに設置し、訪問履歴があるユーザーを追跡して広告を配信することができます。また、Meta広告の管理画面を通じて自社の顧客リストをアップロードし、ターゲットを設定することも可能です。

設定できるターゲット
- 自社のWebサイトの訪問履歴があるユーザー
- 自社アプリをインストールしたユーザー
- 電話番号やメールアドレスを登録したユーザー
- 実店舗を訪れたことのあるユーザー
- 自社の動画チャンネルの視聴者　など

さらに、訪問頻度や滞在時間、利用時間に基づいて、広告を適切に出し分けることもできます。

3. 類似オーディエンス：

　類似オーディエンスとは、**作成済みのカスタムオーディエンスと特徴が似ている Facebook・Instagram ユーザーを配信ターゲットとする方法**です。類似度は 10 段階のパラメータで分けられ、選択が可能です。類似度に応じて異なる広告を出し分けることもできます。

類似オーディエンスの画面作成

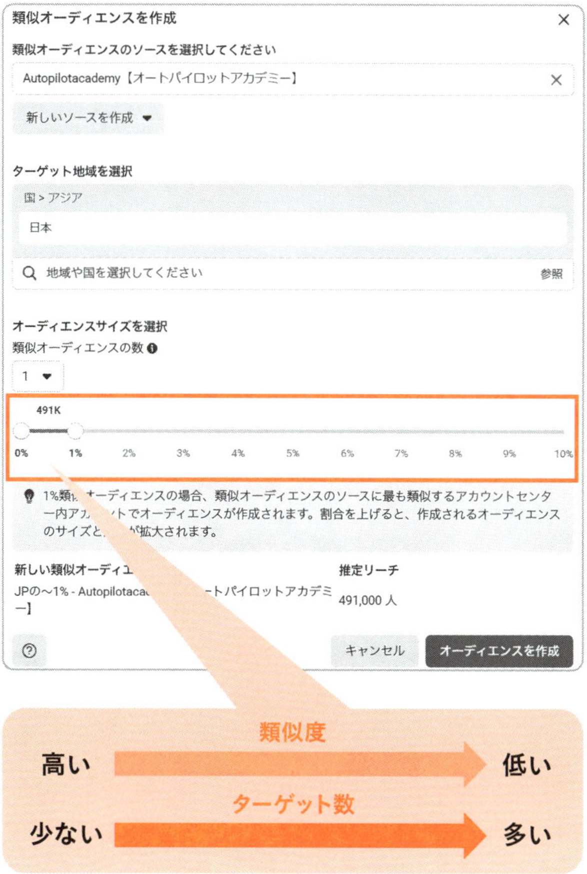

まずはコアオーディエンスから始める

　Metaの広告運用は、まずコアオーディエンスから始めます。このアプローチが成功し、**データが蓄積されると、カスタムオーディエンスへの移行が可能**になります。

カスタムオーディエンスで成約率（コンバージョン率）を改善する

　カスタムオーディエンスは、ブランドや商品に対して一定の興味や関心を持つユーザーをターゲットにし、これによりコンバージョンの確率が高まります。また、クロスセル、アップセル、リピート購入の促進にも役立ちます。

類似オーディエンスでより多くのユーザーにリーチする

　類似オーディエンスを利用することで、既存のコンバージョンを達成した顧客と類似点や共通点を持つユーザーにリーチできます。**最初は類似度1%から始め、クリック率やコンバージョン率の変化を見ながら、徐々に配信対象を広げ**ていくのがよいでしょう。

細かすぎるターゲティングは NG

　Meta 広告はターゲティングの精度が高いと評価されていますが、**ターゲットをあまりに細かく設定しすぎると、対象ユーザーが少なくなり、配信機会が減少したり、競合の状況によりクリック単価が高騰**することがあります。特に、年齢を 1 歳単位で設定したり、エリアを狭く指定するのは避けたほうがよいでしょう。

▍適切な配信面を設定する

　広告の配信先として選択できるプラットフォームには、「Facebook」「Instagram」「Audience Network（Facebook のパートナーアプリや Web サイト）」「Messenger（Facebook のメッセージングアプリ）」があります。さらに、Facebook の配信システムを活用した「Advantage+ 配置」の選択も可能です。このオプションではシステムが自動的に最適な広告配信先を決定し、広告効果を最大化する仕組みを提供しています。Meta はこの方法を推奨しており、**特定のプラットフォームを選択する必要がない場合は、「Advantage+ 配置」の使用をお勧め**します。

広告配信先のプラットフォームを選択できる

ターゲットやペルソナに訴求する クリエイティブを作成する

　クリエイティブは、ターゲティングと同様に、広告効果に大きく影響する重要な要素です。優れた広告クリエイティブを作成することで、広告のクリック単価や顧客獲得コストを効果的に抑えることが可能です。

　新しい広告キャンペーンを立ち上げる際には、さまざまなタイプの広告クリエイティブから選択できます。例えば、以下のようなオプションがあります。

・**1枚の画像広告**：1枚の画像を用いた広告を作成できます。効果的な画像を使用して、ブランドへの注目を集めるのに適しています。この形式はほとんどのプラットフォームで利用可能です。

・**カルーセル広告**：複数の画像や動画をスクロール可能な形式で表示します。ユーザーは各画像や動画をスワイプして閲覧できます。多種多様な商品を扱う広告主にとって、ターゲット層に複数の商品を紹介する際に最適です。

・**スライドショー広告**：2～15枚の画像からなるループ動画の広告を作成できます。画像、動画、テキスト、音声を組み合わせることで、ターゲット層の関心を引き上げ、ストーリーを伝えることができます。動画制作のコストを抑えながら、高品質な広告を容易に作成できます。

・**動画広告**：1つの動画を用いた広告を作成できます。リーチの拡大、エンゲージメントの増加、動画再生数のアップ、コンバージョ

ンの増加を目指す場合に適しています。

・**コレクション広告**：モバイルエクスペリエンスでフルスクリーンに表示されるコレクション広告です。モバイルユーザーが視覚的に没入感を持って商品やサービスを発見、閲覧、購入できます。

クリエイティブの仕様は頻繁に変わるため、最新の情報についてはMetaの提供する情報を確認することが重要です。（https://www.facebook.com/business/ads-guide/update）

引用：Meta「Meta 広告マネージャの目的のアップデート」
（https://www.facebook.com/business/ads-guide/update）

もっとも基本的でありながら効果的な広告クリエイティブの1つが、シングルイメージ広告です。AutoPilotAcademyでは、以下のように画像広告の成功に向けた9つの原則を提案しています。

1. デジタル広告のルールに則ってクリエイティブを作成する
　画像広告において推奨されるデザインの基準は、ファイルタイプがJPGまたはPNG、アスペクト比に関しては、Meta広告では複数のオプションがありますが、一般的な正方形の形式は1:1（解像度は1080×1080ピクセル）、横長の画像であれば1.91:1（解像度は1200×628ピクセル）を使用することが一般的です。また、テキストに関する推奨事項として、具体的な文字数制限は最新の広告ポリシーにより変動するため、広告を投稿する前に最新のガイドラインを確認することが重要です。これらの**ルールに沿ってクリエイティブを作成することで、ユーザーの注目を集める効果的な広告を制作**できます。

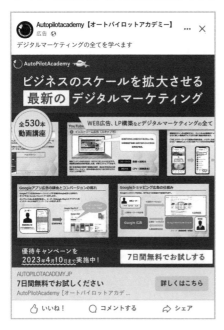

2. 複数の配置にデザインを最適化させる

　Facebookのフィードにおいては、正方形のクリエイティブが自然に映り、ユーザーの注意を引きやすいです。一方、Instagramのストーリーズでは、縦長のクリエイティブが最適に表示されるため、アスペクト比9：16（解像度は1080 × 1920ピクセル）のサイズを用意することが望ましいです。それぞれの配置に適したデザインを用意することで、ユーザーに魅力的な広告体験を提供できます。

3. ターゲットやペルソナの興味や関心と関連性の高いイメージやコピーを採用する

　クリエイティブは**ターゲットやペルソナの興味や関心に深く関連している必要**があります。例えば、SEO対策に関心を持つユーザーには、SEOに関連する内容の広告をターゲットにします。具体的には、SEOを思わせる画像（検索エンジンのスクリーンショット、キーワード、HTMLコード

04　Meta広告（Facebook広告・Instagram広告）を活用してトラフィックを集める　｜　245

など）を使用し、SEOの重要性や効果を訴求するコピーを採用します。

4. ターゲットやペルソナの利益に訴求する

クリエイティブは、ターゲットやペルソナが抱える問題や課題の解決策を示すことで、広告の効果を高めます。広告を通じて、**クリックした先にターゲットやペルソナの理想の未来が待っていることを伝えることが重要**です。例えば、見込み客獲得に課題を持つターゲットやペルソナ向けに、AutoPilotAcademyが制作したクリエイティブは右のような内容です。

5. 色鮮やかにデザインし、注目を引く

日常生活の中でターゲットやペルソナが自然と広告に注意を向けるように、デザインはなるべく色鮮やかで注目を引くものであるべきです。ユーザーの目を引き、クリックを促すデザインを目指します。**色彩心理学に基づくと、各色は次のようなキーワードと関連性が高い**とされています。

赤：行動を促す、情熱的
オレンジ：暖かさ、エネルギッシュ
黄色：好奇心
緑：自然、健康、革新性

青：知的、新鮮

白：純粋、穏やか、現代的

黒：クラシック、伝統、格式

ピンク：かわいらしさ、若々しさ、女性らしさ

紫：高級感、エレガント

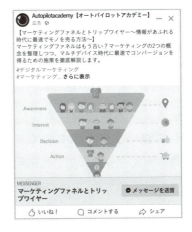

6. 社会的証明の要素を盛り込む

　目を引くデザインが重要なのは確かですが、信頼性を損なわないよう配慮することも必要です。広告では正確な情報を提供し、誇大広告や誤解を招くような表現は避けるべきです。一方で、社会的証明の要素を広告のイメージに盛り込むことは、非常に効果的です。例えば、**実際の顧客の写真などは有効に利用**できます。商品やサービスが顧客から支持を受けていることを初めから伝えることで、セールスをより効率的に進めることが可能です。

いいね！などのエンゲージメントの数が多いことも社会的証明の要素となる

7. 人の顔のイメージ画像を使う

科学的研究により、脳には人の顔を見た際に特に活動する細胞群が存在することが明らかになっています。**人間の脳は人の顔に対して強い反応を示す**のです。この事実をデジタル広告に応用することが可能です。広告の画像には、特にターゲットやペルソナと親和性の高い人物の顔を取り入れることをお勧めします。これにより、より多くのユーザーの関心を引き、反応を得ることができるでしょう。

8. 行動を促す (CTA の設置)

広告デザインに行動を促す文言（CTA：Call To Action）を含めることは、ファネル全体のコンバージョン率を向上させ、顧客獲得コストを低減させるのに役立ちます。**明確な行動訴求があれば、リンク先のページに遷移したユーザーが次にどのような行動を取ればよいかが事前にわかります。**ユーザーが何をすればよいか迷わずに済むように、行動を促す文言を入れることが重要です。例えば、「無料のホワイトペー

パーをダウンロードする」や「無料のメールマガジンを受け取る」などの行動訴求が効果的です。

9. 反響を獲得できる魅力的なコピーを作成する

広告のコピーは、イメージに次ぐ重要な要素です。**コピーライティングの主な目的は、ユーザーの関心を引きつけ、それに続いて行動を促す**ことです。魅力的なコピーを作成するためのポイントは次の通りです。

数字を使用する：「1万社が利用するツール」といった数字を用いることで、広告が多くのユーザーから支持されていることを示し、興味を喚起します。

緊急性を創出する：「本日限り！ 50%OFF」といった期限を設定し、行動するメリットを伝えます。

質問を投げかける：「あなたのWebサイトのコンバージョン率は？」といった質問を通じて、ペルソナの好奇心を刺激し、行動へと導きます。

パワーワードを使用する：「あなた」「無料」「なぜなら」「今すぐに」「新しい」といった、影響力のある言葉を活用します。これらのパワーワードは、他にも多数ありますので、クリエイティブに取り入れる可能性を探りましょう。

▍広告ポリシーを遵守し配信停止などのリスクを回避する

　広告の審査が通らなかったり、運用中の広告が停止されるなどのトラブルに対処する方法について説明します。**特にデリケートな商品やサービスを扱う場合は、広告ポリシーへの注意が必要**です。

　問題が発生し、広告が承認されない、あるいは停止された場合、最初にすべきことは問題の特定です。通常、Meta からのメールで理由が通知されます。メールの内容を確認し、必要に応じて広告を修正します。修正後、再審査を申請します。また、広告のリンク先であるランディングページも審査対象ですので、問題があれば適切に修正します。

　必要に応じて、Meta への問い合わせでトラブル解決を図ることも有効です。

　さらに、Meta の広告ポリシー (https://www.facebook.com/policies/ads) を確認することも重要です。広告ポリシーは定期的に更新されるため、頻繁に確認することをお勧めします。

　これらのステップを踏むことで、広告の審査や停止に関する問題を解決し、スムーズな広告運用を実現できます。

6 / 05 Google・YouTube広告を活用してトラフィックを集める

引用：Google 広告（https://ads.google.com/intl/ja_jp/home/）

　Google 広告は、世界でもっとも利用されている**検索エンジンのGoogle、Google が運営する YouTube や Gmail、Google ディスプレイネットワークなどさまざまなプラットフォームにリーチできるデジタル広告ツール**です。それぞれの広告キャンペーンには以下のような特徴があります。

・**検索キャンペーン**：ユーザーが特定のキーワードで検索を行った際に、関連する広告を表示します。購買意欲の高いユーザーをターゲットにするため、コンバージョン率が高いという特徴がありますが、認知拡大には向きません。

・**ディスプレイキャンペーン**：3,500 万以上の Web サイトやアプリ、Google が所有するプラットフォーム（YouTube や Gmail など）にリーチできます。画像形式の広告を通じて、視覚的に商品やサービスを訴求できます。

・**デマンドジェネレーションキャンペーン（旧ファインドキャンペーン）**：YouTube ホームフィード、Discover、Gmail のプロモーションタブなど、多彩な配信面で最大 30 億人以上のユーザーにリーチできます。アップデートにより、YouTube ショートやインストリームなどの新たなフォーマットや、クリエイティブとレポートの機能強化が行われました。

・**動画キャンペーン**：YouTube と Google 動画パートナーを通じてユーザーにリーチし、エンゲージメントを促進します。広告フォーマットにはインストリーム広告、ショート広告、バンパー広告などがあります。

・**ショッピングキャンペーン**：Google Merchant Center を利用して、商品の写真、名前、価格、店舗名が含まれるショッピング広告を配信できます。購買意欲の高いユーザーからのトラフィック獲得が期待できます。

・**P-MAX キャンペーン**：1 つのキャンペーンで Google の全チャネルにリーチできます。Google の AI 技術を用いて、指定したコンバージョン目標に基づいたパフォーマンスの向上を図れます。

検索キャンペーンでトラフィックを獲得する

・**リスティング広告（PPC 広告）**：検索キャンペーンは、リスティング広告（検索連動型広告）としても呼ばれており、クリックごとに課金されるため、PPC 広告（Pay Per Click 広告）とも呼ばれます。

・**SEO 対策との違いは掲載位置と即効性の高さ**：SEO 対策によって上位表示される Web ページは自然検索結果に現れますが、リスティング広告は自然検索結果の上部または下部に設けられた特別な枠に表示されます。また、SEO 対策が即日の上位表示を実現することは稀ですが、リスティング広告は即座に掲載されるという特徴があります。

	SEO 対策	リスティング広告
掲載位置	自然検索結果	検索結果上部などの専用広告枠
即効性	低い	高い
クリック率	高い	やや低い
掲載費用	無料	クリック課金

> 短期間で成果が出やすく目立つ位置に表示される

・**入札戦略はビジネスの目標にあったものを選ぶ**：Google 広告において、ビジネスの目標に合わせた入札戦略を選択することが重要です。例えば、トラフィックの獲得を目指す場合、「クリック数の最大化」戦略を選択することで、Google が予算内でクリック数を最大化するよう自動で最適な入札を行います。

- クリック数の最大化
- コンバージョン数最大化
- コンバージョン値を最大化
- 目標広告費用対効果（ROAS）
- 目標インプレッションシェア
- 視認範囲のインプレッション単価

・**キーワードは Google のキーワードプランナーを活用して選定する**：Google キーワードプランナーは、Google が無料で提供している公式ツールです。このツールを使用することで、**広告掲載に必要な入札単価の確認や、キーワードごとの検索ボリュームの調査が可能**です。

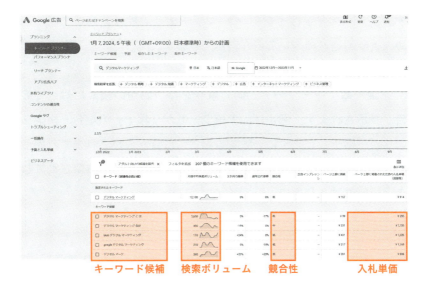

- **キーワードのマッチタイプはインテント マッチ（旧 部分一致）を基本に活用する**：Google リスティング広告には、インテントマッチ、フレーズ一致、完全一致の３つのマッチタイプがあります。これらには以下のような特徴があります。

1. インテント マッチ：関連する検索に対して広告が表示されます。例えば、キーワードが「帽子」の場合、検索クエリが「帽子の販売」でも表示されます。広範囲に広告を表示するため、トラフィック獲得に有効ですが、関連性の低い検索にも表示されるリスクがあります。

2. フレーズ一致：キーワードの意味を含む語句の検索に対して広告が表示されます。例えば、キーワードが「赤い帽子」の場合、検索クエリが「赤い帽子 通販」という複合語でも広告が表示されま

す。フレーズ一致はインテント マッチよりも絞り込みができるため、より関連性の高い広告が表示できます。

3. 完全一致：キーワードと同じ意味を持つ語句の検索に対して広告が表示されます。例えば、キーワードが「帽子」の場合、検索クエリが「帽子」と完全に一致する場合に広告が表示されます。完全一致は確実に絞り込みできますが、表示される機会が限定されてしまう可能性はあります。

引用：Google 広告ヘルプ「キーワードのマッチタイプについて」
(https://support.google.com/google-ads/answer/7478529?hl=ja)

より多くのトラフィック獲得を目指す場合、インテント マッチを利用することがお勧めです。しかし、インテント マッチを使用すると、関連性の低い検索クエリによって予算が無駄に消耗するリスクがあります。このリスクを回避するため、次に述べる除外キーワードの設定を併用することをお勧めします。

・**除外キーワードを設定する**：商品やサービスの利用シナリオと合致しない検索クエリは、除外キーワードとして設定することで、不必要な広告の表示を防ぐことができます。この設定により、広告の効率を向上させることが可能です。除外キーワードの設定方法については、Google のサポートページを参照してください。

引用：Google 広告エディターヘルプ
「除外キーワードの追加」
(https://support.google.com/google-ads/editor/answer/30553?hl=ja)

・**重要なキーワードは広告見出しに設定する**：Google リスティング広告では、広告見出し（半角 30 文字）を 3 つまで、説明文（半角 90 文字）を 2 つまで掲載できます。ただし、説明文のフォントサイズが小さく、目立ちにくいため、すべての詳細を読むユーザーは多くありません。重要なキーワードは、特に見出しに含めることをお勧めします。

・**電話番号や住所などのアセットを設定する**：アセットは、リスティング広告に追加情報（例えば電話番号）を表示する機能です。これを設定することで、<u>**広告ランク（広告の品質スコアと入札額の組み合わせで決まる）**</u>が向上し、<u>**広告が上位の掲載枠に表示**</u>されやすくなります。

05　Google・YouTube 広告を活用してトラフィックを集める　｜　257

広告の品質スコアは、広告の関連性、クリック率、ランディングページの品質などを基にした 10 段階評価の指標です。入札額は、広告主がキーワードや広告の表示に対して支払う金額を指します。

　アセットの設定は無料で、手順も簡単です。リスティング広告を利用する際には、これを設定することをお勧めします。設定方法については Google の公式ヘルプを参照してください。

引用：Google 広告 ヘルプ「アセットについて」
（https://support.google.com/google-ads/answer/7331111?hl=ja）

ディスプレイ・デマンドジェネレーションキャンペーンでトラフィックを獲得する

・**検索広告よりも幅広いユーザーにリーチできる**：Web サイトやアプリの広告掲載枠に表示されるため、検索広告よりも多くのユーザーにアプローチできます。

・**ターゲティングの設定の重要性**：ディスプレイ広告やデマンドジェネレーションキャンペーンでも、Meta 広告と同様に、ターゲット市場やペルソナの情報を基にターゲティングを設定することが重要です。Google 広告では、具体的なデモグラフィック情報、興味関心、行動履歴などを活用して、最適なオーディエンスにリーチすることが求められます。

・**Meta 広告のクリエイティブ作成の原則を参考にする**：Googleのディスプレイ広告やデマンドジェネレーション広告も、画像の推奨サイズは異なりますが、画像やテキストの品質には同様に注意を払う必要があります。これにより、効果的な広告運用が可能になります。Googleのディスプレイ広告やデマンドジェネレーション広告の推奨サイズについては、各広告の規定で確認できます。

動画キャンペーンでトラフィックを獲得する

英語、韓国語など主要言語は、自動翻訳だけでカバー

・**グローバルなアプローチが可能**：言語の違いが壁になりにくいビジュアル豊かな動画広告は、海外での販路拡大や顧客獲得に大きな効果を発揮します。YouTube動画では、手動設定や自動翻訳を用いて100以上の言語に対応する字幕を追加することが可能です。

・**複数人に同時に届けられる**：Google が 2020 年に発表した調査によると、<u>テレビで YouTube 動画を視聴したことのある人は 1,500 万人以上であり、そのうちの 50% は家族やパートナーと一緒に視聴</u>しています。これは、パーソナルなデジタル広告と異なり、YouTube 動画広告が 1 回の配信で複数の視聴者に同時にリーチできるという大きな特徴を示しています。

引用：Think with Google「月間 6,500 万ユーザーを超えた YouTube、2020 年の国内利用実態──テレビでの利用も 2 倍に」
(https://www.thinkwithgoogle.com/intl/ja-jp/marketing-strategies/video/youtube-recap2020-2/#:~:text=%E6%AC%A1%E3%81%AB%E3%80%812020%20%E5%B9%B4%E3%81%8C,%E5%A2%97%E5%8A%A0%E3%81%A8%E3%81%AA%E3%81%A3%E3%81%A6%E3%81%84%E3%81%BE%E3%81%99%E3%80%82)

　YouTube 動画広告の種類や CVR を高めるポイントは本章後のコラムにて解説していますので、ご覧ください。

ショッピングキャンペーンでトラフィックを獲得する

・**検索結果の最上部に商品画像付きの広告を掲載**：ショッピング広告は、Google Merchant Center（https://www.google.com/intl/ja_jp/retail/）で商品情報を登録し、Google 広告と連携することで配信が可能です。これにより、検索結果の最上部を含む複数の配

信面に商品画像付きの広告を掲載できます。特にネットショップを運営する企業に広く利用されています。

- **キーワード選定や入札の手間が不要**：ショッピング広告では、商品情報をフィードとして登録することで自動的にオークションに参加します。そのため、個々のキーワードの選定や入札単価の設定・調整が必要ありません。

- **視認性が高い**：ショッピング広告は通常、リスティング広告や自然検索結果よりも上部に表示されることが多く、**特にスマートフォンでは検索結果のファーストビューの大部分を占めます。**そのため、非常に目立ちやすく、高いクリック率を期待できます。

05　Google・YouTube 広告を活用してトラフィックを集める　｜　261

・**コンバージョンにつながりやすい**：ショッピング広告は、比較・検討に役立つ情報を直接広告に盛り込むことができます。このため、コンバージョンを獲得しやすいという特徴があります。

ショッピング広告で訴求できる情報

- ☑ 価格、送料
- ☑ ブランド名
- ☑ デザイン、カラーラインナップ
- ☑ 素材
- ☑ サイズ　など

・**フィード登録は漏れなく行う**：Google ショッピング広告を運用する際には、フィード（商品情報）の登録が必須です。登録されたフィードを基に広告のオークションが行われ、配信順位が決定されます。**機会損失を避けるために、できる限り多くの情報を登録することが重要**です。

フィードに登録する主な属性

- ☑ title（商品名）
- ☑ price（価格）
- ☑ link（リンク先）
- ☑ availability（在庫）など

その他、サイズや色、性別、対象年齢、状態、製品番号（型番）なども登録可能。

・**フィードを最新の状態に保つ**：Google ショッピング広告の**フィードには有効期限が設定されており、30 日間更新がないと広告の配信が停止**されます。また、**実際に売り切れている商品が「在庫あり」と表示されると、不信を買ってユーザー離れを招く可能性があるため、フィードを常に最新の状態に保つことが重要**です。

・**title で商品の特徴をアピールする**：Google ショッピング広告のフィードの 1 つである title（商品名）には、メーカーが決めた正規の製品名を入れる必要はありません。例えば T シャツなら、「コットン」「保温」「冷感」といった**素材**や**機能**、スニーカーなら「陸

上」「ウォーキング」といった**用途**を記載できます。検索トレンドをチェックしながら商品の特徴をうまく盛り込み、ペルソナにリーチします。

・**除外キーワードを設定する**：Google ショッピング広告は、キーワードの入札は不要ですが、除外キーワードの設定は可能です。リスティング広告などと同様に、**取り扱っていないブランド名や曖昧なニーズを含む語句を除外キーワードとして設定することは重要**です。これにより、無駄な広告配信を抑制することができます。

ショッピングキャンペーンでトラフィックを獲得する

・**2021 年 11 月にリリースされたプロダクト**：P-MAX キャンペーンは、**Google の全広告枠への広告配信や、入札、クリエイティブ生成の自動化など、広告パフォーマンスの最大化を目的とした機能が実装**されています。

・**Google の全広告枠への配信**：P-MAX キャンペーンは、検索結果、YouTube、Gmail など、Google が提供するすべての広告枠に広告を配信します。これにより、従来のように配信面ごとに個別のキャンペーンを作成・運用する必要がなくなります。

・**機械学習による運用の自動化**：予算とコンバージョン目標を設定
し、広告のアセットを作成した後は、運用が自動化されます。入札
は目標とユーザーシグナルに基づいて自動で行われ、広告クリエイ
ティブも登録されたアセットから自動生成されます。これにより、
運用担当者の細かな調整は不要となります。

・**継続的にコンバージョンを増加させられる**：P-MAX キャンペー
ンは機械学習の精度が時間とともに向上し、効率的にコンバージョ
ンを獲得できるようになります。**広範な配信面を活用して新規顧
客の獲得や販路拡大が期待**できます。

・**P-MAX キャンペーンを選択できるキャンペーン目標**：以下の 5
つの広告目標のいずれかを選択した場合に、キャンペーンタイプと
して P-MAX が選択可能です。

1. 販売促進：EC サイトでの販売増加
2. 見込み顧客の獲得：連絡先の提示促進
3. ウェブサイトへのトラフィック増加
4. 来店数と店舗売上の向上：飲食店などへの来店促進
5. 特定の目標を設定せずにキャンペーンを作成

- **アセットを豊富に用意しておく**：P-MAXキャンペーンでは、広告アセットが自動的に組み合わされてクリエイティブが生成されます。これにより工数の削減が期待できますが、動画を入稿していない場合は、複数の画像からスライドショーが自動生成されることがあります。**意図しないクリエイティブによる広告配信を避けるためにも、豊富なアセットを用意することが推奨**されます。任意のアセットも含め、可能な限り上限まで入稿することが運用のポイントです。

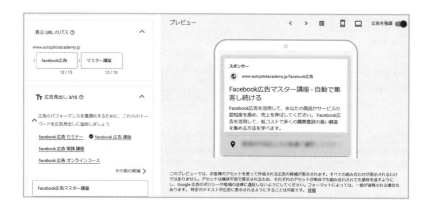

- **短期の利用を避け、他のキャンペーンとの併用を推奨**：P-MAXキャンペーンは、機械学習モデルに大きく依存しています。**機械学習が最適な結果を出すためには少なくとも1～2週間の期間が必要**です。そのため、期間限定セールの集客やイベント告知などのスポット利用には適していません。

さらに、P-MAXキャンペーンは比較的新しいため、利用できるレポートが限られており、効果に未知数の部分があります。そのため、当面はショッピング広告などの**既存キャンペーンと併用すること**がお勧めです。

引用：Google Ads & Commerce Blog「Performance Max campaigns launch to all advertisers」
(https://blog.google/products/ads-commerce/performance-max/)

その他のデジタル広告を活用して トラフィックを集める

Facebook・Instagram、Google・YouTube の他にも下記に挙げるデジタル広告の活用を検討できます。

Yahoo! 広告

引用：LINE ヤフー for Business「Yahoo! 広告」
(https://www.lycbiz.com/jp/service/yahoo-ads/)

Yahoo! 広告は、LINE ヤフー株式会社が運営する Yahoo! JAPAN の広告配信サービスです。このサービスは、**日本のオンライン広告市場において Google 広告と並ぶ重要な広告プラットフォーム**ですが、検索シェアでは Google に優位性があります。

検索広告：Yahoo! JAPAN の検索結果ページに表示されるテキスト形式の広告で、ユーザーの検索ワードに関連する内容が表示されます。

ディスプレイ広告（YDA：Yahoo Display Ads）：Yahoo! JAPAN と提携している多様なウェブサイトやアプリに表示される広告で、テキストだけでなく画像や動画など多様な形式で表示されます。また、ターゲティング機能が充実しているため、特定のユーザー層に合わせて広告を配信することが可能です。

Microsoft 広告

引用：Microsoft Advertising（https://about.ads.microsoft.com/ja-jp/get-started/sign-up）

　Google や Yahoo! 同様に Bing 検索結果にリスティング広告を配信できます。また、Windows に初めからインストールされているブラウザの Microsoft Edge のスタートページやタブページにディ

スプレイ広告も配信できます。日本企業の多くが Windows OS の PC を利用しているため、**法人企業へのアプローチに向いて**います。

X 広告（旧 Twitter 広告）

引用：X ビジネス
(https://business.twitter.com/ja/advertising/get-started-with-twitter-ads.html)

　X 広告は、X のタイムラインや検索結果に表示される広告形式です。リポストやいいねが可能で、これにより二次拡散も期待できます。この特性は、**情報を効果的に拡散するうえで大きな利点**となります。また、X 広告は独自のターゲティング機能を持ち、ユーザーのツイート内容に基づいて広告をピンポイントで表示することができます。これにより、広告の関連性を高め、効果的な広告配信を実現できます。

▌LINE 広告

引用：LINE 広告（https://admanager.line.biz/pages/campaign-lp3/）

　LINE 広告は、LINE プラットフォーム上でユーザーに適切にターゲットされた広告を配信するシステムです。配信された広告の効果を計測し、最適化して運用することが可能です。広告はトークリスト、LINE VOOM、LINE NEWS など、LINE 内の多様な場所で表示されます。これにより、広告のリーチを広げることができます。独自の属性データに基づくターゲティング機能があり、コスト効率の高い広告展開を実現できます。

▌TikTok 広告

引用：TikTok 広告（https://getstarted.tiktok.com/tt4bnew/jp）

　TikTok 広告は、アプリ起動時に表示される全画面動画「TopView」

や、ユーザーのコンテンツの間に挿入される「インフィード広告」などが主な広告形式です。ユーザー参加型の「ブランドミッション」は、視聴者が広告に参加し、広告をコンテンツの一部として楽しむことができる独自の広告形式です。これにより、広告の存在を自然に組み込み、「広告感」を最小限に抑えることができます。

LinkedIn™ 広告

引用：LinkedIn™ 広告（https://www.linkedin.com/campaignmanager/new-advertiser）

　LinkedIn™ 広告は、3つの主要な場所で配信されます。これらは、タイムライン内、タイムライン右側、およびメッセージボックスです。ユーザーが詳細なプロフィール情報を提供する LinkedIn™ の特性を活かし、広告のターゲット指定や適切な配信面の選択が可能です。このため、広告はユーザーの属性に基づいて効果的に配信できます。LinkedIn™ はビジネス関連のコミュニケーションが中心のソーシャルメディアプラットフォームであるため、**転職活動や採用活動に焦点を当てた広告が特に効果的**です。

Pinterest 広告

Pinterest は、未来の行動やインスピレーションを探すためのプラットフォームであり、過去の出来事を共有する一般的なソーシャルメディアとは異なります。Pinterest のユーザーは能動的に情報を検索し、インスピレーションを見つけることを目的としています。そのため、ユーザーの購買意欲が高い傾向にあり、高いクリック率を期待できます。

競合他社の広告クリエイティブを確認する方法

Google の公式ツール「Google 広告の透明性について」(https://adstransparency.google.com/?authuser=0&region=JP) では、**特定の広告主の情報を検索することで、Google が保有するプラットフォームで掲載された広告を無料で確認することができます。**このツールは、Google が安全かつオープンなインターネットの実現に向けて広告の透明性を確保するために提供されています。他社が掲載しているリスティング広告、YouTube の動画広告などを確認できるため、**競合他社の動向を調査し、自社に優位性のあるクリエイティブを作成するのに役立ちます。**

Meta も同様に、Meta 広告ライブラリ（https://www.facebook.com/ads/library/）を提供しており、特定の広告主やキーワードで配信されている Facebook や Instagram の広告を無料で確認するのに役立ちます。

6
07
シミュレーションの作成と実績のレポーティングを行い、広告運用を最適化する

広告を配信する前には、シミュレーションを作成しておくことで、どれだけの広告効果が得られるのかを事前に把握しておくことができます。

▌シミュレーションを作成する

リスティング広告やディスプレイ広告における平均クリック率（CTR）、平均クリック単価（CPC）、平均コンバージョン率（CVR）、購買行動当たりの平均単価（CPA）は下記記事に記載されているデータが参考になります。

引用：Google Ads Benchmarks for YOUR Industry
https://www.wordstream.com/blog/ws/2016/02/29/google-adwords-industry-benchmarks

例えば、上記記事を参考に旅行業（ホテルなど）のリスティング広告の各指標をまとめると次の通りです（CPC と CPA は執筆時点の日本円とドルの為替レートに基づいて計算されています）。

業種	CTR	CPC	CVR	CPA
旅行業	4.68%	222 円	3.55%	6,253 円

なお、デジタル広告の主要な指標と計算式と説明は次の通りです。

指標	計算式	説明
表示回数 (Impressions)	総数	広告の表示回数
リーチ数 (Reach)	総数	広告を表示した ユーザ数
クリック数 (Clicks)	総数	広告のクリック数
クリック率 (CTR：Click Through Rate)	（クリック数 ÷ インプレッション数）× 100	広告のクリック率
平均クリック単価 (CPC：Cost Per Click)	広告費用 ÷ クリック数	1回のクリック に対する費用
コンバージョン数 (CV：Conversion)	総数	広告経由での 目標達成数
コンバージョン率 (CVR：Conversion Rate)	（コンバージョン数 ÷ クリック数）× 100	クリックが目標達成に つながる割合
顧客獲得単価 (CPA：Cost Per Acquisition)	広告費用 ÷ コンバージョン数	1つのコンバージョン （例：購買、リード獲得） に要する平均費用
広告投資対効果 (ROI：Return on Investment)	（(得られた利益 - 広告費用) ÷ 広告費用 ）× 100	広告投資によって 得られた利益の割合
広告費用対効果 (ROAS：Return on Advertising Spend)	（広告によって生じた収益 ÷ 広告費用）× 100	広告投資に対する 収益の割合
エンゲージメント率 (Engagement Rate)	（エンゲージメント数 ÷ インプレッション数）× 100	広告に対する ユーザーの アクションの頻度

各指標の基準となる数値は業種別に高低が分かれる一方で、同業においても、高い企業と低い企業に分かれます。自社がいずれに相

当するかは次のような基準で、あらかじめおおよそ判断することができます。

CTR・CPC・CPA が高く CVR が低い企業の特徴

- キーワードのクリック単価が高い（200 円以上を目安とする）
- 競合他社が有名で自社の知名度が低い場合（指名検索の月間検索ボリュームが 1,000 以下）
- ランディングページのユーザービリティや訴求力が低い（レスポンシブデザインでない、顧客の声やインフルエンサーの声がない、オファーのハードルが高いなど）
- 商品価格が高い（1 万円以上を目安とする）
- 商品自体にオリジナリティーがない（他でも買える）

CTR・CPC・CPA が低く CVR が高い企業の特徴

- 自社の認知度が高い（指名検索のキーワードの月間検索ボリュームが 10,000 以上）
- ニッチ商材でありながらキーワードの月間検索ボリュームが 1,000 以上
- キーワードのクリック単価が 200 円未満と安く、ランディングページの訴求力が強い
- 商品価格が安い（1 万円以下を目安とする）

　これらの情報を基に、次のようシミュレーションを作成します。なお、**特にリスティング広告の場合は、先述したキーワードプランナーを活用し、選定したキーワードの入札の目安も参考に作成**します。

07　シミュレーションの作成と実績のレポーティングを行い、広告運用を最適化する　275

媒体	メニュー	予算	表示回数	表示単価	クリック数	CTR	CPC	推定CV数	目標CPA	目標CVR
Google	リスティング広告	¥1,000,000	110,619	¥9	8,850	8.0%	¥113	78.9	¥12,674	0.9%
Google	ディスプレイ広告	¥1,000,000	27,027,027	¥0.037	27,027	0.1%	¥37	63.1	¥15,843	0.2%

▎シミュレーションと実績から改善施策を立案する

リスティング広告の場合のケーススタディ：次のような結果になった場合、シミュレーションと実績がもっとも乖離しているのがCPCとわかります。CPCを下げれば、CPAを下げられる見込みがあります。

媒体	メニュー	予算	表示回数	表示単価	クリック数	CTR	CPC	CV数	CPA	CVR
Google	リスティング広告（シュミレーション）	¥1,000,000	110,619	¥9	8,850	8.0%	¥113	78.9	¥12,674	0.9%
Google	リスティング広告（実績）	¥992,000	12,193	¥81	1,097	9.0%	¥904	52.2	¥19,011	4.8%

　この場合、改善施策として、入札設定の見直しが有効です。コンバージョン数最大化やコンバージョン値最大化の設定になっている場合、拡張クリック単価に設定を切り替え、キーワードの入札額をシミュレーションに近い値に設定することが検討できます。

ディスプレイ広告の場合のケーススタディ：次のような結果になった場合、シミュレーションと実績がもっとも乖離しているのが

CVRとわかります。CVRを上げれば、CPAを下げられる見込みがあります。

媒体	メニュー	予算	表示回数	表示単価	クリック数	CTR	CPC	CV数	CPA	CVR
Google	ディスプレイ広告（シュミレーション）	¥1,000,000	27,027,027	¥0.037	27,027	0.1%	¥37	63.1	¥15,843	0.2%
Google	ディスプレイ広告（実績）	¥996,000	4,065,306	¥0.2	28,457	0.7%	¥35	29.9	¥33,270	0.1%

　この場合、改善施策として、広告側での施策はターゲティング設定の見直し、クリエイティブの見直しなどが挙げられます。また、CVRを上げる視点では、ランディングページの見直しも検討できます。

▎シミュレーションを作成するうえでの注意点

　作成する際には、シミュレーションが実施前の見立てであり、実際に配信してみないと確かな数値は得られないという点にご注意ください。シミュレーションを作成するのに大きな工数をかけるよりも実際に配信して得られる洞察の方が重要です。また、市場の変動や競合の状況により、**CPCやCPAの数値は配信時期によっても大きく異なることがあります。そのため、CPCやCPAが予想よりも高くなるシナリオと低くなるシナリオという、2つのパターンを事前に作成しておくことをお勧めします。**

07　シミュレーションの作成と実績のレポーティングを行い、広告運用を最適化する　277

6
08
AB テストで
広告運用を最適化する

AB テストは、広告運用のみならず、デジタルマーケティング全体におけるコンバージョン率を最適化するための重要な戦術であり、プロセスの一部です。 このアプローチでは、商品やサービスに関心を示すターゲット層に対して、もっとも効果的なアプローチを特定するためにさまざまな要素を順番に検証していきます。特に広告運用において、AB テストを用いて検証すべき主要なポイントは次のようになります。

1. 広告クリエイティブのデザインやコピーのパフォーマンスの検証

色、フォント、アイコン、CTA（Call To Action）ボタンの効果などがテスト対象となります。これらの要素がクリック率やエンゲージメント率、コンバージョン率にどのように影響するかを評価します。

同一の広告セット（広告グループ）に複数の広告クリエイティブを設定すれば、成果を検証できる

2. 広告のターゲティングや配信設定の パフォーマンスの検証

異なるターゲット層（地域、年齢、興味・関心、配信面）などに基づく広告配信の効果を検証します。これにより、もっとも反応のよいオーディエンスセグメントを特定し、配信効率を最適化します。

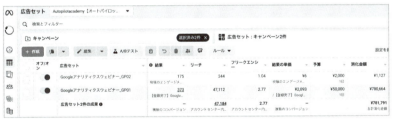

配信設定別に広告キャンペーンを分けるか広告セットを分ければ、成果を検証できる

08　ABテストで広告運用を最適化する

第 6 章でやるべきこと

　あなたのビジネスの全購買段階において、デジタル広告からマーケティングファネルにトラフィックを集めることができないかを検討し、適切なコンテンツのアイデアとコンテンツの形式と集客チャネルと KPI を考え、デジタルマーケティング改善シートを埋めてください。そして、本章の内容を基に、デジタル広告運用を実践してください。

(((AIと共に拓く)))

1. 作成した広告テキストや広告画像などのクリエイティブのフィードバックを ChatGPT から得てください。広告画像の場合はファイルをアップロードしてください。プロンプトの例：あなたは [会社概要] の [商品概要・サービス概要] を集客・販促するデジタルマーケターです。[広告名] の [クリエイティブ概要] を評価してください。

> あなたは「デジタルマーケティングのオンラインスクール事業を運営する企業」の「オンライン動画講座」を集客・販促するデジタルマーケターです。「Google リスティング広告」の「見出しと説明文」を評価してください。
>
> ・見出し
> 1. デジタルマーケティングスクール
> 2. オートパイロットアカデミー
> 3. AutoPilotAcademy
>
> ・説明文
> 1. オートパイロットアカデミーは見込み顧客獲得と成約率向上のための最善の方法をお教えしています

第 6 章でやるべきこと

> 2. Eメールマーケティングや Meta 広告など、デジタルマーケティングを総合的に学べます

Google リスティング広告の見出しと説明文を評価する際、以下の要素を考慮することが重要です：

1. 明確性と関連性：広告のメッセージが明確で、ターゲットオーディエンスに関連しているか。
2. 説得力：ターゲットオーディエンスを行動に移すための説得力があるか。
3. 特徴と利点の強調：製品やサービスのユニークな特徴や利点がうまく強調されているか。
4. キーワードの使用：ターゲットオーディエンスが検索する可能性のあるキーワードを含んでいるか。

それを踏まえて、提供された見出しと説明文について評価します。

見出しの評価：
デジタルマーケティングスクール：シンプルであり、提供されるサービスを直接的に表していますが、他の多くの同様のサービスと区別がつきにくいかもしれません。

オートパイロットアカデミー：ブランド名が前面に出ていますが、サービス内容が不明瞭です。
AutoPilotAcademy：同じくブランド名が強調されていますが、内容が不明瞭なままです。

説明文の評価：
オートパイロットアカデミーは見込み顧客獲得と成約率向上のための最善の方法をお教えしています：この説明は、提供されるサービスの利点に焦点を当てています。しかし、具体的なサービス内容についての情報が不足しています。

E メールマーケティングや Facebook 広告など、デジタルマーケティングを総合的に学べます：こちらは、提供されるコースの内容について具体的な情報を提供しており、より有効です。

総じて、見出しはブランド名を強調するよりもサービス内容を明確に示すほうがよいでしょう。説明文では、具体的なコース内容とその利点を組み合わせることが望まれます。ターゲットオーディエンスが求めるキーワードを組み込むことで、検索エンジンの視認性も高まります。

第 6 章でやるべきこと

2. 広告のシミュレーションと配信実績を ChatGPT に入力もしくはファイルでアップロードして、広告改善のアイデアを得てください。プロンプトの例：あなたは [会社概要] の [商品概要・サービス概要] を集客・販促するデジタルマーケターです。[広告名] のシミュレーションと実績を添付します。広告改善のアイデアをお願いします。

あなたは「デジタルマーケティングのオンラインスクール事業を運営する企業」の「オンライン動画講座」を集客・販促するデジタルマーケターです。「Google リスティング広告」のシミュレーションと実績を記載します。広告改善のアイデアをお願いします。

媒体	メニュー	予算	表示回数	表示単価	クリック数	CTR	CPC	CV数	CPA	CVR
Google	リスティング広告（シミュレーション）	¥1,000,000	110,619	¥9	8,850	8.0%	¥113	78.9	¥12,674	0.9%
Google	リスティング広告（実績）	¥992,000	12,193	¥81	1,097	9.0%	¥904	52.2	¥19,011	4.8%

Google リスティング広告のシミュレーションと実績の数値を基に、広告改善のためのいくつかのアイデアを提案します。

1. 表示単価の最適化：
シミュレーションでは表示単価が ¥9 であるのに対し、実績では ¥81 となっています。表示単価が高いことは、特定のキーワードやターゲティングの競争が激しいことを示している可能性があります。競争が少ないキーワードやターゲットを見つけることで、表示単価を下げることができます。

2.CTR の向上：
クリックスルー率（CTR）はシミュレーションで 8.0%、実績で 9.0% となっています。広告文の改善、ターゲットの精緻化、より魅力的な広告クリエイティブを使用することで CTR をさらに高めることができます。

3.CPC（Cost Per Click）の低減：

実績のCPCはシミュレーションよりも大幅に高くなっています（¥904対¥113）。CPCを低減するためには、より関連性の高いキーワード選定や、ターゲティングの改善が必要です。

4. コンバージョン率（CVR）の向上：

CVRは実績で4.8%とシミュレーションの0.9%よりも高いですが、さらなる改善が可能です。ランディングページの最適化、強力なコールトゥアクション（CTA）、ユーザーの購入意欲を刺激するコンテンツなどが有効です。

5.CPA（Cost Per Acquisition）の低減：

CPAは実績で¥19,011となっており、シミュレーションの¥12,674よりも高いです。コンバージョン率を高め、CPCを低減することでCPAを改善することができます。

これらの点を改善するためには、データを詳細に分析し、特にパフォーマンスが低い領域に焦点を当てて具体的な改善策を検討する必要があります。また、市場の動向や競合の戦略にも注意を払いながら、継続的なテストと最適化を行うことが重要です。

COLUMN 06

ゼロから始める YouTube 広告

YouTube 広告とは？

　YouTube 広告は 10 億人以上の利用者数を誇る YouTube の広告プラットフォームです。2007 年に商用利用を目的とした特定のユーザーへ向けてサービスが開始され、2012 年には一般ユーザーにもサービスが拡張されました。

　現在はインフィード動画広告、インストリーム広告、バンパー広告など**複数のフォーマット**が用意されており、**ブランドの認知度アップ、トラフィックの増加、リードの獲得、新規顧客の獲得など、幅広い目的**に活用されています。

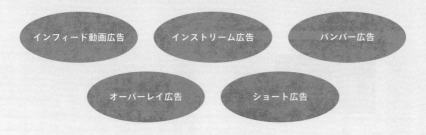

YouTube 広告の種類①：インフィード動画広告

　YouTube の**検索結果画面の最上部**に表示される広告です。クリックすると動画が再生されます。広告枠のサイズが通常の動画と同じため、広告の見た目が自然で、動画の長さ（再生時間）に制限はありません。

YouTube広告の種類②：インストリーム広告（スキップ可）

動画コンテンツの**再生前後・再生中に挿入される広告**です。視聴者は広告が開始してから最初の5秒が経過した後、手動でスキップできます。その一方で、広告冒頭の5秒間で視聴者の興味・関心を引きつけられれば、映像とナレーション、BGMを組み合わせて**大量の情報を訴求**することが可能です。

YouTube広告の種類③：インストリーム広告（スキップ不可）

動画コンテンツの再生前後・再生中に挿入され、視聴者が途中でスキップできない動画広告です。

再生時間は最長15秒までに制限されますが、表示されれば**必ず最後まで再生される**ため、商品やサービスのメリットを**コンパクトに訴求**するのに適しています。

YouTube広告の種類④：バンパー広告

動画コンテンツの再生前後・再生中に**6秒間のみ配信**されるショートムービー広告です。スキップ不可のインストリーム広告をさらにコンパクトにした広告フォーマットであり、ブランド名や商品名を印象づけるのに適しています。

この広告フォーマットは、メッセージを短時間で効果的に伝えることがで

きるため、視聴者に素早くブランドや商品を記憶させることが可能です。

YouTube 広告の種類⑤：ショート広告

モバイルに最適化された最大 60 秒で配信される**縦向きの動画広告**です。YouTube Shorts 内において、フルスクリーンで配信されるため、モバイル視聴者のエンゲージメントを高めるのに役立ちます。

YouTube 広告の特性と活用方法

各広告の特性を次ページの図にまとめています。図の横軸は「費用」と「情報量」を表しています。左側に寄るほど制作費を含めて低コストで出稿でき、逆に右側に寄るほど広告で訴求できる情報量が多くなるという形です。一方の縦軸は「視認性」と「視聴完了率」です。上に寄るほど視聴者から目立ちやすく、下に寄るほど最後まで視聴が期待できます。

COLUMN 06　ゼロから始める YouTube 広告　|　289

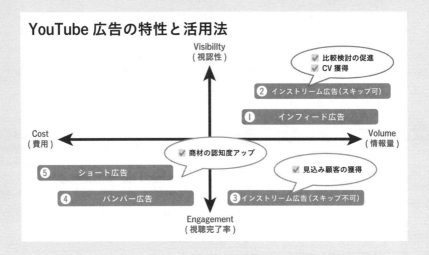

　制作費・広告費がやや高くなるインストリーム広告は、商品やサービスにまつわる情報を盛り込み、視聴者の比較検討を促すのに適しています。ただ、途中でスキップされてしまう可能性があるので、視聴完了はそれほど期待できません。一方、インフィード動画広告はフォーマットこそインストリーム広告と似ているものの、CPC型のため無駄打ちが少なく、広告の視覚的な外観も抑えられます。また、インストリーム広告と比べると視聴完了につながりやすく、BtoBサービスなどのコンバージョンも期待できるでしょう。

　スキップ不可のインストリーム広告は、最長15秒の尺のなかでブランド名や商品名、サービスの特徴・魅力などをバランスよく盛り込めます。広告の途中で離脱されることもありません。ディスプレイ広告などと比べると視認性・目立ちやすさではやや劣るものの、視聴者の興味・関心を惹起し、リードとして囲い込むのに向いている広告といえます。

　再生時間6秒間のバンパー広告はいずれも低コストで制作・出稿できる反面、広告に盛り込める情報が非常に限られています。自社の存在を知らない潜在顧客へのアプローチを含め、ブランド名や商品名の認知度アップ、印象付けに特化した広告といえるでしょう。

YouTube 動画広告のコンバージョン率を高めるには？

CVR を重視する場合は、インストリーム広告を中心に出稿しましょう。商品やサービスの強み・魅力をあますところなく伝えて比較・検討を促し、視聴者のアクションを喚起できる広告フォーマットです。

CVR を高めるポイント①：冒頭 5 秒でブランド名・商品名を示す

インストリーム広告を出稿する際は冒頭の 5 秒にブランド名・商品名を入れましょう。これにより視聴者が誰の・何の広告なのかをすぐに理解できるようにし、スキップを防ぐことができます。ナレーションで伝えるのも 1 つの方法ではありますが、聞き逃される可能性があるため、**動画内の目立つ位置にブランドロゴ、サービス名などを固定しておくの**がおすすめです。

CVR を高めるポイント②：字幕を入れる

先述した YouTube 広告の特性を活かすためにも字幕は必ず入れましょう。また、**字幕を入れることで聴覚の不自由なユーザーや、スマホをミュートにせざるを得ない環境（電車内など）で視聴しているユーザーにも確実に広告を届け**られます。具体的な手順としては公式ヘルプページでも紹介されているとおり、PC ブラウザ版の YouTube Studio から言語を選択して設定するのがもっとも簡単です。

CVR を高めるポイント③：配信先は YouTube に絞る

YouTube 動画広告はプレースメントの設定を変更することで、Google と提携する Web メディアやアプリに配信できます。ただ、そのようなメディアやアプリの利用者すべてが動画の視聴を望んでいるわけではなく、コンバージョ

ンを得られないまま、**広告費だけが積み上がってしまうケースも少なくない**ので、運用スタートから当面の間はYouTube 上での配信に絞りましょう。

CVR を高めるポイント④：縦型（9:16）の動画も考慮して入稿する

　マーケティング企業が行った調査によると、10 代の YouTube ユーザーの **67.5% が縦長の動画（YouTube ショート）を視聴**しています。コンバージョンの基盤となる再生回数を確保するためにも、縦型・横型両方の広告を入稿しておきましょう。横型の動画広告は画面の占有率が高く、**商品のディテールがより伝わりやすい**というメリットがあります。

第 7 章

オプトインページとリードマグネットで見込み客（リード）を獲得する＆セールスレターで購買を促す

第 7 章の概要

　ランディングページは、興味関心段階と購買段階の両方で効果的に活用できます。

　興味関心段階でのランディングページは、集めたトラフィックを見込み客（リード）に変換することを目指します。これらのページは特にオプトインページと呼ばれ、魅力的なリードマグネット（買い手を引きつける「磁石」のようなツール）を提供することで、リード獲得の成約率を高めます。

　購買段階でのランディングページは、プロモーション情報を通じて購入を促進することを目的としており、これはセールスレターとして知られています。

　本章のポイントは次の通りです。

1. マーケティングファネルにおけるランディングページの２つの重要な役割
2. シンプルが鉄則・引き算で形にするオプトインページ
3. 見込み客（リード）を獲得するために欠かせないリードマグネットとは？
4. 見込み客を磁石のように引きつけるリードマグネットを作成するための５つのステップ
5. 購買を促すセールスレターの構成
6. コンバージョン率を高めるセールスレターのポイント・ストーリー構成＋αの３つの要素

	顧客心理	コンテンツのアイデア	コンテンツの形式	集客チャネル	KPI
認知 Awareness	最近、デジタルマーケティングに興味が出てきた。どんな教材があるんだろう？	・ブランドのミッション ・ビジョン ・バリュー	・動画 ・デジタル広告	・YouTube ・Meta広告 ・Googleディスプレイネットワーク広告	・セッション数 ・表示回数 ・新規ユーザー数 ・広告の表示回数 ・動画広告の視聴回数
興味関心 Interest	このデジタルマーケティング教材、詳しい内容や特徴を知りたいな。	・顧客の問題解決情報 ・商品やサービスの基礎知識 ・データや統計に基づく情報	・ブログ記事 ・ランディングページ ・電子書籍（E-Book）	・Google ・Yahoo! ・Bing	・見込み客（リード）獲得数 ・電子書籍（E-Book）、ホワイトペーパーのダウンロード数
比較検討 Consideration	この教材とあの教材、どちらが初心者に合っているんだろう？比較してみよう。	・商品やサービスの比較情報 ・顧客レビュー	・Eメール ・顧客を含む動画 ・ウェビナー	・Eメール ・YouTube ・ウェビナーツール	・Eメールの到達率、開封率、クリック数、クリック率、購読解除率 ・ウェビナーのアンケート
購買 Action	決めた！このデジタルマーケティング教材を買うことにする！	・商品やサービスの詳細情報 ・プロモーション情報	・Eメール ・ランディングページ ・デジタル広告	・Eメール ・Googleリスティング広告	・コンバージョン数（CV数）・コンバージョン率（CVR）・顧客獲得単価（CPA）・初回購入で得られる売上
継続 Retention	この教材、本当に役立ってる。他の関連教材も購入してみようかな。	・商品やサービスの使い方 ・アップデートの情報 ・関連する商品やサービスの情報	・Eメール ・ソーシャルメディア投稿	・Eメール ・X ・Meta	・顧客生涯価値（LTV）・購入単価・購入頻度 ・継続期間
紹介 Advocacy	このデジタルマーケティング教材はわかりやすくて有益だった！友達や同僚にも、おすすめしたい！	・紹介インセンティブの情報 ・共有しやすいソーシャルメディア情報	・Eメール ・ソーシャルメディア投稿	・Eメール ・X ・Meta	・紹介による新規顧客からのコンバージョン数、コンバージョン率 ・紹介数 ・紹介からの平均売上
発信 Sharing	このデジタルマーケティング教材は素晴らしい！みんなも試してみるべきだ！#おすすめデジタルマーケティング教材	・ユーザー生成コンテンツ ・商品／サービスに関する顧客ストーリー ・コミュニティイベント ・キャンペーン	・Eメール ・ソーシャルメディア投稿	・Eメール ・X ・Meta	・UGC投稿数、エンゲージメント数 ・顧客のストーリーの数 ・コミュニティイベントの参加者数、エンゲージメント数

　オプトインページやリードマグネットは、興味関心段階で見込み客を獲得するのに有効です。これにより、効率的にトラフィックを見込み客に変換することができます。

　一方で、セールスレターは購買段階で見込み客を顧客化するのに有効です。プロモーション情報を魅力的に伝えることで、見込み客の購買意欲を高め、最終的なコンバージョンを促進します。

　デジタルマーケティング改善シートを活用し、興味関心段階ではオプトインページとリードマグネットを、購買段階ではセールスレターを適切に作成・運用することで、ビジネスの成長を加速させてください。

7 / 01 マーケティングファネルにおけるランディングページの2つの重要な役割

　第3章で述べた通り、「ランディングページ」とは、ユーザーが最初に訪れるページ全体を指します。これには、広告のクリックから遷移したページ、ソーシャルメディアの投稿リンクからのページ、Google検索結果からのページなどが含まれます。ランディングページには大きく分けて2つの重要な役割があります。

1. 興味関心段階におけるリード獲得

　この段階のランディングページは「オプトインページ」として機能します。「オプトイン」とは、例えばニュースレターなどの購読への同意を示す行為です。オプトインページの目的は、訪問者の興味関心を具体的なアクションに変換することです。

　例えば、無料のホワイトペーパーのダウンロード、ニュースレターの購読、ウェビナーへの登録などの提供を通じて、訪問者からメールアドレスやその他の連絡先情報を収集します。

　このプロセスにより、潜在顧客はマーケティングファネルにおける見込み客（リード）となり、その後のマーケティング活動の対象

296 ｜ 第7章　オプトインページとリードマグネットで見込み客（リード）を獲得する＆セールスレターで購買を促す

となります。オプトインページでは、訪問者を行動に駆り立てる魅力的なリードマグネットを用意することが重要です。

・興味関心段階のランディングページ

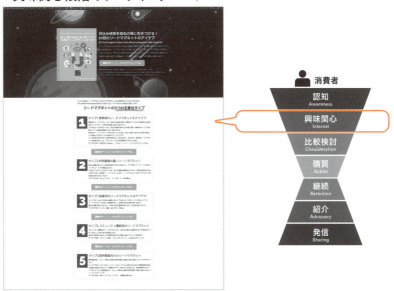

リードの獲得は、特に法人・団体向けの BtoB 商材において不可欠です。食品や生活必需品などの BtoC 商材は、多くの場合、個人の即時購入が見込まれます。

しかし、業務用アプリや SaaS などの BtoB 商材は、高額であることが多く、社内の決裁プロセスを必要とするため、

商材・ビジネスモデルによる違い

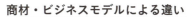

意思決定に時間を要することが一般的です。

　そのため、BtoB 商材の販売には、中長期にわたって買い手の興味関心を維持するための施策が欠かせません。オプトインページでリードを獲得した後は、E メールマーケティング、ウェビナーやイベントの開催などの施策も視野に入れるべきです。

2. 購買段階での購入促進

　購買段階でのランディングページは「セールスレター」としての役割を果たします。セールスレターは、具体的な商品やサービスの購入を促進することに特化しており、顧客の購買決定を支援するために作成されます。これには、商品やサービスの詳細説明、顧客の声、特典や限定オファーなどが含まれます。

　セールスレターの目的は、リードを実際の顧客に変換することであり、説得力のあるコピーと効果的な CTA（Call to Action）が重要です。この段階のランディングページは、見込み客が実際に購入に至るよう、商品やサービスを効果的に紹介する必要があります。

・購買段階のランディングページ

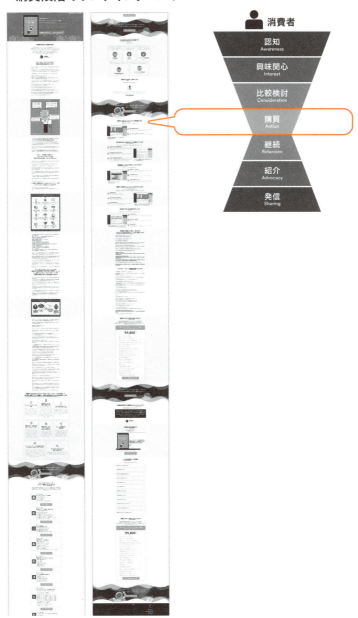

01 マーケティングファネルにおけるランディングページの2つの重要な役割

7 | 02 シンプルが鉄則・引き算で形にするオプトインページ

　ここでは、訪問者をリードに変換するオプトインページの作成方法について解説します。オプトインページでは、メールアドレスなどの見込み客情報の取得を目的とし、見込み客に提供するリードマグネットが重要です。リードマグネットについては後述しますが、**オプトインページにはCTAボタンを設置し、リードマグネットをダウンロードするためのメールアドレス登録フォームが必要**です。

　オプトインページの作成コストを抑えつつ、メールアドレスを獲得するために必要な工夫とは何か？　質の高いオプトインページとはどのようなものか、作成時のポイントを解説します。

最適化のポイントは「引き算」

　オプトインページに複雑なストーリーや情報過多なコンテンツは不要です。むしろ、どれだけ情報を削ぎ落とし、不要な要素を省くかが重要です。なぜなら、オプトインページは金銭取引なしでメールアドレス取得に特化したページであるためです。

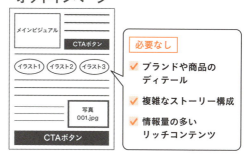

　例えば、ネットショップの商品ページには価格、特典、開発エピソード、ブランドコンセプトなどが含まれることがありますが、オプトインページではこのような内容は逆効果になり得ます。商品購入ができず、長々とスクロールやスワイプを強いられた挙句、メールアドレス登録を求められると、ユーザーは不満を感じて離脱する可能性があります。

　端的に言えば、オプトインページでは**「メールアドレスの情報の提供と引き換えに何を手に入れられるか」と「それによって何が実現できるか」の2点が伝われば十分**です。例えば、経理向けの自動集計テンプレートであれば「自動集計テンプレートで簡単に帳票作成」、調査レポートであれば「〇〇の最新動向が5分で学べる」など、リードマグネットの概要とメリットをシンプルに訴求し、速やかに登録フォームへ誘導することがお勧めです。

次に、オプトインページのより具体的な作成方法のポイントについて見ていきます。

ポイント①：メッセージで伝える

　オプトインページを訪れた買い手にリードマグネットのメリットを効果的に伝えるには、複雑な表現や言い回しよりも、単一のメッセージで伝えるほうが効果的です。

　オプトインページのメインコピーでは、**具体的な数字を含むシンプルなメッセージで訴求しましょう。さらに、利用シーンを想像しやすくするビジュアルを組み合わせることで、ダウンロードへの誘導がスムーズ**になります。

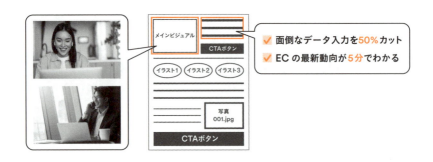

ポイント②：CTA※ボタンを目立たせる

※ CTA は「Call to Action」の略で、特定の行動を促すための文言やボタンのことを指します。

　キャッチコピーとビジュアルでリードマグネットのメリットをシンプルに訴求した後は、迅速に CTA ボタンへ誘導しましょう。情

報量が多いリードマグネットでなければ、細かい説明文やサブテキストは不要です。

CTAボタンを目立たせるためのポイントとしては、**ファーストビューに配置し、リードマグネットが無料でダウンロード可能であることを明確に伝えることが重要**です。さらに、スマートフォンの小さな画面でも目立つように、**ボタンのサイズを10mm以上にすることが推奨**されます。（MIT Touch Labの調査による）

ポイント③：内部リンクを控える

一般的にサービスサイトやランディングページでは、ユーザーの回遊性を高めるために他のページへの内部リンクを設けます。しかし、**オプトインページでは内部リンクは逆効果**となることがあります。

ユーザーがリードマグネットから注意を逸らし、ページを離脱する原因となるため、特定商取引法に基づく表示やプライバシーポリシーなど必要最低限のものを除いて、内部リンクやナビゲーション

メニューは省略しましょう。例えば、AutoPilotAcademy のオプトインページでは、リンクやフッタを含むナビゲーションメニューを削除することで、多くのメールアドレスを獲得しています。

弊社のオプトインページ
内部リンク＆メニューなし
リードマグネットにフォーカス

■ ポイント④：登録フォームは極力シンプルに

CTA ボタンから遷移する**登録フォームに入力項目が多いと、ユーザーは煩わしさを感じ、途中で離脱する可能性が高まります。**

オプトインページの主な目的はメールアドレスの獲得であることを念頭に置き、固定電話番号や会社の所在地などの入力項目は可能な限り削減しましょう。無料でリードマグネットを提供する以上、より多くの情報を得たい気持ちは理解できますが、こうした情報は見込み客を獲得した後、アンケートなどで取得することが可能です。

ポイント⑤：ソーシャルメディアのシェアボタンをつける

　ここまでオプトインページの作成におけるシンプルさの重要性について解説してきましたが、**ソーシャルメディアのシェアボタンは設置することをお勧めします。**特にX（旧Twitter）は拡散力が強く、リポスト（シェア）によりオプトインページのURLが広まり、より多くのメールアドレス獲得につながることがあります。

　なお、オプトインページの作成には、「ペライチ」（https://peraichi.com/）や「MakeLP」（https://makelp.com/）などのランディングページ作成ツールを利用するとよいでしょう。これらのツールは月額数千円程度から利用可能であり、豊富なデザインテンプレートを提供しています。メールアドレスの登録フォームも、テンプレートを選んでマウス操作で入力項目を設定するだけで簡単に作成することができます。

　Webエンジニアやプログラミングスキルを持つスタッフがいない企業でも、これらのツールを活用することで、コストと時間を抑えながら効果的なオプトインページを作成できます。

7 | 03　見込み客（リード）を獲得するために欠かせないリードマグネットとは？

　BtoB 分野では、見込み客の獲得は一般的にハードルが高くなります。業務用ソフトウェア、オフィス機器、経営コンサルティングなど法人向けの商品やサービスは、個人向け商品と比べて高額であり、通常は複数名で利用されます。コストと影響範囲が大きいため、食品や雑貨のような即断即決の購入はほとんどありません。

　さらに、購入や契約は個人の判断だけで行われることが少なく、特に高額な BtoB 商材の場合、導入過程が社内プロジェクト化されることも珍しくありません。このプロセスでは担当者が上司と相談し、上司が経営陣に報告するなど、ときには半年から 1 年程度の長期間をかけて意思決定が行われます。

　このような中長期的なスパンで興味関心を持続的に喚起し維持するためには、オプトインページだけでは不十分です。一過性の情報に加えて、**E メールによる継続的なコンタクトが重要であり、その起点となるのがリードマグネット**です。

　リードマグネット（Lead Magnet）は、買い手を引きつける「磁石」のようなツールです。売り手はリードマグネットを作成し、自

社のWebサイトや広告のランディングページでダウンロード可能なファイルとして提供します。ユーザーがWebサイトを訪れ、**メールアドレスを登録してリードマグネットをダウンロードする**ことで、売り手は買い手のメールアドレスを獲得します。

これを活用することで、Eメール、ウェビナー、イベントの開催などの継続的なマーケティング施策が実施可能になります。BtoB領域では、買い手の興味関心を持続的にキープするための施策が不可欠であり、リードマグネットはその起点となります。

ただし、リードマグネットを作成し公開するだけでは十分ではありません。買い手を引きつける優れたリードマグネットには、3つの重要な条件があります。それぞれを個別に見ていきます。

■ 優れたリードマグネットの条件①：即効性

リードマグネットは、**メールアドレス獲得のための景品として提供されるもので、まずは無料で提供されるべき**です。そして、**もっ**

とも重要なのは、すぐに役立つことです。

例えば、クラウド会計ソフトを販売する会社がリードマグネットを提供する場合、企業会計のノウハウを体系的に解説する教本よりも、決算業務のチェックリストの方が適しています。将来的に役立つかもしれない内容や、学習のための資料ではなく、「便利そう」や「今すぐ使いたい」と思わせるような、直感的に便利と感じられる内容の方がダウンロードにつながりやすいからです。

リードマグネットを作成する際は、情報量や総体的な価値よりも、直接的な便利さや手軽さを重視してフォーマットと内容を決定することが重要です。

▌優れたリードマグネットの条件②：オリジナリティ

リードマグネットは、他の Web サイトで容易に手に入るものではなく、独自性が求められます。便利で役立つ内容でも、他所で簡単に入手可能なものでは、人々はメールアドレスを提供する動機に欠けるからです。

リードマグネットの**オリジナリティを高めるためには、営業資料、顧客アンケート結果、社員による業務用ツールの開発など、自社独自の情報源を活用して作成するのが理想的**です。しかし、それが難しい場合は、複数のアイテムを組み合わせることも有効です。

例えば、単体では珍しくないテンプレートやチェックリストを複

数組み合わせることで、日常業務の効率化を支援するパッケージとして提供し、付加価値を高めることができます。

パッケージ化することで利便性・付加価値を高めることができる

優れたリードマグネットの条件③：本命商品との関連性

リードマグネットの主な目的はメールアドレスの獲得ですが、**本命商品に対して興味やニーズを持たない消費者のメールアドレスを集めても、最終的な収益にはつながりません。**本命商品とリードマグネットには関連性を持たせることが重要です。これにより、実際に顧客になり得る消費者のメールアドレスを集めることができます。

例えば、クラウド会計ソフトを例に取ると、請求書のテンプレートや年末調整業務のチェックリストはリードマグネットとして適しています。しかし、消耗品や事務用品など、本命商品と関連性の低いアイテムは適していません。

本命商品と関連性の低いリードマグネットを使用すると、メールアドレスを獲得できたとしても、結果的にリードの質の低下につながる可能性があるため、注意が必要です。

クラウド会計の場合
- ✕ コピー用紙
- ✕ 文房具
- ✕ 経理と無関係のオフィス用品など

7-04 見込み客を磁石のように引きつけるリードマグネットを作成するための5つのステップ

　リードマグネットの種類としては、日常業務で利用する書類のテンプレート、チェックリスト、市場調査レポート、商品・サービスの導入事例集などがあります。

・リードマグネットの主な種類と特徴

　テンプレートやチェックリストは作成が比較的容易ですが、Web上において無料で提供されているドキュメントと内容が重複することが多く、ダウンロード数が伸び悩むことがあります。一方で、レポートや事例集は作成に手間がかかりますが、オリジナリティを出しやすく、より多くのメールアドレスを獲得できる傾向にあります。

ただし、これらは一般論に過ぎず、状況に応じて異なります。テンプレートやチェックリストもパッケージ化することで付加価値を高めることが可能ですし、レポートや事例集は既存のデータを活用して作成コストを抑えることができます。これらはリードマグネット作成において特に重要なポイントです。

限られた予算内で質の高いメールアドレスを獲得するためには、作成時の工夫が不可欠です。それでは、具体的な工夫点を5つのステップに分けて見ていきましょう。

リードマグネットを作成するためのステップ①：ターゲットを決める

リードマグネットを作成する最初のステップは、ターゲットの選定です。第2章で解説しているように、ターゲットやペルソナを明確に定めましょう。ビジネスパーソンとして具体的な人物像を描くことで、リードマグネットのコンセプトや方向性がブレることなく、質の高いメールアドレスを獲得しやすくなります。

リードマグネットを作成するためのステップ②：コンテンツの形式＆スケジュールを決める

次に、コンテンツの形式と作成スケジュールを決定します。

前述したコンテンツの形式と特性を踏まえ、**ターゲットに合わせた形式を選択**します。例えば、現場スタッフ向けであれば日常業務に使う書類のテンプレートが適しているかもしれません。管理者層のメールアドレスを獲得したい場合は、レポートや事例集がよい選択肢です。テンプレートやチェックリストを選ぶ場合は、複数を組み合わせて利便性と付加価値を高めることが重要です。

また、**作成スケジュールの設定も必要**です。リードマグネットは直接売上に貢献しないため、後回しになりがちですが、作成が遅れると、Eメール配信やウェビナーなどの後続施策も遅れてしまいます。これは収益化のタイミングを遅らせることにつながります。そのため、形式選定と並行して、作成・公開のデッドラインを明確に定めることが大切です。

リードマグネットを作成するためのステップ③：素材を集める

媒体とスケジュールが決定したら、次に必要なのは作成に必要なデータや素材の収集です。このプロセスはリードマグネット作成において非常に重要です。

前述したように、**既存の素材をどのように活用するかによって、リードマグネットの作成コストや費用対効果が大きく変わります。**広報部門、営業部門など関連部署と連携を取りながら、ターゲットに有益なツールが社内に存在するか、または過去の貴重なデータが活用できないかを徹底的に調査しましょう。

テンプレート・チェックリストなら…	レポートや事例集なら…
✅ 社員が開発したマクロ集計ツール ✅ 業務マニュアル、手順書、FAQ 集など	✅ 過去の営業資料 ✅ 顧客アンケートの結果、商談の議事録など

リードマグネットを作成するためのステップ④：実際に内容を作成する

準備が整ったら、リードマグネットの作成に着手します。

チェックリストやテンプレートは、テキスト入力欄のサイズや出力時のレイアウトに注意し、ダウンロードした人が使いやすいツールに仕上げましょう。**調査レポートや事例集の場合は、1スライド1メッセージを心がけ、全体としては15から25スライド程度にまとめることを推奨**します。

フォーマットに関して固定のルールはありませんが、一般的にチェックリストやテンプレートは Excel 形式、レポートや事例集は PowerPoint のスライドを PDF 化して公開する方法が多く用いられます。

・わかりやすいスライドの例

1スライド1メッセージを基本とする

YouTubeでトラフィックを獲得するために

❷ コンテンツ配信

2つ目はコンテンツの配信です。商品の認知度を高めるための動画としては、スタッフレビュー、顧客のインタビューなど、さまざまな形がありますが、より短時間で成果をあげたいなら**YouTubeのライブ配信機能**を活用するのがよいでしょう。

YouTubeライブ
- 登録者が50人いれば実施可能
- 配信後のアーカイブは期間無制限

ライブ配信であれば編集作業などに時間をとられることもなく、消費者とコミュニケーションをとりながら、商品やサービスをリアルタイムに紹介できます。

　また、ファイルの容量には特に注意が必要です。ファイル容量が大きいとダウンロードに時間がかかり、ユーザーが離脱する可能性が高くなります。内容によって異なりますが、**一般的には最大30MB程度を目安とし、できる限り容量を抑えることが望ましい**です。

リードマグネットを作成するためのステップ⑤：内容を確認して公開する

　BtoB領域におけるリードマグネットは、主にオフィス環境で利用・閲覧されるツールです。このため、情報の正確性はもちろん、ファイル名やトーン＆マナーにも細心の注意を払い、確認作業を行った

うえで公開しましょう。

　リードマグネットの中身は、実際にダウンロードした後に見込み客が目にするため、一見するとメールアドレスの獲得とは直接関係ないように思われるかもしれません。しかし、リードマグネットが使いにくいと、提供元企業への信頼が失われ、結果としてニュースレターの購読解除やウェビナーへの不参加など、後続のマーケティング施策への影響が生じる可能性が高まります。したがって、内容のチェックは非常に重要です。

公開前にチェックすべき項目

- ✓ 数字・データに間違いはないか？
- ✓ くだけすぎた表現・言い回しはないか？
- ✓ スマホやタブレットで速やかに開けるか？
- ✓ 忙しいときに見つけやすいファイル名か？
- ✓ 関数に問題はないか？

　また、リードマグネットを公開する際は、先述したオプトインページを設けることで、ダウンロードへの誘導を効果的に行うことができます。

7-05 購買を促すセールスレターの構成

本章の最後に、購買を促すセールスレターについて解説します。これまでオプトインページやリードマグネットについて詳しく見てきましたが、**セールスレターの効果的な構成は「結起承転」という型を用いることが重要**です。

購買を促すセールスレターの構成

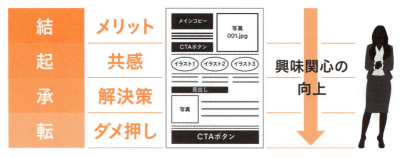

一般的にストーリー構成やフォーマットと聞くと、映画や小説の「起承転結」を思い浮かべるかもしれません。しかし、セールスレター作成では結論から始める「結起承転」の型が効果的です。これは、ストーリーの受け手である消費者が、すでにある程度の予備知識を持っていることが多いためです。

例えば、リスティング広告やWebページのタイトル、ソーシャルメディアの投稿を見た消費者は、その商品やサービスの存在を知っており、具体的な情報を求めてランディングページを訪れます。このため、売り手は最初に具体的な情報、特に商品の購入メリットを提示することが重要です。この情報はセールスレターのファーストビューに記載します。

※ファーストビュー：訪問者がスクロールやスワイプをせずに最初に目にするページ部分

　はじめに商品のメリットを提示した後は、見込み客の悩みや課題に共感し、解決策を提案します。そして、最後に付加価値を強調することで、見込み客の購買意欲を一層高めることができます。これらの要素を具体的に見ていきましょう。

■「結」〜メリットを提示する〜

　セールスレターの最初の部分は「結」です。**「結」のパートでは、具体的な数字を使用しながら、価格優位性や利用効果など商品やサービスのメリットを訴求**します。

購買を促すセールスレターの構成

メリット

結
起
承
転

❶ メリットの訴求例
- 6個セットで1,980円
- 糖質75%カットで毎日安心
- 除菌・消臭率99%
- お客さまの80%が着痩せを実感

05　購買を促すセールスレターの構成　317

例えば、食品のセールスレターでは「糖質75％カットで毎日安心」といった内容を、洗剤や掃除用具の場合は「除菌・消臭率99％」のような情報を、具体的な数字とともにキャッチコピーまたは画像で訴求するのが効果的です。

　商品やサービスのメリットを「結果」として最初に提示することにより、具体性を求める見込み客の心理に対応し、商品やサービスの特長を素早く印象付けます。これにより、セールスレターからの離脱を防ぐ効果も期待できます。

▌「起」～ペルソナに寄り添う～

　セールスレターの2番目となるパート「起」は、共感を喚起するセクションです。<u>見込み客が日常で抱える悩みや課題を再認識させ、潜在的なニーズを気付かせるためのコンテンツ</u>となります。

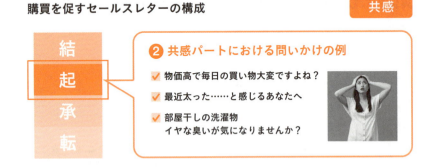

　ファーストビューで商品やサービスのメリットを認識した見込み客に共感し、一方的な情報発信を避けながら、見込み客の共感と商

品への期待感を高めるのが目的です。このため「起」のパートは、呼びかけ型や問いかけ型のコンテンツが適しています。例えば、食品や日用品に関しては「物価高で毎日の食費、大変ですよね？」や「部屋干しの洗濯物、臭いが気になりませんか？」といったキャッチコピーが効果的です。

　セールスレターを作成する際は、こうしたキャッチコピーに写真やイラストを組み合わせるとよいでしょう。**写真やイラストを使って悩みや課題をビジュアル化することで、見込み客の過去の体験や失敗と共感を呼び、「あるある」として響きます。**予算に余裕がある場合は、インフォグラフィックや漫画コンテンツを取り入れることも効果的です。

■「承」～解決策と裏付けを示す～

　「承」のパートでは、**見込み客が抱える悩みや課題に対する解決策とその根拠を示します。**例えば、物価の高さに悩む見込み客には、「1. 宣伝費と外注費を削減し自社工場で一括製造」→「2. ○○個入り△△円で販売」→「3. 食費節約」といった流れで解決策を提示します。

購買を促すセールスレターの構成　　　　　　　　　　　解決策

結
起
承　❸ 解決策パートに盛り込むべき情報
転
　　✓ 低価格の理由（生産・販売体制など）
　　✓ 成分、素材、独自の製法など

　「結」の"受け"となる情報で
　　説得力・納得感UP

05　購買を促すセールスレターの構成

部屋干しの臭いが問題なら、「1. 独自の消臭酵素を〇〇 mg 配合」→「2. 皮脂汚れを徹底的に落とし菌の繁殖を防ぐ」→「3. 洗濯物の臭い軽減」といった形で、具体的な裏付けを交えながら解決策を提示します。これにより、見込み客は「自分に合っている」「購入する価値がある」と感じるようになります。

この図式は、「結」のパートで提示したメリットに対する具体的な根拠となり、セールスレター全体の説得力を高め、購買の促進につながります。

ただし、ここで注意すべき点は、話を複雑にしないことです。商品について詳しく知ってもらいたい気持ちは理解できますが、製造工程の詳細や洗剤の化学成分に関する専門的な解説を多用すると、見込み客には伝わりにくくなります。セールスレターは学びの場ではなく、見込み客の購買を後押しするためのツールです。そのため、「承」のパートでは解決策とその裏付けをわかりやすく提示することが重要です。

▌「転」〜不安を解消し付加価値を提示する〜

セールスレターにおける**最後のパート「転」には、主に2つの目的があります。1つは消費者の不安要素の払拭、もう1つは付加価値の提示**です。

「起」と「承」のパートで見込み客に寄り添い、解決策やその根拠を示しても、消費者は「送料が高いのでは？」や「品質が劣るの

では？」といった疑念を持つことがあるのです。これらの疑念が解消されなければ、セールスレターが完結しても、消費者の不信感が高まり、商品やサービスへの購買意欲が薄れる可能性があります。

購買を促すセールスレターの構成　　　　ダメ押し

❹ ダメ押しとして訴求したい情報
- ✓ 販売実績、クチコミ、レビュー
- ✓ カスタマーサポートの詳細
- ✓ 特典（送料無料、割引期間など）

＋クーポン提供なども効果的

　ここで重要になるのが「転」のパートです。**「転」では、送料や購入者のレビュー、販売実績などを安心材料として提示し、消費者の不安や懸念を払拭**します。これにより商品の特長を強調し、印象を深めることができます。

　さらに、**無料特典やセット割引、期間限定クーポンなどの付加価値を用意し、「転」のコンテンツで紹介することで、見込み客の購入意欲を刺激**します。これにより、購入までの最終段階に到達します。

　セールスレターは、商品への興味関心をより一層高め、見込み客の比較検討を促進し、購買を後押しする役割を担います。セールスレターを「結起承転」の４つのパートに分け、それぞれのコンテンツを最適化することで、見込み客を実際の顧客に転換することが

可能です。このように、セールスレターはデジタルマーケティングの販促・集客において非常に重要なツールといえます。

　また、各パートは訴求やコンテンツやビジュアル要素を次のようにまとめることで、スムーズにセールスレターを作成することができます。

例. AutoPilotAcademy のセールスレター

パート	訴求	コンテンツ	ビジュアル要素
結	ターゲットやペルソナの関心を引き付ける	メインコピー：「550 本以上のオンライン動画講座でデジタルマーケティングのすべてを学べます」	デジタルマーケティングに関連するアイコンやグラフィック
起	プログラムの強みや利点を伝える	ポイント1 「講座は 100% オンラインでご受講頂けます」 ポイント2 「初心者の方にもわかりやすく解説しています」 ポイント3 「最先端のノウハウ を学ぶことができます」 ポイント4 「講師から個別にフィードバック をもらえます」	学習システムのスクリーンショット
承	具体的な証拠や実績を示す	卒業生の声：「このプログラムのおかげで、デジタルマーケティングのエキスパートになれました!」（矢島様）	受講生の写真
転	参加を後押しするオファー	オファー：「今なら期間限定の申込割引で 10% オフ!最先端のデジタルマーケティングのノウハウを学び、あなたのビジネスのチャンスを広げませんか?」	申し込みボタン

7-06 コンバージョン率を高めるセールスレターのポイント・ストーリー構成＋αの3つの要素

　ここまで、セールスレターを作成する際には、「結起承転」という結論から始めるとよいと学びました。

　さらに、**「信頼性」「可読性」「利便性」という3つの要素を考慮することで、セールスレターをより理解しやすく、伝わりやすく仕上げる**ことができます。これらの要素に注意を払うと、コンバージョン率の高いセールスレターを作成することが可能となります。

上記3つのポイントに配慮すると、コンバージョン率の高いセールスレターに仕上げられる

コンバージョン率の高いセールスレター作成の要素①：信頼性

　デジタル広告やソーシャルメディア投稿で提示された情報と、セールスレターの内容が異なると、ユーザーは騙されたと感じ、商

品やサービスに対する関心を失ってしまうことがあります。特に商品やサービスの販売期間や割引率は情報の齟齬が生じやすいため、これらは入念にチェックすることが重要です。

　信頼性を保証する具体的な方法として、Web上で利用できる無料の差分チェックツールを活用することがお勧めです。例えば、「Diff（https://tool-taro.com/diff/）」というツールは、2つの文章をコピー＆ペーストすることで、それぞれのテキスト間にある差分を簡単に抽出することができます。

コンバージョン率の高いセールスレター作成の要素②：可読性

レイアウトはZ型を基本に：Webページを訪れたユーザーの視線は、PCやスマートフォンにかかわらず、基本的に左上から右下へと移動します。<u>セールスレターのレイアウトはZ型を基本にし、左上から右下に向かってコンテンツを配置することが重要</u>です。特に価格、デザイン、特典などの強調したいポイントは、Z線の始点、中心、終点付近に配置すると、ユーザーの目に留まりやすくなります。

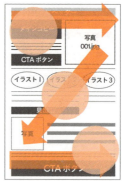

商品やサービスの売りや強みはZ線の始点、中心、終点に寄せる

パラグラフを区切る：内容が充実していても、文字が密集していると読む意欲が落ちます。<u>一度に理解できる文字数は150〜200文</u>

字程度とされていますので、**200 文字前後のパラグラフに改行と1 行分のスペースを入れて区切りましょう。**これにより、読者が内容を整理することができ、伝わりやすくなります。

フォントの色・サイズを揃える：PowerPoint のスライド作成時と同様に、**色は 5 色程度、フォントは 1 種類に限定**します。**フォントサイズは大・中・小の 3 種類に抑えると、バランスが取れて、見やすいページ**になります。反対に、目立たせようとして多くの膨張色や不自然に大きなフォントを使用するのは避けましょう。

コンバージョン率の高いセールスレター作成の要素③：利便性

全体のボリュームを抑える：現在のネットユーザーは、その多くがスマートフォンでページを閲覧しています。セールスレターの情報量が多すぎると、スマートフォンの小さな画面で繰り返しスワイプすることが必要となり、ユーザーにストレスを与える可能性があります。商材やページの構成にもよりますが、情報量は A4 用紙 7～8 枚程度を目安に絞ることをお勧めします。

箇条書きや表形式で情報を整理し、情報量を絞る

ページ表示速度は 3 秒以内に：Google によると、**ページの表示速度が 3 秒を超えると、約 53％のユーザーが離脱する**とされていま

す。セールスレターの内容を効果的に伝え、見込み客の購買を促進するためには、表示速度の改善が重要です。

引用：Think with Google「Find out how you stack up to new industry benchmarks for mobile page speed」（https://www.thinkwithgoogle.com/marketing-strategies/app-and-mobile/mobile-page-speed-new-industry-benchmarks/）

　具体的な対策としては、**ページ全体のボリュームを減らす**ことが効果的です。また、無料ツールを使用して、**ページ容量の大きな部分を占める画像ファイルを圧縮**しましょう。

　表示速度の計測には、Googleの公式ツール「PageSpeed Insitghts（ページスピードインサイト）」（https://pagespeed.web.dev/?hl=ja）を使用すると便利です。これは無料の表示速度計測ツールです。URLを入力するだけで、表示速度とパフォーマンスの問題点を診断できます。

第 7 章でやるべきこと

　あなたのビジネスの比較検討段階において、オプトインページやリードマグネットを活用してリードを獲得できないか検討してください。また、購買段階においてセールスレターを活用して購買を促せないか検討しましょう。そのうえで、適切なコンテンツのアイデアとコンテンツの形式と集客チャネルと KPI を考え、デジタルマーケティング改善シートを埋めてください。そして、本章の内容を基に、オプトインページとリードマグネットでリードを獲得し、セールスレターで購買を促すとよいでしょう。

(((AIと共に拓く)))

1.　作成したオプトインページやセールスレターの各要素のイメージをアップロードして、ChatGPT からフィードバックを得てください。プロンプトの例：あなたは［会社概要］の［商品概要・サービス概要］を集客・販促するデジタルマーケターです。［オプトインページ / セールスレター概要］の［各要素］を評価してください。

> あなたは「デジタルマーケティングのオンラインスクール事業を運営する企業」の「オンライン動画講座」を集客・販促するデジタルマーケターです。「デジタルマーケティングのオンラインスクールを販促するセールスレター」の「メインビジュアル」を評価してください。

画像に表示されているのは、デジタルマーケティングのオンラインスクール事業を運営する企業のウェブページのメインビジュアルです。ビジュアルの評価をする際に重要なのは、ターゲットとなるオーディエンスに訴求するかどうかという点です。

このビジュアルは鮮やかな青を基調としたデザインで、宇宙や星をモチーフにした装飾が施されており、未来的かつ革新的なイメージを表現しています。オンラインスクールというコンセプトにマッチしていると感じます。アイコンやシンボルは明瞭で直感的に理解しやすいものが選ばれており、SEO対策、SNS、Google広告、Eメールマーケティング、Googleアナリティクス解析などのデジタルマーケティングの要素を効果的に示しています。

ただし、テキストの量が多く、一目で受け取る情報

> が多すぎる可能性もあります。特にメインメッセージは簡潔にし、ユーザーがすぐに理解できるようにすることが大切です。また、コンバージョンを促すための「今すぐスクールに申し込む」のような明確なコールトゥアクションが見受けられますが、それが視覚的にもっと際立つような設計が望まれます。全体的に見ると、ビジュアルはプロフェッショナルで魅力的ですが、ユーザーの注意を引きつけるためにはいくつかの改善点が考えられます。

2. 考えたリードマグネットのアイデアのフィードバックを ChatGPT から得てください。プロンプトの例：あなたは [会社概要] の [商品概要・サービス概要] を集客・販促するデジタルマーケターです。[販促概要] のためのアイデアとして、[リードマグネットのアイデア] を考えました。適切なリードマグネットのアイデアかを評価してください。

> あなたは「デジタルマーケティングのオンラインスクール事業を運営する企業」の「オンライン動画講座」を集客・販促するデジタルマーケターです。「E メールマーケティング動画講座の販促」のためのアイデアとして、「E メールマーケティングの実務で利用可能な無料テンプレートの提供」を考えました。適切なリードマグネットのアイデアかを評価してください。

デジタルマーケティングのオンラインスクール事業で、Eメールマーケティングに関心があるユーザーを見込み顧客に変換するためのリードマグネットとして「Eメールマーケティングの実務で利用可能なテンプレート」を提供するアイデアは非常に有効です。

以下にその理由を挙げます：

実用性：ユーザーは実務に直接適用可能なリソースを高く評価します。実務用テンプレートは即座に価値を提供し、ユーザーが成果を早く見ることができるため、エンゲージメントを高めます。

関連性：Eメールマーケティングに興味があるユーザーにとって、このようなテンプレートは直接的な関心事です。関連性が高いコンテンツは、関心を持っているユーザーにリーチするのに効果的です。

専門性の強化：専門性の高いリソースを提供することで、オンラインスクールのブランドが高い専門知識を有しているという印象をユーザーに与えます。

コンバージョンの促進：ユーザーがテンプレートをダウンロードする際にメールアドレスなどの情報を提

供するため、見込み顧客のリストを構築しやすくなり
ます。

長期的な関係の構築：テンプレートを使用すること
でユーザーは定期的にオンラインスクールと関わる
機会が増え、長期的な関係の構築につながります。

ただし、テンプレートが実際に役立つものであるこ
と、そしてオンラインスクールの他のコースやサービ
スに対する興味を喚起する内容であることが重要で
す。また、テンプレートの品質が高いことは言うま
でもなく、継続的なアップデートやサポートを提供
することで、長期的な価値を保証することも考慮す
るべきです。

第7章でやるべきこと　｜　331

COLUMN 07

ランディングページの成約率を高める ワイヤーフレームの作り方

ランディングページ（LP）のワイヤーフレームとは？

LPのワイヤーフレームは、**ページ内の各要素をどこに、何を、どのように配置するかを示した設計図**です。初期段階で適切なワイヤーフレームを作成することによって、ページの目的と意図が明確になり、LPの制作および運用をより効率的に進めることが可能となります。

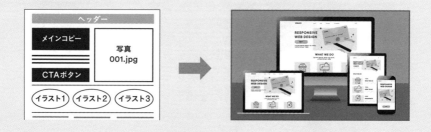

ワイヤーフレームがもたらすメリット

1. イメージのズレを防ぐ

LPの制作において、デザインやレイアウトを口頭で説明するのは困難です。制作メンバー間でイメージが異なり、意図していたものと異なるページが完成してしまうこともあります。**初期段階でワイヤーフレームを作成し共有することで、このようなブレを防ぎ、意図どおりのページ制作が可能になります。**

2. 制作効率が向上する

一度作成した**ワイヤーフレームは、他のLP制作時のテンプレートとしても活用できます。**新たな企画や構成案を毎回ゼロから練り直す必要がなくなり、限られた予算やリソースをより効率的に使用できるようになります。

3. 軌道修正が容易になる

LPを公開後、期待どおりの成果が得られなかった場合でも、**ワイヤーフレームがあれば、問題の原因を設計段階までさかのぼって検証することができます。**これにより軌道修正がスムーズに行え、コンバージョン獲得をはじめとする成果への結びつきが容易になります。

LPのワイヤーフレームのつくり方

1. ターゲットやペルソナを明確にする

最初のステップとして、**LPで訴求する商材のターゲットやペルソナを決定します。**

ペルソナの例

名前：矢島 律（40歳）
住所：東京都武蔵野市
職業：中堅不動産会社勤務
　　　経理部マネージャー
家族：妻、子1人
趣味：映画鑑賞

悩み：部下の残業時間が減らない。仕訳やデータ入力業務を効率化できる経理ソフトはないだろうか…？

2. ターゲットの懸念点を洗い出す

次に、**ターゲットやペルソナが購入や利用に際して持つ疑問点や不安点を洗い出します。**過去の消費者アンケートや市場調査のデータを参考にすることも有効です。

どんな会計ソフト？　利用できる機能は？
導入にいくらかかる？　月々の利用料は？
初心者でも使える？　セキュリティは大丈夫？

↓

商材に対する「？」をピックアップ

3. 訴求できる情報を洗い出す

疑問点や不安点をリストアップしたら、それらに対する回答としてLPで訴求できる情報を選び出します。**情報は豊富に、具体的な数字を交えて提供する**

COLUMN 07　ランディングページの成約率を高めるワイヤーフレームの作り方

ことが重要です。

どんな会計ソフト？
☑ PC・スマホ対応のクラウド型会計ソフト
☑ 現役の税理士、公認会計士が監修
☑ 不動産会社など500社以上への導入実績あり

導入にいくらかかる？
☑ 初期費用0円＆サーバーは必要なし
☑ 導入後45日間は無料で利用可能
☑ その後は月2,380円。年間契約で15%OFF

初心者でも使える？
☑ マニュアル不要のシンプルなUI
☑ すべての操作がドラッグ＆ドロップに対応
☑ 帳簿や決算書をわずか5分で自動作成　など

4. 情報に優先順位を付ける

　続いて、**競合との優位性を踏まえて、LPで訴求する情報に優先順位を付けます。**例えば、価格面での優位性があれば費用や割引特典を、使いやすさを前面に出すならUIや利用継続率などの情報を優先します。

ex. 商材の価格優位性が高い場合

1. 月額2,380円で利用できる
2. さらに年間契約で15%OFF
3. 初期費用は一切不要
4. 45日間の無料トライアル付き
5. プロの現役税理士が監修
6. 帳簿をわずか5分で自動作成
7. 500社以上への導入実績あり

優先度

5. ワイヤーフレームへ情報を反映する

　最後に、**決定した優先順位に基づいて、訴求する情報をワイヤーフレームに反映させます。**優先度の高い情報はファーストビューに配置し、それ以外の情報はボディコピー以下の部分に配置するのが一般的です。

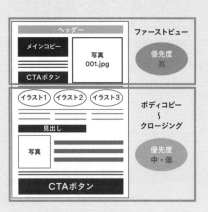

ワイヤーフレーム作成に便利なツール

　Cacoo はクラウドベースで利用できるビジュアルコラボレーションツールです。ワイヤーフレーム作成だけでなく、初心者でも容易にアイデアを視覚的に表現できる点が特長です。ワイヤーフレーム作成のためのテンプレートも用意されており、お勧めです。

引用：Cacoo (https://cacoo.com/ja/)

COLUMN 08

ランディングページの成約率を高める入力フォーム最適化（EFO）の5つの方法

EFO とは？

EFO（Entry Form Optimization）は、ランディングページを含む Web ページの入力フォームを最適化するための施策です。商品の購入やサービスの予約を考えるユーザーの視点に立ち、入力フォームを使いやすく改善することで、入力途中での離脱を防ぎ、コンバージョン率を向上させるのが目的です。

入力フォームのユーザービリティを高め**コンバージョンを拡大**

EFO によって見込める成果

EFO を適切に実施すれば、入力フォームの離脱率が 20% 以上改善されることも珍しくありません。例えば、アクセス数が 1,000 のランディングページで、5% のユーザーが入力フォームに遷移し、その離脱率が 20% 改善された場合、次のような成果が期待できます。

EFOの基本となる3つの要素

マーケティング支援事業を行う The MANIFEST が2018年に実施した調査によれば、入力フォームからのユーザー離脱の主要な理由は「セキュリティ上の不安」で、その割合は29%です。次いで、「多すぎる入力項目」が27%で2位となっています。これら2点をまず重点的に改善し、さらに入力時に発生しやすいエラーを防ぐ仕組みを整備することが、EFOの基本的なアプローチとなります。

EFOの5つの方法

EFOの方法①：SSL化を実施し、安全性を強調する

SSL（Secure Sockets Layer）化は、Webブラウザとサーバー間の情報交換を暗号化し、第三者によるデータ読み取りを困難にする手法です。多くのレンタルサーバー事業者が無料でこのサービスを提供しています。最初にSSL化を行い、その事実を入力フォームの最初のページに明記することが推奨されます。これにより、ユーザーのセキュリティに対する不安を軽減し、離脱を防ぐ効果が期待できます。

EFO の方法 ②：入力項目数を絞る

　EFO における 2 つ目の重要なポイントは、入力項目の数をできるだけ減らすことです。商品の発送、予約登録、または購入者へのメール配信に必要な基本情報は氏名、性別、住所、メールアドレスなどに限定します。業種や商材によっては必要項目が異なることもありますが、一般的には 6 〜 8 項目程度が適切な目安です。不必要な情報は、可能な限り省略しましょう。

省略可能な情報
- FAX 番号
- 自宅の電話番号
- 勤務先の連絡先
- 部署、役職（BtoC の場合）

EFO の方法 ③：住所入力をアシストする

　多くの EFO ツールには、郵便番号を入力するだけで対応する住所が自動的に入力される機能が搭載されています。この機能を利用することで、ユーザーの入力作業を大幅に短縮し、入力ミスのリスクも軽減することができます。したがって、EFO ツールを使用する際には、このようなアシスト機能を積極的に活用することが推奨されます。

EFOの方法④：必須マークと入力例を表示する

　ランディングページの入力フォームで頻繁に発生するエラーには、入力漏れや形式の不一致（例：全角・半角、英数字、@マークの使用可否）があります。このようなエラーを減らす基本的な方法として、必須項目には明確な必須マークを付け、入力例を事前に示すことが有効です。これにより、ユーザーがエラーを起こす可能性を大幅に低減することができます。

必須マークと入力例の表示だけでエラーの大半を防ぐことが可能

EFOの方法⑤：アラート機能を活用する

　さらに、EFOツールのアラート機能を使用することで、入力漏れや形式の不一致をリアルタイムで検出し、ユーザーに通知することができます。次のページへ移行する前にエラーを指摘し、修正を促すことが可能です。この機能を活用することで、ユーザーのストレスを軽減し、入力途中での離脱率も大幅に減少させることが期待されます。

入力漏れや不一致をリアルタイムに検知

COLUMN 08　ランディングページの成約率を高める入力フォーム最適化（EFO）の5つの方法

COLUMN 09

成約率の高い
ビデオセールスレター（VSL）の作り方

VSLとは？

VSL（Video Sales Letter：ビデオセールスレター）とは、**商品やサービスの販促や利用促進を目的とした動画**のことです。決まったフォーマットは特になく、PowerPointなどのスライドに背景音楽（BGM）やナレーションを加えて制作されることが一般的です。特にBtoB商材の販促において、VSLは効果を発揮します。例えば、1本のVSLで数千ドルのコンサルティング契約を獲得したマーケターもいるなど、成功事例は数多く存在します。

VSLのメリット

- **撮影の手間がかからない**

先述した通り、VSLは一般的にPowerPointなどのスライドショー形式で制作されます。そのため、撮影やそれに伴うロケーションハンティング、出演者の手配、スケジュール調整などは不要です。通常のプロモーション動画と比べて、**コストを大幅に抑えつつ短時間で制作が可能**です。

- **聴覚に訴える**

人の声はゆったりとしたペースで耳に入ってくるうえ、無機質なテキストと比べると親近感を抱きやすいという特性があります。ナレーションによってネットユーザーに嫌われがちな広告色が抑えられ、**興味や関心が薄い消費者まで取り込むことができる**のも、VSLの大きなメリットです。

- **簡単に修正できる**

通常の動画コンテンツでは、内容を変更する際には各カットを細かく編集

したり、場合によっては撮影からやり直したりする必要があります。一方で、ビデオセールスレターの場合は、PowerPoint などのプレゼンテーションソフトを開いて該当するスライドを編集するだけで、簡単に内容の修正が可能です。

成約率の高い VSL の作り方

・　全体の構成を決める

最初のステップは全体の構成を決定することです。VSL の制作には撮影を伴わず、絵コンテやシナリオも必要ありません。プレゼンテーション資料を作成する際と同様に、見出しとテーマを整理していきましょう。

VSL では、**導入→課題の提示→解決策の提示→クロージング**という流れが一般的です。この流れを基本とし、1スライド・1メッセージの原則に沿って構成を決めておくと、スライド作成もスムーズに進みます。

・　スライドと原稿を作成する

構成が決まったら、それに合わせてスライドと原稿を作成します。どちらを先に作成するかは問いませんが、重要なポイントは**派手な装飾や語句を避ける**ことです。

動きが大きなアニメーションや扇動的な文言が含まれていると、VSL の特性であるナチュラルな訴求が失われてしまいます。

スライドと原稿は、「初対面の方に自社の商品を知っていただく」や「サービスを紹介させていただく」といったスタンスで作成しましょう。

避けるべき表現

✕ 商品画像のフェードインやズームアップ
✕ 膨張色を多用したフォント
✕ 扇動的な文言（例：「衝撃」「自己責任で」など）

- **ナレーションを追加する**

次に行うのはナレーションの録音です。USBマイクを使用するなど、方法はいくつかありますが、もっとも手軽なのは**プレゼンテーションソフトの録音機能**を直接利用することです。

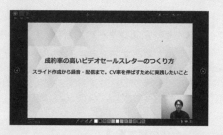

- **配信する**

録音が完了し、仕上がりを確認したら、次は配信です。VSLは一般的に、**ヘッドラインとCTA（コール・トゥ・アクション）ボタンで挟み込む形**でWebページに埋め込みます。

ヘッドラインによって、動画の内容が一目で伝わります。さらにCTAボタンが配置されていることで、動画の再生前、再生後、または再生途中でもコンバージョンを獲得しやすくなります。

第 8 章

E メールとウェビナーで購買意欲の高い見込み客に育てる（リードナーチャリング）

第 8 章の概要

　見込み客の育成、別名リードナーチャリングとは、商品に興味を持った見込み客と継続的にコンタクトを取り、最終的に本当の顧客や購入者に育て上げることを指します。「ナーチャリング（Nurturing）」という言葉は「養育」や「育成」を意味する英語です。比較検討段階を経て購買プロセスに進む際には、E メールを活用したマーケティング、すなわち「E メールマーケティング」が特に効果的です。また、ウェビナー（オンラインで開催されるセミナーやワークショップ）も見込み客の育成に非常に役立ちます。

　本章のポイントは次の通りです。

1. リードナーチャリングの主役・E メールマーケティングの 4 つの特性とは？
2. 配信後は必ずチェック！　E メールの 5 つの重要 KPI
3. E メールの開封率を高めるため、今すぐ実践できる 5 つのコツ
4. ウェビナーの 3 つのメリットと注意点
5. 企画から効果測定まで、ウェビナーの運営における 7 つのステップ
6. 収益を自動化するためのエバーグリーンウェビナーの始め方

	顧客心理	コンテンツのアイデア	コンテンツの形式	集客チャネル	KPI
認知 Awareness	最近、デジタルマーケティングに興味が出てきた。どんな教材があるんだろう？	・ブランドのミッション ・ビジョン ・バリュー	・動画 ・デジタル広告	・YouTube ・Meta広告 ・Googleディスプレイネットワーク広告	・セッション数 ・表示回数 ・新規ユーザー数 ・広告の表示回数 ・動画広告の視聴回数
興味関心 Interest	このデジタルマーケティング教材、詳しい内容や特徴を知りたいな。	・顧客の問題解決情報 ・商品やサービスの基礎知識 ・データと統計に基づく情報	・ブログ記事 ・ランディングページ ・電子書籍（E-Book）	・Google ・Yahoo! ・Bing	・見込み客（リード）獲得数 ・電子書籍（E-Book）、ホワイトペーパーのダウンロード数
比較検討 Consideration	この教材との教材、どちらが初心者に合っているんだろう？比較してみよう。	・商品やサービスの比較情報 ・顧客レビュー	・Eメール ・顧客の声を含む動画 ・ウェビナー	・Eメール ・YouTube ・ウェビナーツール	・Eメールの到達率、開封率、クリック率、購読解除率 ・ウェビナーのアンケート
購買 Action	決めた！このデジタルマーケティング教材を買うことにする！	・商品やサービスの詳細情報 ・プロモーション情報	・Eメール ・ランディングページ ・デジタル広告	・Eメール ・Googleリスティング広告	・コンバージョン数（CV数） ・コンバージョン率（CVR） ・顧客獲得単価（CPA） ・初回購入で得られる売上
継続 Retention	この教材、本当に役立ってる。他の関連教材も購入してみようかな。	・商品やサービスの使い方 ・アップデートの情報 ・関連する商品やサービスの情報	・Eメール ・ソーシャルメディア投稿	・Eメール ・X ・Meta	・顧客生涯価値（LTV） ・購入単価 ・購入頻度 ・継続期間
紹介 Advocacy	このデジタルマーケティング教材はわかりやすい！友達や同僚にも、おすすめしたい！	・紹介インセンティブの情報 ・共有しやすい顧客ストーリー ・ソーシャルメディア情報	・Eメール ・ソーシャルメディア投稿	・Eメール ・X ・Meta	・紹介による新規顧客からのコンバージョン数、コンバージョン率 ・紹介数 ・紹介からの平均売上
発信 Sharing	このデジタルマーケティング教材は素晴らしい！みんなも試してみるべきだよ！おすすめデジタルマーケティング教材	・ユーザー生成コンテンツ ・商品／サービスに関する顧客ストーリー ・コミュニティイベント ・キャンペーン	・Eメール ・ソーシャルメディア投稿	・Eメール ・X ・Meta	・UGCの数、エンゲージメント数 ・顧客のストーリーの数 ・コミュニティイベントの参加者数、エンゲージメント数

　Eメールやウェビナーは、比較検討や購買の段階において見込み客を育成するために重要な集客チャネルです。Eメールは継続的な情報提供を通じて見込み客との関係を強化し、購買意欲を高めることができます。また、ウェビナーは直接的なコミュニケーションを通じて信頼を築き、見込み客の購買行動を後押しできます。

　さらに、Eメールやウェビナーは購買後の継続、紹介、発信の段階でも有効です。既存顧客との関係を維持し、追加購入や紹介を促進し、価値の高い情報を提供することで、顧客のロイヤルティを高め、ブランドの認知度を広げるための集客チャネルとしても活用できます。

　デジタルマーケティング改善シートを活用し、各段階における最適なEメールやウェビナーの運用を実施することで、見込み客を顧客に育て、顧客からの支持を強化し、ビジネスの成長を実現させてください。

8 / 01 リードナーチャリングの主役・Eメールマーケティングの4つの特性とは？

　リードナーチャリングとは、**商品やサービスに興味関心を持った見込み客を対象に、購入に向けた比較検討を促進する一連の活動**です。この活動は、マーケティングファネルにおいて、比較検討段階を経て購買段階へと移行する前の重要なステップとなります。リードナーチャリングの目的は、商品の価格優位性、利用シーン、特典、購入後のサポートなどの具体的な判断材料を提供することにより、見込み客を実際の顧客へと変換することです。

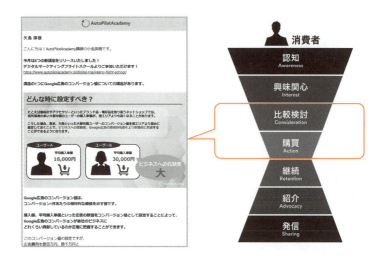

第3章でも解説したように、比較検討段階では、ウェビナー、イベント、動画コンテンツの配信など、いくつかの有効なコンテンツ形式があります。

リードナーチャリングで有効なコンテンツ形式

ウェビナー

Eメール配信

イベント開催

動画コンテンツの配信

専門知識や高価な機材は**必要なし**

商材との相性や伝えられる情報の量はコンテンツ形式によってさまざまですが、**Eメールはこれらの中でも特に手軽に始められ、大きな効果が期待できるコンテンツ形式の1つ**です。

Eメールというと「時代遅れ」や「使い古された販促手段」といった印象を抱く方もいるかもしれませんが、例えば総務省が2023年5月に発表した「令和4年通信利用動向調査」では、全モニターの78.5%がインターネット利用目的で「メールの送受信」と回答しています。また、Eメール配信システムの開発を手がけるBenchmark Emailが行ったユーザー向け調査では、Eメールの平均開封率が23.44%という非常に高い数字を記録しています。

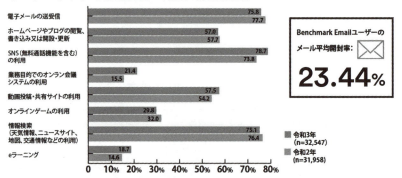

総務省、Benchmark Email による調査結果。コンテンツ形式としての E メールの有用性は今も昔も同じ。

引用：総務省「令和 4 年通信利用動向調査の結果」(https://www.soumu.go.jp/johotsusintokei/statistics/data/230529_1.pdf)

引用：Benchmark「平均メール開封率・クリック率レポート（2024 年度版）業種別・地域別（国別）の最新情報」（https://www.benchmarkemail.com/jp/email-marketing-benchmarks/）

　これらの調査結果は、**E メールがコンテンツ形式としての有用性を今も昔も保っていることを示しています。**検索エンジンが情報収集ツールとして多くの人に使われているように、コンテンツ形式としての E メールの重要性や有用性は変わらないのです。**E メール配信を通じて有益な情報を届け、見込み客との信頼関係を築くことで、商品・サービスの比較検討を促し、購買意欲を高めることができます。**

　次に、E メールマーケティングの特性を 4 つご紹介します。

■ E メールマーケティングの特性①：配信コストが安い

　現在主流のクラウド型 E メール配信システムでは、月額 2,000 円から 5,000 円程度でサービスを利用することができます。利用

できるメールアドレスの数などはサービスによって異なりますが、大体1通あたり0.6円から0.8円のコストでEメールを配信可能です。

また、Eメールは動画コンテンツやウェビナー資料と比較すると作成に要する時間が少ないのも特長です。多くのEメール配信システムにはデザインテンプレートが備わっており、過去に配信したEメールをテンプレートとして再利用することで、作成に要する時間や人件費を大きく削減できます。

Eメールマーケティングの特性②：受信者の注目を引きやすい

先に触れた総務省の通信利用動向調査によれば、インターネットを利用しているユーザーの4人に3人がメールの送受信を目的にしています。特にオフィスで働くビジネスパーソンの中には、日々の業務をメールチェックから開始する人も珍しくありません。

確かに、メールの開封率や読了率を高めるための工夫が必要ではありますが、業界や職種に関係なく見込み客の目に留まる可能性が高いのも、Eメールの大きな利点の1つです。

Eメールマーケティングの特性③：ターゲットやペルソナに合わせた配信が可能

Eメール配信システムの**セグメント機能や行動履歴解析機能を活用することで、受信者の属性や行動履歴に応じてカスタマイズさ**

01　リードナーチャリングの主役・Eメールマーケティングの4つの特性とは？　349

れた内容のEメールを送ることが可能です。

指定できる配信条件

- ターゲットの年齢・性別・居住地・勤務先の業種
- Webサイトの訪問履歴
- 過去に送ったEメールの開封 など

　さらに、**Webサイト訪問後の3日後や1週間後など、タイミングを選んで段階的にEメールを配信することもできます。**このようなアプローチはステップメールとして知られ、BtoBマーケティングだけでなく一般消費財の販売など幅広い分野で利用されています。

ターゲティングやステップメールの利用でスムーズに購買意欲を高めることができる
引用：drip（https://www.drip.com/）

■ Eメールマーケティングの特性④：多角的に訴求できる

　Eメールは、テキストを中心としたシンプルなフォーマットを採

用しているため、さまざまな情報を多角的に取り入れることができます。商品やサービスの紹介だけでなく、専門的なノウハウ、利用方法、具体的な事例の共有、ウェビナーやイベントの告知、そして参加者の募集なども行うことが可能です。

　このような特性から、Eメールは単独での効果に留まらず、リードナーチャリング全体を支える中心的な役割を果たすコンテンツ形式といえます。

8|02 配信後は必ずチェック！Eメールの5つの重要KPI

　Eメール配信には重要ないくつかのKPI（重要業績評価指標）が存在します。特に重視すべきは、**到達率、開封率、クリック率、直帰率、購読解除率**の5つです。

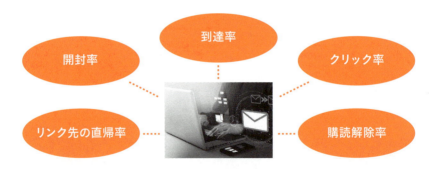

　これらの指標が大きな問題なく、適正な範囲内で維持されている場合、Eメール配信が効果的にリードの比較検討を促進していると考えることができます。これは、**リードナーチャリングの観点から見て、Eメールがその役割を適切に果たしていることを意味**します。次に、これら各指標について詳細に解説していきます。

▌Eメールの重要KPI ①：到達率

　到達率は、配信したEメールのうちエラーとならずに相手に届いた通数の割合を示します。Eメールを使った見込み客の育成においては、内容の質も重要ですが、その前提として、まず相手にEメールが確実に届き、読まれることが必要です。このため、後述する開封率とともに、到達率は極めて重要な指標となります。

Eメール配信システムでクリック率をはじめ、主要指標を確認する
引用：drip (https://www.drip.com/)

　一般にEメールの到達率は、平均して90％から95％程度とされます。メールアドレスの入力ミス、受信トレイの容量超過、Eメールのサイズが大きすぎることなどが配信エラーの原因となり、到達率を低下させることがあります。これらのうち、送信側の問題に起因するものは、Eメール配信システムのチェック機能を活用して把握することができます。

　到達率はおおむね90％を目安にし、低い場合には次のような対策を講じることが推奨されます。

到達率を高めるためには　　　　　　　　**90％を目安に**

✓ 配信リストを見直す　　✓ 画像の割合を30％未満に抑える
✓ 記号を多用しない。扇動的な語句を使わない

なお、昨今、クレジットカード番号などの不正利用を引き起こすフィッシング被害が増加しています。フィッシングとは、なりすました送信者が送る偽のEメールから偽のWebサイトに誘導し、クレジットカード情報を盗み出す行為のことです。この問題に対処するため、総務省、警察庁、および経済産業省は、2023年2月にクレジットカード会社などへフィッシング対策の要請を行いました。

　この状況を踏まえ、特にGmailでは2024年2月以降、「メール送信者のガイドライン」が定められました。ガイドラインに準拠していない場合、GmailへのEメール送信が困難になる可能性があります。したがって、ガイドラインの内容を確認し、適切な対策を講じることをお勧めします。

引用：Google Workspace 管理者 ヘルプ「メール送信者のガイドライン」(https://support.google.com/a/answer/81126?visit_id=638451311097164398-4247982800&rd=1)

▍Eメールの重要KPI②：開封率

　開封率は、受信ボックスに届いたEメールのうち、実際にクリックやタップによって開封されたものの割合を示します。特にBtoB領域では、**Eメールの平均開封率が約15%から20%である**とされています。この平均値を大幅に下回る場合は、Eメールの配信頻度やタイミングの見直しが必要です。

　開封率を向上させる方法の1つとして、「4Uの原則」が広く採用されています。この原則に基づいてEメールの件名を作成することで、受信者の関心を引き、開封率の向上が期待できます。

■ Eメールの重要KPI③：クリック率

クリック率、またはレスポンス率は、Eメール内のURLがクリックされた回数を、該当Eメールの開封数で割って算出される指標です。この値が高い場合、Eメールを通じて積極的に情報を求める読者が多いことを示します。クリック率を高めるためには、Eメールの可読性に配慮するとともに、**目立つボタンの色やサイズを工夫し、クリック可能なリンクがテキストに埋もれないようにする**ことが効果的です。

通常、クリック率の平均値は約3.01%とされている。
引用：mailerlite「Email marketing benchmarks for 2024 (by industry)
(https://www.mailerlite.com/blog/compare-your-email-performance-metrics-industry-benchmarks#:~:text=Average%20open%20rate%3A%2037.65,through%20rate%20%28CTR%29%3A%208.93)

02　配信後は必ずチェック！ Eメールの5つの重要KPI　355

5％や8％などの高いクリック率を記録する場合は、見込み客の購買への検討が順調に進んでいると考えられます。しかし、Eメールの開封数が非常に少ない場合は、相対的にクリック率が高く見えることがあります。このような誤解を避けるためにも、数値の背景を考慮することが重要です。

Eメールの重要KPI④：リンク先のランディングページの直帰率

　直帰率（サイト訪問者が最初のページだけを見て離脱する割合）は、Eメールのリンク先のランディングページにおける直帰の回数を、リンクがクリックされた回数で割って算出される指標です。例えば、10人の読者がEメール内のURLをクリックし、そのうち7人が他のページや登録フォームを閲覧せずに1ページ目から離脱した場合、直帰率は70％になります。この直帰率の分析は、第12章で詳しく解説するGoogleアナリティクス4を用いて行うことができます。

セッションの参照元 / メディア	Newsletter_November_2023 / email
ランディングページ＋クエリ文字列	直帰率
合計	28.31% 平均との差 0%
1　(not set)	98.8%
2　/Google+Redesign/Chrome+Dino+Hit+the+Slopes+Sweater+Ornament	8.33%
3　/Holiday	0.09%

　直帰率が高いということが必ずしも悪いとは限りません。リンク先の1ページ目の情報だけで、見込み客が十分な比較や購買の検討

を行っている可能性があります。また、後で再度検討するためにページをブックマークして離脱する読者もいるためです。

しかし、**直帰率が非常に高い場合は、配信内容が見込み客にストレスや不信感を与えている可能性**があります。そのような場合は、以下のポイントを検討してみましょう。

> 直帰率が著しく高い場合……
>
> ☑ 正しいリンク先が設定されているか？（URLに間違いはないか？）
> ☑ メルマガとリンク先の情報に齟齬はないか？
>
> 平均は60％〜80％前後

▌Eメールの重要KPI ⑤：購読解除率

Eメールを受け取った人のうち、購読を解除した人の占める割合です。平均は **0.17％程度** とされています。

引用：Neuailes Global「Email Marketing Statistics You Need To Know In 2023」（https://www.linkedin.com/pulse/email-marketing-statistics-you-need-know-2023/）

Eメールの購読を解除する理由は人によってさまざまで、必ずしもネガティブな理由だけではありませんが、購読解除率が2％、3％といった極めて高い数値をマークしている場合は、Eメールの内容や配信頻度について、いま一度見直したほうがよいでしょう。

具体的な情報が少なく読む気がしない…。
立て続けに送られてきてうっとうしい。

8
03 Eメールの開封率を高めるため、今すぐ実践できる5つのコツ

Eメール配信のKPIで特に重要なのは、**到達率**と**開封率**です。これらが重要な理由は、リードナーチャリングにEメールを効果的に活用するためには、Eメールを確実に届け、受信者に開いてもらう必要があるためです。

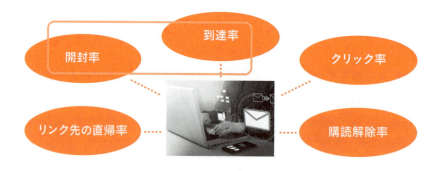

到達率の改善は比較的容易です。到達率を高めるには、配信エラーの防止が鍵となります。リストの不備やEメールの容量などのエラーの原因は、配信システムを通じて事前に把握し、修正することが可能で、これは専門

到達率 Average 90%〜95%

改善策
- ✓ エラーアドレスを除外する
- ✓ メルマガの容量を抑える（画像圧縮など）
- ✓ スパム判定につながる語句・記号を用いない

的な知識を必要としない機械的な作業です。

リストの精度やEメールの内容に大きな問題がなければ、平均的には90％から95％の到達率が期待できます。一方で、開封率は配信側の工夫によって大

きく変動します。Eメールの平均開封率は約15％から20％とされていますが、効果的な手法を用いればこの数値を上回ることも可能です。特に**重要なのは、「4Uの原則」というメソッドの活用**です。

4Uの原則とは？

4Uの原則は、アメリカの起業家マイケル・マスターソン氏によって提唱されたライティングメソッドです。この原則は、**有益性、緊急性、超具体性、独自性の4つの要素から構成**されています。タイトルや見出しを作成する際、これらの要素を取り入れることで、読者の注意を引きつけることができます。

03　Eメールの開封率を高めるため、今すぐ実践できる5つのコツ　359

この 4U の原則は E メール配信においても非常に役立ちます。4U の原則に沿った件名の作成と、配信のタイミングおよび頻度の最適化によって、開封率を向上させることが可能です。

▌有益性：読者にとってのメリットを冒頭で提示

有益性を確保するためには、読者にとっての**メリットをシンプルかつ明確に伝えることが重要**です。具体的な数値を用いて、件名の冒頭でメリットを訴求しましょう。

例. クラウド会計の E メールなら

- ☑ 初回登録で 3 カ月・料金 0 円
- ☑ 面倒な仕訳作業を 80％カット
- ☑ インボイスが 5 分でわかる無料セミナー

なお、件名の冒頭でメリットを訴求する際は、全角文字で 15 文字から 20 文字程度までに留める方が望ましいです。これにより、PC やスマートフォンの画面サイズにかかわらず、途中で切れることなく表示される可能性が高まります。

▌緊急性：デッドラインを提示する

件名の冒頭でメリットを訴求した後は、具体的な期限や制限を明示しましょう。サービスの提供期間、特典の配布期間、参加人数の上限など、明確なデッドラインを設定することで、**読者に「今すぐ確認しなければ」という感覚を抱かせ、E メールの開封を促進**します。

次に例示するようなデッドラインを示す表現は、E メール配信に

おける「キラーワード」
として知られ、BtoB領
域に限らず広範囲にわ

- ✔ 本日限定　　　✔ 7月31日まで
- ✔ 参加者30名限定　✔ 残りあと5日間　など

たって効果的に使用されています。

超具体性：送り手目線の情報を削ぎ落とす

件名の具体性を高めるためには、**逆の視点、つまり受取人の視点から考えることが重要**です。

例えば、「ご愛顧ありがとうございます」「感謝の気持ちを込めて」といった感謝のメッセージは、受け取り側にとっては一般的な挨拶に過ぎない場合が多いです。また、「3周年記念配信」や「Vol.23」のような送り手目線の表現も、ただの数字に過ぎず、受け取り側にとっては意味のある情報とはなりません。

このように、ありふれた無意味な文言はEメールの件名から極力排除することが望ましいです。そうすることで、他の情報がより際立ち、結果的に件名の具体性が向上します。

独自性：目を引くキーワードや記号の使用

独自性を高めるためには、目を引くキーワードや記号の組み合わせが効果的です。

例えば、**「驚愕した」「今注目の」「たった1つの」**といったフレー

ズは読者の注意を引きやすく、これらを件名に取り入れることで開封率の向上に寄与する可能性があります。トーンとマナーに配慮しながら、エクスクラメーションマークや絵文字などの記号を効果的に使うことで、件名の独自性をさらに強化できます。

小池英樹【AutoPilotAcademy】,\<support@autopilotacademy.jp\>

Subject 新講座リリース！ターゲットを動かす「結・起・承・転」とは？

Preheader デジタルマーケティングフライトスクール受講者様は本講座にご参加いただけます

▎配信のタイミングと頻度について

　あるEメールマーケティング企業の調査によると、BtoB分野におけるEメールの開封率は、午前10時台がもっとも高いとされています。さらに、曜日別で見ると、火曜日から木曜日の開封率が他と比べて高くなる傾向にあり、一方で月に3回以上の配信を行うと開封率が低下することが明らかになりました。

　ワークスタイルは個人によって異なるため一概にはいえませんが、この調査結果からは以下のような傾向が読み取れます。

- オフィスワーカーの多くがメールチェックを日々の業務開始の一環としていること
- 週の初めや週末は他の業務で忙しく、じっくりとメールを読む時間が取りにくいこと
- 頻繁なEメール配信に対して嫌悪感を持つビジネスパーソンが多いこと

これらを踏まえると、**BtoB 分野においては、E メール配信は原則として隔週で1回、特に週の半ばの午前中に届くようにスケジュールを組むのが効果的**です。

BtoB のメルマガの場合…

✓ 開封率が高いのは **AM10：00** 台

✓ 曜日別では **火水木**（土日は平日の半分）

✓ 配信頻度が **月3回** を超えると開封率が下がる傾向あり

03　E メールの開封率を高めるため、今すぐ実践できる 5 つのコツ　｜　363

8｜04 ウェビナーの3つのメリットと注意点

　ウェビナー（「Web」と「セミナー」の合成語）は、**オンライン上で行われるセミナーや勉強会**を指します。主にBtoB領域で見込み客の育成を目的として、Google MeetやZoomなどのツールを使用して実施されます。

　新型コロナウイルスの影響で対面によるコミュニケーションが難しくなった2020年以降、ウェビナーを取り入れる企業が急増しています。独立系ITコンサルティング・調査会社である株式会社アイ・ティ・アールの調査によると、2025年までには478億円に達する見込みとされています。

図．Web会議市場規模推移および予測（2019～2025年度予測）

引用：ITRプレスリリース（2021年7月15日）「2020年度のWeb会議市場は前年度の2倍強に急成長 ウェビナーやオンラインイベントでの利用が増加、今後も市場は継続して拡大する見込み ITRがWeb会議市場規模推移および予測を発表」（https://www.itr.co.jp/company/press/210715PR.html）　出典：ITR『ITR Market View：コラボレーション市場2021』＊ベンダーの売上金額を対象とし、3月期ベースで換算。2021年以降は予測値。

見込み客の育成とウェビナー

ウェビナーでは、映像と音声、パワーポイントなどのプレゼン資料を組み合わせて、業務のノウハウや成功事例を共有したり、特定の業種や関連する法律について解説したりすることができます。

このように、見込み客にとって有益な情報を提供することで、**売り手としての信頼を築き、購入に向けた比較検討を促進するのがウェビナーの主な役割**です。

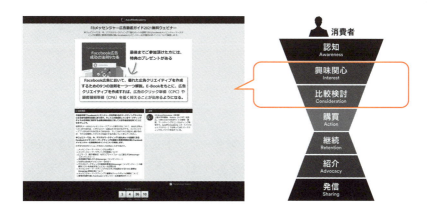

他のリードナーチャリング手法と比較した際のウェビナーの具体的な利点について見ていきましょう。

ウェビナーのメリット①：
低コストで速やかに実施できる

ウェビナーは、リードナーチャリングの施策の中でも特にコスト効率が高い方法の1つです。ZoomやGoogle Meetなどのツール

を使用することで、場所を選ばずに映像や音声の送受信が可能となります。そのため、会場の確保やイベント用機材の準備・レンタルなどの追加費用が発生しない点が大きなメリットです。予算が限られているスタートアップやベンチャー企業にとっても、実施が容易な施策といえます。

ウェビナーなら…

不要
- セミナールームの利用料
- プロジェクター、音響機器
- ブースの設営、会場の装飾費

ウェビナーのメリット②：手軽に参加できる

ウェビナーへの参加は、インターネットに接続できる環境とPCやスマートフォンなどの端末があれば、どこからでも手軽に行えます。オフラインの勉強会と異なり、**参加者は会場までの交通費や移動時間を気にする必要がありません。**さらに、録画配信されるウェビナーなら、自分のスケジュールに合わせていつでも繰り返し視聴し、学び直すことが可能です。

ウェビナーのメリット③：対面感覚でコミュニケーションがとれる

ウェビナーツールはコーデックという圧縮技術を利用しており、先に述べた通り、映像と音声をほぼリアルタイムで送受信できます。

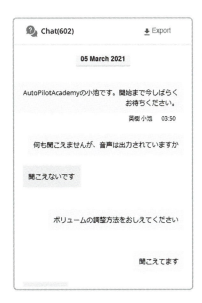

これにより、**主催者は参加者の表情や仕草を見ながら講義を進めることが可能**です。また、チャット機能を活用してリアルタイムでコミュニケーションをとることもできます。

引用：easywebinar (https://easywebinar.com/)

　これまでに挙げた3つの点は、リードナーチャリングツールとしてのウェビナーのメリットです。次に、ウェビナーを実施する際の重要な注意点を2つに分けて解説します。

ウェビナー実施の注意点①：配信トラブルの可能性がある

　オンラインでの実施には避けられない側面がありますが、通信環境や端末の性能によってウェビナー中に映像の乱れや音声の途切れが生じる可能性があります。これらの**トラブルを防ぐためには、事前の準備とリハーサルが不可欠**です。右記に挙げたポイントに従って、入念なチェックを行いましょう。

本番当日のトラブルを防ぐために
- ✓ 端末の通信速度をチェックしておく
- ✓ 本番と同じ場所・時間でリハーサルを行う
- ✓ ウェビナーツール以外のアプリを閉じておく

04　ウェビナーの3つのメリットと注意点

通信速度に関しては、目安として 10Mbps（メガビーピーエス）が推奨されています。これは **Google の無料ツール（インターネット速度テスト）を使用して確認**できます。通信速度が 10Mbps に達していない場合は、ルーターを再起動するか、同じネットワークに接続されている端末の数を減らすことで改善が見込める場合があります。

引用：Google「インターネット速度テスト」

ウェビナー実施の注意点②：
横のつながりが生まれにくい

　ウェビナーでは主催者と参加者間でのコミュニケーションは対面に近い形で行えますが、参加者同士の親睦を深めたり名刺交換をしたりする機会は基本的にありません。

　<u>参加者間の交流を重視する場合、または見込み客のコミュニティ形成を通じてリードを育成したい場合には、オフラインイベントのほうが適して</u>います。

8-05 企画から効果測定まで、ウェビナーの運営における7つのステップ

ウェビナーの特性やメリットを活かして、見込み客を実際の顧客に転換させるためには、以下の7つの主要なステップを踏むことが重要です。

ウェビナー運営のステップ①：企画

ウェビナーの運営における最初のステップは企画です。具体的にウェビナーで何を伝え、参加者にどのような価値を提供するのか、全体のテーマを決定します。この際、重要なポイントは、他のマーケティング施策との連携を意識することです。例えば、リードマグネットとしてテンプレートやレポートを提供した場合、ウェビナーではその具体的な活用方法を紹介します。

また、**次の施策としてトライアル製品のプロモーションを計画**

している場合は、ウェビナーでその導入事例を取り上げることで、一連の施策が相互に関連し、見込み客の関心を引き続き維持する内容に仕上げることができます。

■ ウェビナー運営のステップ②：スケジューリング

ビジネスパーソンを対象とするウェビナーでは、参加率が高いとされるのは一般に水曜日と木曜日の 10:00 から 12:00、または 15:00 から 17:00 です。

参照：Virtual Events News
(https://virtualeventsnews.tv/whats-the-best-time-day-to-host-a-webinar-data-driven-guide/#:~:text=While%20it%20depends%20on%20the%20type%20of%20webinar%2C,PM%20or%203PM%20E2%80%93%205PM%20your%20local%20time#:~:text=While%20it%20depends%20on%20the,%E2%80%93%205PM%20your%20local%20time)

スケジューリングはこれらの曜日と時間帯を基本として、忙しい朝の時間帯や週初め、週末、月末、決算期に実施することは避けるとよいでしょう。

ウェビナーは場所を選ばずに実施可能ですが、講義時間が長引くと、主催者も参加者も負担が大きくなります。内容を工夫して、できれば 90 分以内に収めることを目指しましょう。

スケジューリングのポイント

- ✅ 水〜木の 10 時から 12 時または 15 時から 17 時を目安に
- ✅ 仕事が立て込む月末などは避ける
- ✅ 90 分前後までを目安に

ウェビナー運営のステップ③:資料と原稿の作成

　ウェビナーで使用する資料は一般的にPowerPointで作成されます。プレゼンテーション資料と同様に、**「1スライド1メッセージ」を原則とし、画像や図表を活用して内容をわかりやすくまとめ**ましょう。

　一方、原稿に関しては、**1スライドあたり300文字を目安にし、これを約1分間で読み上げるスピードで進行することが推奨**されます。この読み上げ速度は、テレビ番組のアナウンサーの原稿読みとほぼ同等です。各スライドに1分間300文字の原稿を割り当てることで、テンポよく伝わるウェビナーが実現します。

　また、スマートフォンから参加する人もいるため、小さな画面でも見やすいように、**資料のフォントサイズは最低18ポイント以上を使用することをお勧め**します。さらに、資料を事前にPDF形式で保存しておくと、ウェビナー後の資料配布もスムーズに行えます。

・ウェビナー資料の例（AutoPilotAcademy）

ウェビナー運営のステップ④：ツールの準備

　Google Meet や Zoom など、日常的に使用している Web 会議システムをそのまま利用することも可能です。ウェビナー市場の拡大に伴い、専用ツールも多くリリースされていますが、音声や映像の送受信、資料の共有といった基本機能は、既存の Web 会議システムと大きく変わりません。

　ウェビナーの特性を活かすためには、不必要にコストをかけることなく、機能よりも使いやすさを重視してツールを選ぶことが大切です。また、Web 会議システムは PC のカメラやマイクと連動するため、基本的には周辺機器の購入は必要ありません。

　ただし、参加者が多い、または雑音が発生しやすい環境でウェビナーを行う場合は、簡易的なヘッドセットを準備しておくと安心です。

AutoPilotAcademy ではウェビナーツールに easywebinar を活用している
引用：easywebinar（https://easywebinar.com/）

ウェビナー運営のステップ⑤：告知＆リハーサル

　ウェビナーの告知と集客には、デジタル広告、ソーシャルメディア、E メールなどを活用することをおすすめします。オプトインページの作成に使用したツール（例：ペライチ、MakeLP）などで、ウェ

ビナーの申し込みページを作成し、それを通じて告知と集客を行います。

ウェビナーの概要は、開催日の2週間前までにWebページにまとめ、ソーシャルメディアでのリンク共有を行いましょう。開催日が近づいたら、リマインダーを送ることで多くの見込み客に参加を促せます。

リハーサルについては、以下のポイントに注目してください。

- ☑ 映像・音声が途切れることはないか？
- ☑ 資料の共有はスムーズに行えるか？
- ☑ 資料の文字や図表はしっかり判読できるか？
- ☑ きちんと聞き取れるか？ 雑音は入らないか？

通信環境や周囲の騒音は、時間帯や場所によって異なることがあるため、**本番と同じ場所、同じ時間帯でのチェックが重要**です。

ウェビナー運営のステップ⑥：当日

参加者が揃ったことを確認したら、PCのカメラに目線を合わせて、先に述べた1分間に300文字のペースで、はっきりとした声で話しましょう。

緊張する場合は、**周りに数人の聞き手を配置し、話に合わせてうなずいたり相槌を打ってもらうとよい**でしょう。これにより「伝わっている」という感覚が得られ、1人で講義を進めるよりも自信を持って話せるようになります。

05　企画から効果測定まで、ウェビナーの運営における7つのステップ　373

また、通信の途切れや映像・音声の不具合などのトラブルへの対応のため、**可能であれば1名か2名のアシスタントを配置することをお勧め**します。

ウェビナー運営のステップ⑦：効果測定

ウェビナーに関連するさまざまな指標がありますが、特に重要なKPIとして挙げられるのは、**集客数、出席率、満足度の3つ**です。

例えば、集客数が目標に達しなかった場合、マーケティング施策との関連性が低かったり、見込み客の興味を引きつけることができていなかったり、告知方法に問題があったりする可能性が考えられます。

以下に示すように、これら3つのKPIとそれに関連する可能性のある原因をしっかり分析し、次回以降の改善策に活かしましょう。

KPI	検証すべきポイント
集客数	✓ 前後の施策との関連性 ✓ 料金、定員、告知方法など
出席率	✓ スケジュール、時間帯 ✓ 告知の時期、リマインドの有無
満足度	✓ 構成、資料の内容、話し方 ✓ 配信トラブルの有無など

ウェビナーの集客数や満足度には具体的な基準値は存在しませんが、出席率に関しては一般的に平均45％から50％前後とされています。出席率が60％を超える場合は、集客と情報提供の面での成功といえるでしょう。

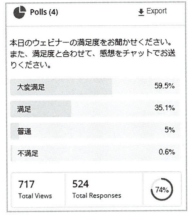

ウェビナーの満足度は出席者にアンケートを取ることで解析する
引用：easywebinar (https://easywebinar.com/)

8 06 収益を自動化するための エバーグリーンウェビナーの 始め方

エバーグリーンは英語で「常緑」や「いつまでも新鮮な」という意味を持ちます。一方、ウェビナーは、ここまで見てきたようにオンラインで開催される勉強会やセミナーの総称です。

エバーグリーンウェビナーは、この2つの概念を組み合わせた造語で、日程調整や申し込み受け付けなど、主催者側の手間をかけずに視聴者に届けることができ、**ほぼ自動的かつ継続的に収益を生み出す動画講座**を指します。これはオートウェビナーとも呼ばれています。

従来のウェビナーとの違いをより具体的に見ていきましょう。

▍従来のウェビナーの場合

従来のウェビナーでは、実施にあたり、日程を調整し、資料を作成し、告知と集客を行う必要があります。

企画 → スケジューリング → 資料作成 → 告知・集客 → 当日の講義 ＋集計や効率測定

ウェビナーのスケジュールやターゲットは開催ごとに異なるため、一度開催した後に別のウェビナーを計画する場合、このプロセスを再び行う必要があります。**ここで主催者側の負担が大きくなることが課題**です。

ウェビナーは多くのマーケティング施策の中でも比較的手軽に実施でき、高い費用対効果を期待できる手段の1つです。しかし、特に人手が限られる中小企業やベンチャー企業の場合、業務の都合で目指す日時にウェビナーを実施できないことがしばしばあります。

・従来のウェビナーのオプトインページ例

通常のウェビナーは特定の日付を決めてそれに向けて日程を調整し、資料を作成し、告知と集客を行う必要がある。

06 収益を自動化するためのエバーグリーンウェビナーの始め方 | 377

さらに、人手不足により準備やフォローアップが大きな負担となり、マーケティング担当者の間で頭痛の種となっています。このような状況に対処するための1つの解決策が、エバーグリーンウェビナーの活用です。

▎収益を自動化するエバーグリーンウェビナーの場合

　エバーグリーンウェビナーは、**事前に録画された動画をWeb上で提供し、参加者が都合のよい日時に視聴する形式の講座**です。視聴後に、特別な条件のオファーを提供することで収益化を目指します。

　視聴者が視聴する日時は自由に選べるため、主催者側でスケジュールを調整したり、都度集客を図る必要はありません。また、ライブ配信型ウェビナーと異なり、講師のアサインなども不要です。エバーグリーンウェビナーは、このような自動化された仕組みを取り入れたモデルです。

エバーグリーンウェビナーの仕組み

まず、SEO対策、デジタル広告、ソーシャルメディア投稿、Eメールなどを通じてエバーグリーンウェビナーの存在を知った**視聴者は、申し込みページにアクセスし、希望の視聴日時を選び、メールアドレスを登録**します。

登録完了後、主催者から自動送信されるメールが届き、登録完了の通知とともに視聴用URLが提供されます。指定の日時になれば、このURLからウェビナーを視聴することができます。一方、**主催者は動画の録画やオプトインページの作成、メールの配信設定などを事前に準備しておく必要**があります。

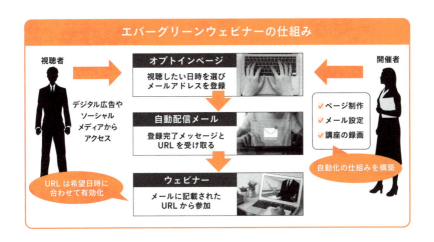

・オプトインページの例

訪問者にウェビナーの価値を伝え、参加登録を促す

・視聴ページの例

視聴 URL からウェビナーに参加いただける仕組みを構築する

・登録フォームの例

エバーグリーンウェビナーは常時開催型のため、視聴者が希望日時を選んで参加できる

・登録完了後の E メールの例

登録完了後、参加者には自動返信メールでウェビナーの開催日時と視聴 URL を案内する

ウェビナーを視聴した人には、ウェビナーやメールで特別なオファーを提示します。このオファーには、購買意欲を刺激するために有効期限を設けたり、特別な割引価格や通常購入できない商品を提供したりすることが一般的です。

・特別オファーの案内の例

有効期限を設定した特別のオファーを自動で案内できる仕組みを構築する

ウェビナーに申し込んだが視聴できなかった人には、リプレイ配信の視聴を促すメールを送ります。リプレイ配信は、視聴できなかった人だけでなく、すでに視聴した人にも案内することで、理解を深めてもらうことが可能です。

・リプレイの案内の例

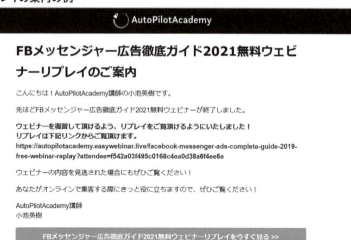

視聴できなかった見込み客向けにリプレイの案内をする

　その後、前述のオファーを通じて購入や予約を促し、収益を得るのがエバーグリーンウェビナーの基本的な流れです。

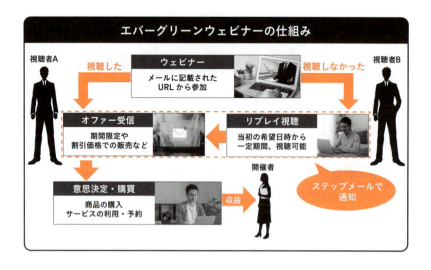

エバーグリーンウェビナーの大きな特徴は、収益化プロセスを自動化できる点です。ウェビナーの申し込みや視聴は個々の参加者のタイミングに依存します。一度、講座の録画録音やメール設定を完了しておけば、各視聴者から継続的、かつ半永続的に収益を生み出すことが可能です。

　また、1回ごとにスケジュールを調整したり、集客する必要がない点も、ライブ配信のウェビナーと異なるエバーグリーンウェビナーの特徴です。

収益化プロセスの継続

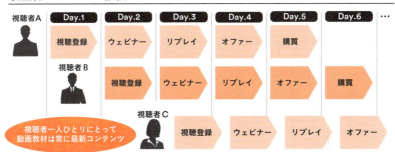

第 8 章でやるべきこと

　あなたのビジネスの興味関心から購買段階において、E メールやウェビナーのコンテンツ形式を活用してリードナーチャリングの実践を検討してください。そのうえで、適切なコンテンツのアイデアとコンテンツの形式と集客チャネルと KPI を考え、デジタルマーケティング改善シートを埋めてください。そして、本章の内容を基に、E メール運用とウェビナー運営を実践してください。

(((AIと共に拓く)))

1.　E メールの件名や本文のアイデアを ChatGPT から得てください。プロンプトの例：あなたは [会社概要] の [商品概要・サービス概要] を集客・販促するデジタルマーケターです。[E メールの概要] の件名・本文を作成してください。

あなたは「デジタルマーケティングのオンラインスクール事業を運営する企業」の「オンライン動画講座」を集客・販促するデジタルマーケターです。「ウェビナー登録のお礼」の件名・本文を作成してください。

件名と本文の例を下記に提示します。ただし、実際のコンテンツは企業のブランドイメージ、ターゲットオーディエンス、およびウェビナーの内容に応じてカスタマイズする必要があります。

件名：あなたのウェビナー参加が確定しました！

本文：

こんにちは［お客様の名前］様、
ご登録いただき、誠にありがとうございます！　あなたのウェビナー「［ウェビナーのタイトル］」への参加が正式に確定しました。

日時：［ウェビナー開催日時］
場所：オンライン（参加リンクは下記をご覧ください）

このウェビナーでは、［ウェビナーの概要と何を学べるかの簡単な説明］をご紹介します。業界の最前線で活躍する専門家からの生の声を聞き、［受講者が得られる具体的なメリット］を実現しましょう。
参加リンク：［ウェビナーの参加リンク］
※当日はリンクをクリックして直接参加してください。さらに、ウェビナーの終了後には特別な［フォローアッ

プ資料やオファーの告知］をご用意しております。
最後までお見逃しなく！

ご不明点やお問い合わせがある場合は、お気軽に
このメールにご返信ください。

ウェビナーでお会いできることを楽しみにしています！

［あなたの名前］
［あなたのポジション］
［会社名］デジタルマーケティングチーム

このメールテンプレートは、ウェビナーの登録を完
了したユーザーに感謝を示し、重要な情報を提供す
るとともに、ウェビナーへの期待を高めることを目的
としています。
また、ウェビナー後のフォローアップに関する言及は、
ユーザーの関心を持続させ、ウェビナーの後もエン
ゲージメントを保つためのものです。

2. ウェビナーのアイデアを ChatGPT に評価してもらってください。
プロンプトの例：あなたは［会社概要］の［商品概要・サービス概要］
を集客・販促するデジタルマーケターです。［ターゲットやペルソナ］向
けに［ウェビナーの概要］を考えています。ウェビナーのアイデアが適
切か評価してください。

あなたは「デジタルマーケティングのオンラインスクール事業を運営する企業」の「オンライン動画講座」を集客・販促するデジタルマーケターです。「Google 広告運用者」向けに「Google 広告 P-MAX キャンペーン活用術のウェビナー」を考えています。ウェビナーのアイデアが適切か評価してください。

「Google 広告運用者」向けに「Google 広告 P-MAX キャンペーン活用術のウェビナー」を開催するアイデアは、非常に適切かつ戦略的です。以下にその理由を説明します。

専門性の高いターゲット：Google 広告運用者は、常に最新の広告運用技術と最適化戦略を学びたいと考えています。P-MAX キャンペーンは、Google 広告の新しい機能であるため、その活用方法を学びたい運用者は多いでしょう。

高い需要：Google 広告はデジタルマーケティングで広く利用されており、その効果的な運用はビジネスにとって重要です。P-MAX キャンペーンのような新しいツールに関する情報は、運用者にとって非常に価値があります。

エンゲージメントとブランディング：ウェビナーは、オンラインスクールが実際に価値ある教育を提供しているというブランドイメージを強化します。参加者との直接的なやりとりはエンゲージメントを高め、長期的な顧客関係を構築するのに役立ちます。

リード生成と顧客獲得：このウェビナーはリードマグネットとして機能し、興味のある運用者を集客することができます。ウェビナーへの登録を通じて得られる情報は、後のマーケティング活動で活用できます。

アップセルの機会：ウェビナーに参加した運用者には、オンラインスクールの他のコースやサービスを紹介する絶好の機会があります。

ただし、ウェビナーの成功はその内容と提供方法に大きく依存します。実用的で最新の情報を提供し、実践的なノウハウを提供することが重要です。

COLUMN 10

顧客管理システム（CRM）とは？
主要機能と導入のメリット

近年、顧客情報の管理は企業の成功において非常に重要な要素となっています。そのため、顧客管理システム（CRM：Customer Relationship Management）の利用が必要不可欠となってきました。**CRM を効果的に活用することで、企業は顧客情報を最適に管理し、その結果として利益を最大化することが可能**です。本コラムでは、CRM とは何か、その主な機能は何か、そして CRM を導入する最適なタイミングや自社に適した CRM の選び方について詳しく解説します。

CRM（顧客管理システム）とは？

CRM とは、顧客満足度を向上させるために、顧客と企業との関係性に重点を置き、収益を最大化するための経営システムのことを指します。CRM の活用によって、顧客情報を見える化することができ、顧客情報を上手く利用することができるので、収益を向上させる手助けとなります。

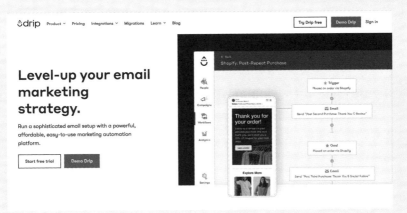

AutoPilotAcademy では CRM に drip（https://www.drip.com/）を活用している
引用：drip（https://www.drip.com/）

SFA や MA との違いについて

　CRM は、MA（Marketing Automation）　や SFA（Sales Force Automation）や同類に見られることが多いですが、その間には明確な違いがあります。

　まず、MA についてですが、これは見込み客（リード）の獲得や育成に役立つツールで、リードの情報や WEB アクセス情報、閲覧ページなどを基にして、見込み客の選別や最適なアプローチ方法を判別できるツールとなっています。

　SFA は、商談開始段階や商談成立段階で活躍するツールで、商談獲得につながる見込み新規顧客に対する営業活動や顧客の反応をデータベース化して管理を行うものです。

　これに対して CRM は、既存の顧客の性別や年齢、個人情報などを基にデータベース化し、既存顧客に対して、きめ細やかな応対をするためのツールです。つまり、CRM とは既存の顧客を維持し、良好で長期的な関係を保つためのツールといえるでしょう。

CRM の主な機能

　CRM の主要な機能は以下のようになります。

- **顧客情報の一元化、編集、行動履歴の管理**
　さまざまな顧客情報を一元的に管理し、必要な情報を即座に検索できるとともに情報の編集ができます。また、既存顧客との取引履歴や行動履歴を効率的に管理・記録できます。

- **メール配信**

既存顧客や見込み客に対して、属性に応じた個別のメールを自動的に配信することができます。

- **ワークフローの自動化**

ワークフローを自動化することで、営業関連の事務作業における負担を軽減します。

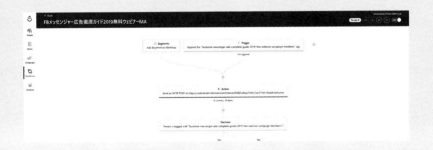

COLUMN 10　顧客管理システム（CRM）とは？　主要機能と導入のメリット

CRM を導入するメリット

・ リアルタイムでの更新が可能

　紙媒体で顧客情報を管理する場合、情報の更新や新規情報の追加には時間がかかります。さらに、その情報を他のメンバーに周知するための連絡も必要です。しかし、CRM を導入することで、いつでもどこでも顧客情報をリアルタイムで更新し、一元管理することが可能になります。

・ 幅広い部門で顧客情報を活用できる

　CRM を導入すると、顧客情報は営業部門だけでなく、製造部門や販売部門でも共有と編集が可能になります。これにより、CRM は単なるデータベースではなく、収益向上のための有用な情報源として活用できます。購入動向や顧客ニーズの分析により、効果的な営業戦略やマーケティング戦略を立てることができます。

・ システム管理コストを削減できる

　クラウド型 CRM を導入する場合、顧客情報はサービス提供者のサーバーに保存されます。これにより、災害やシステムエラーが発生した場合でも、顧客情報の安全性が保たれます。また、日常のメンテナンスはサービス提供者が行うため、システム管理コストを大幅に削減できます。オンプレミス型の場合、初期設定には工数がかかりますが、その後のメンテナンス費用は発生しないというメリットがあります。

第 9 章

集客商品（フロントエンド商品）の販売で見込み客を顧客に育てる（コンバージョンの獲得）

第 9 章の概要

　E メールマーケティングやウェビナーを活用して見込み客を育成し、購買意欲を高めた後は、いよいよ収益化（顧客化）へのステップです。商品やサービスの魅力と優位性をセールスレターで強調することで、具体的なアクションへと誘導できます。このプロセスで重要な役割を果たすのが、集客商品（フロントエンド商品とも呼ばれる）です。本章では、フロントエンド商品の特徴とマーケティングファネルにおけるその役割を詳しく解説し、効果的な商品開発のヒントを提供します。

　本章のポイントは次の通りです。

1.　見込み客を顧客に転換するための「体験型・実感型」フロントエンド商品とは？
2.　集客商品（フロントエンド商品）と収益商品（バックエンド）商品の違い
3.　フロントエンド商品の活用事例
4.　優れたフロントエンド商品が持つたった 3 つの共通点とは？
5.　業態・業種別に見る 5 つのフロントエンド商品

	顧客心理	コンテンツのアイデア	コンテンツの形式	集客チャネル	KPI
認知 Awareness	最近、デジタルマーケティングに興味が出てきた。どんな教材があるんだろう？	・ブランドのミッション ・ビジョン ・バリュー	・動画 ・デジタル広告	・YouTube ・Meta広告 ・Googleディスプレイ・ネットワーク広告	・セッション数 ・表示回数 ・新規ユーザー数 ・広告の表示回数 ・動画広告の視聴回数
興味関心 Interest	このデジタルマーケティング教材、詳しい内容や特徴を知りたいな。	・顧客の問題解決情報 ・商品やサービスの基礎知識 ・データと統計に基づく情報	・ブログ記事 ・ランディングページ ・電子書籍（E-Book）	・Google ・Yahoo! ・Bing	・見込み客（リード）獲得数 ・電子書籍（E-Book)、ホワイトペーパーのダウンロード数
比較検討 Consideration	この教材とあの教材、どちらが初心者に向いているんだろう？比較してみよう。	・商品やサービスの比較情報 ・顧客レビュー	・Eメール ・顧客の声を含む動画 ・ウェビナー	・Eメール ・YouTube ・ウェビナーツール	・Eメールの到達率、開封率、クリック数、クリック率、購読解除率 ・ウェビナーのアンケート
購買 Action	決めた！このデジタルマーケティング教材を買うことにする！	・商品やサービスの詳細情報 ・プロモーション情報	・Eメール ・ランディングページ ・デジタル広告	・Eメール ・Googleリスティング広告	・コンバージョン数（CV数） ・コンバージョン率（CVR) ・顧客獲得単価（CPA） ・初回購入で得られた売上
継続 Retention	この教材、本当に役立ってる。他の教材も購入してみようかな。	・商品やサービスの使い方 ・アップデートの情報 ・関連する商品やサービスの情報	・Eメール ・ソーシャルメディア投稿	・Eメール ・X ・Meta	・顧客生涯価値（LTV） ・購入単価 ・継続期間
紹介 Advocacy	このデジタルマーケティング教材はわかりやすくて有益だった！友達や同僚にも、おすすめしたい！	・紹介インセンティブの情報 ・共有しやすいソーシャルメディア投稿	・Eメール ・ソーシャルメディア投稿	・Eメール ・X ・Meta	・紹介による新規顧客からのコンバージョン数、コンバージョン率 ・紹介数・紹介からの平均売上
発信 Sharing	このデジタルマーケティング教材は素晴らしい！みんなも試してみるべきだよ！#おすすめデジタルマーケティング教材	・ユーザー生成コンテンツ ・商品/サービスに関する顧客ストーリー ・コミュニティイベント ・キャンペーン	・Eメール ・ソーシャルメディア投稿	・Eメール ・X ・Meta	・UGCの数、エンゲージメント数 ・顧客のストーリーの数 ・コミュニティイベントの参加者数、エンゲージメント数

　フロントエンド商品の販売は、購買の段階で特に重要です。初回取引では、フロントエンド商品の販売で見込み客に商品やサービスの価値を体験させ、信頼を築きます。効果的なフロントエンド商品を提供することで、見込み客を顧客に転換し、さらに長期的な関係を築くための第一歩を踏み出すことができます。

　また、購買後の継続の段階では、収益商品（バックエンド商品）の販売が重要です。これにより、既存顧客との関係を深め、さらなる収益を確保することができます。

　本章でフロントエンド商品の開発方法のヒントを学び、次章でバックエンド商品の開発方法のヒントを学びましょう。

9-01 見込み客を顧客に転換するための「体験型・実感型」フロントエンド商品とは？

マーケティングファネルにおける第4段階は、購買（見込み客から顧客への転換・コンバージョンの獲得）に相当します。

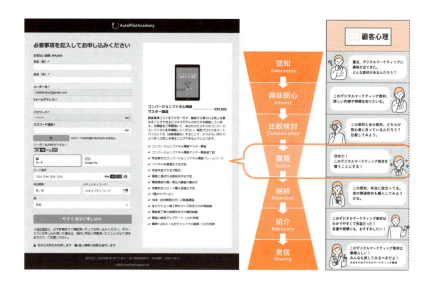

　SEO対策、ソーシャルメディア投稿、デジタル広告を通じて商品の存在を知った見込み客は、ニュースレターの購読やウェビナーへの参加を経て、商品を比較・検討します。このように**見込み客が購入を検討する段階に至っているため、彼ら・彼女らの意思決定**

を促し、**具体的なアクションを喚起**することが、デジタルマーケティングの最大の目標である収益とコンバージョンの獲得につながります。

▍顧客化（コンバージョン獲得）における課題

しかし、現実は必ずしも容易ではありません。**多くの見込み客は、商品の価格や販売元に対して不安や疑念を抱え続けています。**これは、比較検討を行った後も変わらない場合が多いものです。

このような不安や疑念を解消するために、Eメールの再配信やウェビナーへの再招待といった方法も考えられます。しかし、見込み客がすでにEメールを読んだり、ウェビナーに参加したりした後であれば、彼ら・彼女らの悩みや迷いを解消するためには、同じ手法を続けるだけでは効果が限られることがあります。**このような悩みや迷いを払拭し、コンバージョン獲得へと導くのが、フロントエンド商品の重要な役割です。**

フロントエンド商品とは？

　フロントエンド商品は、**本命商品への購入ハードルを下げるために設計された商品**です。いい換えれば、これは「お試し商品」としても知られ、マーケティング業界では「集客商品」とも呼ばれます。**手頃な価格、あるいは無料で提供されるフロントエンド商品を通じて、消費者に商品の価値や優位性を直接体験・実感してもらうことで、売り手は最終的に本命商品の購入を促進**します。

　例えば、AutoPilotAcademy では、7日間無料でスクールの有料講座を体験できるフロントエンド商品を提供したことがあります。この取り組みにより、デジタルマーケティングの知識を学んでいただき、当スクールの講座がいかに役立つかを実感していただけるようになりました。これは、弊社が運営するマーケティングスクールへの入学を促進するための戦略です。

　無料トライアル時にはクレジットカード情報を入力していただき、7日間の無料期間が終了した後も継続してサービスをご利用いただく場合には、自動的に支払いが発生する仕組みを採用しています。このようにして、当マーケティングスクールの価値を実感し、満足された方に、スムーズに継続利用していただけるようにしています。

01　見込み客を顧客に転換するための「体験型・実感型」フロントエンド商品とは？

9 | 02 集客商品（フロントエンド商品）と収益商品（バックエンド）商品の違い

　消費者の意思決定や行動を促す集客商品（フロントエンド商品）に対して、**売り手が収益を得るための商品は収益商品（バックエンド商品）と呼ばれます。**これらの商品の主な違いは以下の通りです。

集客商品（フロントエンド商品）
- ✓ 手軽な価格設定（or 無料）
- ✓ 収益商品より低いスペック
- ✓ 集客力＞収益力

役割　意思決定、アクションの促進

収益商品（バックエンド商品）
- ✓ 利益が出る価格設定
- ✓ 高いスペック、高い付加価値
- ✓ 収益力＞集客力

役割　利益の創出、ビジネスの拡大

　マーケティングにおいては、**バックエンド商品の開発や販売が「収益を上げる」「事業を成長させる」という観点から重要視**されます。しかし、**フロントエンド商品もまた、これらのバックエンド商品の購入を促すための非常に重要なマーケティング戦術**であり、その役割を見逃してはなりません。なお、バックエンド商品については、次の章で詳しく解説しています。

▌例 . カフェやレストランの場合

例えば、カフェやレストランなどの飲食店で考えてみましょう。バックエンド商品であるディナーコースを最初から売り出しても、多くの場合、予約や売上につながることは少ないです。複数のメニューからなるディナーコースは通常、価格が高めであり、店の雰囲気や料理の品質を未体験の消費者は、予約することに躊躇しがちです。そのため、ランチなどのフロントエンド商品を提供することで、消費者に店の雰囲気や料理の品質を体験してもらい、信頼を築くことが重要です。ただし、ランチがすべてフロントエンド商品というわけではなく、戦略的に設定された特定のランチメニューがフロントエンド商品として機能します。

9-03 フロントエンド商品の活用事例

こうしたフロントエンド商品は幅広い業種で活用されています。

1. あるオーガニック食材のネット販売会社のフロントエンド商品

例えば、あるオーガニック食材のネット販売会社は、お試しセットとしてフルーツや乳製品、精肉など数十品以上をパッケージ化したセットを提供しています。これを500円程度の低価格で販売し、これまで数十万人以上の会員を獲得してきました。このお試しセットはテレビ番組などで取り上げられる機会も多く、数百億円以上の売上高を上げています。

❶ あるオーガニック食材のネット販売会社

購入者数	数百万人
会員数	数十万人
売上高	数百億円

2. あるフィットネスクラブ運営会社の
　　フロントエンド商品

　また、業界シェアトップクラスのあるフィットネスクラブ運営会社も、フロントエンド商品を事業拡大に活用している好例です。この会社はフロントエンド商品として、30秒で登録できる無料カウンセリングを提供。パーソナルトレーナーによる細やかなサポートが人気を集め、およそ数十万人の会員獲得に寄与しています。

❷ あるフィットネスクラブ運営会社
拠点数	数百店舗
会員数	数十万人
売上高	数百億円

　迷いや悩みを払拭して、アクションを喚起するためには、さらに詳しく知ってもらうより、実際に体験・実感してもらうのが近道です。そこでフロントエンド商品が大きな効果を発揮します。

9 / 04 優れたフロントエンド商品が持つ たった3つの共通点とは?

　次に、フロントエンド商品に必要な3つの要素を整理し、業種・業態別にどのような商品がフロントエンドとして適しているのか解説します。それでは早速、フロントエンド商品に求められる要素を見ていきましょう。

優れたフロントエンド商品の共通点①： 手軽な価格で即座に購入可能

　先述した通り、フロントエンド商品は、収益商品の価値や優位性をすぐに、かつダイレクトに体験・実感してもらう役割を担います。そのため、**消費者が躊躇せず、すぐに購入を決められる価格設定が必要**です。

　適切な価格は、**商材やターゲットによって異なりますが、一般消費者向けのBtoC商材であれば無料もしくは数百円程度、BtoBの場合も概ね数千円程度までが望ましい**でしょう。

　フロントエンド商品はあくまで収益商品への橋渡しであり、将来的に大きな収益を得るための投資と考えるべきです。フロントエン

ド商品自体で利益を追求し、価格を上げるのは避けましょう。

優れたフロントエンド商品の共通点②：
バックエンド商品へのつながりと一貫性

　手頃で価値のあるフロントエンド商品であっても、バックエンド商品へのつながりや一貫性が欠けていると、最終的な収益への寄与は期待できません。例えば、自社が運営するクラウドサービスの利用者を増やすために、そのサービスと無関係な日用品や生活必需品を提供するのは避けるべきです。

　メールアドレス獲得のためのリードマグネットと同じように、フロントエンド商品を購入する消費者の多くは、一時的な欲求から商品を手に取るだけで、将来的な利益をもたらす顧客にはなりにくいです。**リードマグネット、フロントエンド商品、バックエンド商品が相互に連携し、一貫性を持たせることで、見込み客の購買意欲を刺激し、継続的な関係構築が可能になります。**

優れたフロントエンド商品の共通点③：
ニーズを完全には満たさない不完全性

　モノやサービスとして完璧でなく、見込み客のニーズを完全には

満たさない不完全性は、フロントエンド商品に求められる重要な要素です。フロントエンド商品は、そのものが価値のある、役立つものである必要がありますが、**購入によって問題や課題が完全に解決される、またはニーズがすべて満たされると、その後の収益商品の購入意欲は湧きにくくなります。**

つまり、「便利だが完璧ではない」「役に立つが何かが足りない」という感覚が、理想的なフロントエンド商品の特性といえるでしょう。このような不完全性を維持するためには、収益商品の特性を踏まえ、適切な制限や期間の設定が効果的です。

一般消費財なら……	法人向け製品なら……
✓ 個数、内容量を絞る ✓ 購入可能回数を限定する	✓ スペックや利用範囲を制限する ✓ 有効利用期間を制限する

▊ SaaS ビジネスにおけるフロントエンド商品の例

ここまで見てきた3つの要素を SaaS ビジネスに当てはめて整理してみましょう。例として、クラウド会計ソフト freee を取り上げます。このソフトウェアには、機能別に契約プランが用意されており、初期費用は 0 円。各プランを 30 日間無料でお試し可能なうえ、月額数千円から利用可能です。

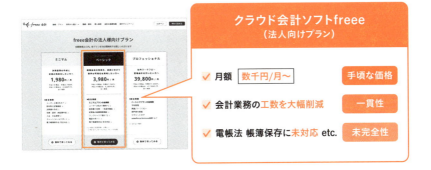

引用：クラウド会計ソフト freee 会計「freee 会計の法人様向けプラン」：https://www.freee.co.jp/accounting/small-business/

　このプランは廉価ながら、領収書・請求書の発行や給与計算などの機能を備えており、上位プランと同様に会計業務の人件費や工数を削減できます。ただし、電子帳簿の保存など一部の業務には対応していません。手頃な価格で一貫性のある価値を提供しつつ、ユーザーのニーズを完全には満たさないことで、上位プランへの移行を促しています。

　クラウド会計ソフトなどの業務用アプリを提供する多くのSaaSビジネスは、無料トライアルを通じて利用者数を伸ばしてきました。**有償版への切り替えを促すためには、トライアル利用できる人数を限定したり、使用可能な機能を制限したりすることがポイント**です。

9/05 業態・業種別に見る5つのフロントエンド商品

　先に述べたように、**フロントエンド商品は見込み客の意思決定を促すトリガー**です。したがって、まずは手軽な価格で購入可能であることが重要です。さらに、収益を生み出すバックエンド商品とのつながりと一貫性を持ち、完全にはニーズを満たさない不完全性を備えていることが、優れたフロントエンド商品の特徴です。

フロントエンド商品に求められる3つの条件

フロントエンド商品の開発方法

　新たにフロントエンド商品を開発する場合、開発・制作の大まかな流れは次の通りです。場合によってはデザインやプログラミングを外部に委託する必要があるかもしれませんが、全体のフローは一

般的な商品開発と同様で、特に高い難易度はありません。

　自社のビジネスモデルを基にして、先に解説した３つの要素を組み込むことで、適切なフロントエンド商品のアイデアが明確になるはずです。それでは、ビジネスモデルごとにどのようなフロントエンド商品が適しているかを、具体的に見ていきましょう。

▌業態・業種別に見るフロントエンド商品

1. お試しセット（小売・ネット通販）

　一般消費者向けの小売やネット通販においては、お試しセットがフロントエンド商品として広く用いられます。**食品や雑貨、日用品をパッケージ化し、相場を大幅に下回る価格で提供することにより、売り手の存在を印象付け、消費者の関心をバックエンド商品に向けさせるのが目的**です。多くの EC 事業者がお試しセットの販売を通じて顧客を獲得しています。

　お試しセットの具体例には以下があります。

- 生鮮食品、スイーツ、調味料などの詰め合わせ
- 洗剤やキッチン用品などの生活必需品セット

　価格に関しては、大体数百円から高くても数千円程度が一般的です。**コストに対する考慮とともに、１人１回限りの購入に制限するのが一般的です。**

2. トライアル

BtoB サービスに最適なフロントエンド商品です。**2週間から1カ月のトライアル期間を設け、この間に製品の機能やスペックを無料で体験してもらうことで、収益を生む有償プランへの移行を促進**します。

3. カウンセリング

美容・ヘルスケア、教育関連など、顧客のニーズが幅広いサービス業界では、カウンセリングがフロントエンド商品として広く利用されています。このような業種では、専任スタッフが顧客の悩みや志向をヒアリングし、日常生活でのアドバイスや適したサービスの提案を行います。

例えば、学習塾では、無料の体験授業を通じて生徒を獲得できます。また、講師による1対1の学習相談も、フロントエンドサービスの一例です。

4. 単発サービス

BPO（ビジネスプロセスアウトソーシング）、業務請負などのビジネスモデルにおいては、単発サービスが効果的です。場所や時間、対象を限定してクライアントの業務や作業を請け負うことで、より収益性の高い年間契約や顧問契約への移行を促します。

このような単発サービスは、クリーニング代行業者、税理士事務所、行政書士事務所など、多様な業種で提供されています。例えば、税理士による会計記帳代行サービスがその1つです。

5. イベント・展示会

住宅や自動車など、高額で部分的に提供が難しい商材の販売において、イベントや展示会はフロントエンド商品の役割を果たしています。

これらのイベントや展示会はほとんどが無料で参加でき、実際に訪れてオーナーになったかのような疑似体験をすることにより、購入に向けた意思決定がスムーズに進むことが期待されます。

また、近年では VR 技術を活用したオンライン住宅見学会なども増えており、新たな体験の提供が可能になっています。

第 9 章でやるべきこと

　あなたのビジネスにおける購買段階で、集客商品を開発しコンバージョンを獲得する可能性を検討してください。そのうえで、適切なコンテンツのアイデア、形式、集客チャネル、そして KPI を考案し、デジタルマーケティング改善シートを完成させましょう。そして、本章の内容に基づいて、集客商品の販売を計画し実行してください。

(((AIと共に拓く)))

　集客商品（フロントエンド商品）のアイデアを ChatGPT から評価してもらってください。プロンプトの例：あなたは [会社概要] の [商品概要・サービス概要] を集客・販促するデジタルマーケターです。集客商品に [考えた集客商品のアイデア] を考えています。的確な集客商品か評価してください。

あなたは「デジタルマーケティングのオンラインスクール事業を運営する企業」の「オンライン動画講座」を集客・販促するデジタルマーケターです。集客商品に「1週間のオンライン動画講座への無料トライアル」を考えています。的確な集客

> 商品か評価してください。

「1週間のオンライン動画講座への無料トライアル」は、デジタルマーケティングのオンラインスクール事業において、非常に有効な集客商品です。以下にその理由を説明します：

リスクの低減：無料トライアルは潜在顧客にとってリスクがないため、新しいサービスを試しやすくなります。これにより、購入の決断に必要な抵抗感を減らすことができます。

製品価値の実証：顧客は無料トライアルを通じて、オンラインスクールのコンテンツの質や講座のスタイルを直接体験することができ、製品価値を理解しやすくなります。

エンゲージメントの向上：1週間という期間は、ユーザーが講座内容に十分に触れ、スクールのプラットフォームに慣れるのに十分な時間を提供します。これにより、製品への興味とエンゲージメントを高めることができます。

リード情報の獲得：無料トライアルを受けるために

は、潜在顧客が連絡先情報を提供する必要があり
ます。これにより、マーケティングリストの構築と将
来の販促活動に役立つ貴重なリード情報を獲得でき
ます。

コンバージョンの可能性：無料トライアル期間後、
満足したユーザーは有料のコースに登録する可能性
が高くなります。これにより、長期的な顧客との関
係を築くきっかけをつくることができます。

ただし、無料トライアルの成功は、顧客が体験中に
高品質なコンテンツに触れることができるかどうか
に依存します。また、トライアルの最後には効果的
なフォローアップ戦略が必要です。これには、フィー
ドバックのリクエスト、追加質問のためのサポート
提供、有料コースへの登録を促す特別オファーなど
が含まれます。効果的なフォローアップがなければ、
無料トライアルの利点を最大限に活用できないかも
しれません。

第 10 章

収益商品（バックエンド商品）の販売で顧客生涯価値（LTV）を向上させる

第 10 章の概要

　収益商品（バックエンド商品）とは、売り手に収益をもたらす商品のことを指します。この商品は、多くの企業やビジネスオーナーにとって事業や経営を支える主力商品、または本命商品ともいえます。一方で、顧客生涯価値（LTV, Life Time Value）は、1人の顧客が生涯にわたって売り手にもたらす価値の指標であり、デジタルマーケティングの成功を測るうえで重要な指標です。本章では、バックエンド商品の販売がどのようにして LTV を向上させるかに焦点を当て、その戦略と戦術について詳しく解説します。

　本章のポイントは次の通りです。

1. 収益と利益を生むバックエンド商品とは？
2. バックエンド商品開発のための 3 つのヒント
3. 事例でわかる LTV（顧客生涯価値）
4. LTV が重要視される理由とは？
5. 購入単価を高めるアップセルにおける、松竹梅の法則と 2 つの注意点とは？
6. 大手 EC サイトも実践するクロスセルとは？
7. 購入単価を高めるクロスセルを成功させる 3 つのポイント
8. 購入頻度を向上させる 3 つの方法
9. 顧客の継続期間を伸ばす「攻め」と「守り」の施策

	顧客心理	コンテンツのアイデア	コンテンツの形式	集客チャネル	KPI
認知 Awareness	最近、デジタルマーケティングに興味が出てきた。どんな教材があるんだろう？	・ブランドのミッション・ビジョン・バリュー	・動画・デジタル広告	・YouTube・Meta 広告・Google ディスプレイネットワーク広告	・セッション数 ・表示回数・新規ユーザー数・広告の表示回数・動画広告の視聴回数
興味関心 Interest	このデジタルマーケティング教材、詳しい内容や特徴を知りたいな。	・顧客の問題解決情報・商品やサービスの基礎知識・データと統計に基づく情報	・ブログ記事・ランディングページ・電子書籍（E-Book）	・Google・Yahoo!・Bing	・見込み客（リード）獲得数・電子書籍（E-Book）、ホワイトペーパーのダウンロード数
比較検討 Consideration	この教材とあの教材、どちらが初心者に合っているんだろう？比較してみよう。	・商品やサービスの比較情報・顧客レビュー	・E メール・顧客の声を含む動画・ウェビナー	・E メール・YouTube・ウェビナーツール	・E メールの到達率、開封率、クリック数、クリック率、購読解除率・ウェビナーのアンケート
購買 Action	決めた！このデジタルマーケティング教材を買うことにする！	・商品やサービスの詳細情報・プロモーション情報	・E メール・ランディングページ・デジタル広告	・E メール・Google リスティング広告	・コンバージョン数（CV 数）・コンバージョン率（CVR）・顧客獲得単価（CPA）・初回購入で得られる売上
継続 Retention	この教材、本当に役立ってる。他の関連教材も購入しようかな。	・商品やサービスの使い方・アップデートの情報・関連する商品やサービスの情報	・E メール・ソーシャルメディア投稿	・E メール・X・Meta	・顧客生涯価値（LTV）・購入単価・購入頻度・継続期間
紹介 Advocacy	このデジタルマーケティング教材わかりやすくて有益だった！友達や同僚にも、おすすめしたい！	・紹介インセンティブの情報・共有しやすいソーシャルメディア情報	・E メール・ソーシャルメディア投稿	・E メール・X・Meta	・紹介による新規顧客からのコンバージョン率、コンバージョン数・紹介数・紹介からの平均売上
発信 Sharing	このデジタルマーケティング教材は素晴らしい！みんなも試してみるべきだよ！おすすめのデジタルマーケティング教材	・ユーザー生成コンテンツ・商品／サービスに関する顧客ストーリー・コミュニティイベント・キャンペーン	・E メール・ソーシャルメディア投稿	・E メール・X・Meta	・UGC の数、エンゲージメント数・顧客のストーリーの数・コミュニティイベントの参加者数、エンゲージメント数

　バックエンド商品の販売は、継続の段階で特に重要です。フロントエンド商品の販売後に顧客との関係を強化し、追加購入や定期購入を促進することで、LTV を向上させることができます。既存顧客との長期的な関係を築くためのバックエンド商品は、ビジネスの収益性を大幅に向上させる鍵となります。

　デジタルマーケティング改善シートを基に、継続の段階におけるマーケティングの戦略と戦術を策定し、バックエンド商品の販売を効果的に実施してください。これにより、LTV を最大化し、ビジネスの成長を持続させることができます。

10 / 01 収益と利益を生む バックエンド商品とは？

　バックエンド商品は、フロントエンド商品を購入した顧客に対して提案される商品やサービスです。これらは**マーケティングファネルの「継続」の段階で重要な役割を果たします。**

　例えば、AutoPilotAcademy では、講座やコンサルティング、集客・販売支援サービスがバックエンド商品として提供されています。これらのサービスをより多くの顧客に利用してもらうために、SEO対策、ソーシャルメディア投稿、デジタル広告、Eメールマーケティング、ウェビナーなどの各集客チャネルを活用し、日々マーケティング活動を行っています。

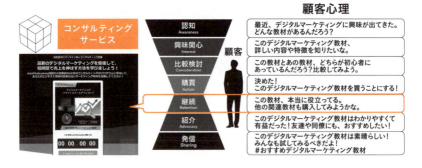

　バックエンド商品の販売によって、これまでにかかった集客コ

ストや販促コストを回収し、収益と利益をどれだけ上げることができるかは、マーケティングファネルにおける**重要な課題の1つ**です。これは後述する顧客生涯価値（LTV）の向上に直結し、持続可能なビジネス成長を実現するための鍵となります。

バックエンド商品は、一度の販売だけでなく、顧客との長期的な関係を築きながら、継続的に収益や利益を生むための重要な手段です。集客コストや販促コストを回収するだけでなく、顧客に社会的価値を提供し続けることが求められます。顧客との信頼関係を深めることで、リピート購入やアップセルの機会を増やし、ビジネスの安定した成長を支えることができます。

バックエンド商品の販売を通じて、マーケティングファネルを最適化し、LTVの向上を図ることができます。成功するためには、顧客のニーズを的確に把握し、それに応じた価値ある商品やサービスを提供し続けることが不可欠です。

バックエンド商品の提供は、ビジネスの継続と社会的価値の提供を両立させるための戦略的なアプローチです。このバランスを保つことで、企業は持続可能な成長を実現し、顧客にとっても魅力的なパートナーとなることができます。

10 / 02 バックエンド商品開発のための3つのヒント

　まず結論から言うと、「これなら売れる」や「このような商品が成功する」といった明確な答えは、バックエンド商品の開発には存在しません。バックエンド商品は、事業そのものを表しているため、経営者の価値観、資金力、経営ノウハウ、技術力などによって、どんな商品やサービスもバックエンド商品になり得るのです。

　「どんなバックエンド商品が市場で受け入れられるのか？」という問いは、「成功するビジネスモデルとは何か？」と同じくらい抽象的で、一概には答えられません。**しかし、バックエンド商品の開発プロセスでは、業種や業態に関係なく参考になるいくつかのヒントがあります。ここでは、それを大きく3つに分けて見ていきましょう。**

バックエンド商品開発のためのヒント①：今の「不自由」に、目を向ける

　最初のヒントは、現代の不自由さに目を向けることです。例えば、スマートフォンやソーシャルメディアがなかった時代では、電車内でチャットをしたり、撮影した動画を即座に共有したりすることは

ほぼ不可能でした。今と比較すると、明らかに不自由な時代ですが、その当時はスマートフォンやソーシャルメディアが存在しなかったため、人々はその不自由さに気付いていませんでした。

同様に、現在の時代にも潜在的な不自由さが存在します。具体的にどんな不自由があるのか、そして**将来どのような自由が実現可能かを考えることは、バックエンド商品開発において重要なヒント**になります。

例えば AutoPilotAcademy では、オンライン動画講座を購入した受講生に対して、個別コンサルティングのサービスを提供しています。オンライン動画講座は、時間や場所の制約がなく、必要なノウハウを身に付けることができるというメリットがあります。しかし、個々の具体的なアドバイスや戦略提供を行うには不向きです。そこで、コンサルティングのサービスで個々のデジタルマーケティングに関する課題に応えることにしました。このように、**既存のサービスにはない特定のニーズに応えることで、新たな価値を生み出すことができます。**

バックエンド商品として、そのようなサービスを提供することで、収益向上と顧客の満足度向上の両方を満たすことができます。

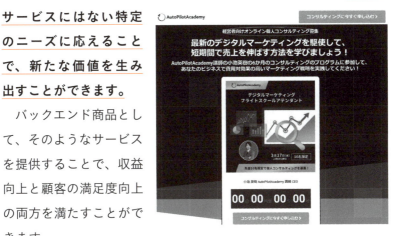

バックエンド商品開発のためのヒント②：「かけ合わせ」でUSPを決める

2つ目のヒントは、**異なる要素を「かけ合わせて」USP（Unique Selling Proposition：唯一無二の販売提案）をつくり出す**ことです。消費者が購入を決めるうえで非常に重要な要素ですが、商品やサービスにユニークなUSPを持たせることは決して容易ではありません。多くの分野でコモディティ化が進んでおり、唯一無二の特性を持つ商品を見つけるのは困難だからです。

このような状況の中で有効なのが、「かけ合わせ」の手法です。**USPを策定する際には、価格、機能、デザインなど複数の要素を組み合わせ**てみましょう。例えば、価格優位性のある商品は数多くありますが、価格が優れているだけでなく、デザイン性に優れ、機能面でも充実している商品はそれほど多くはありません。

次の図に示すように、単独ではそれほど価値や優位性を持たない要素も、他の要素と組み合わせることで、商品の独自性やオリジナリティを生み出すことが可能です。

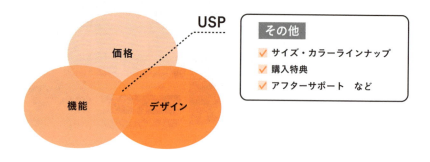

バックエンド商品開発のためのヒント③：
収益と利益を顧客生涯価値（LTV）で考える

　3つ目の重要なポイントは、LTVの考慮です。先にも述べたように、バックエンド商品は収益と利益を生み出す必要がありますが、単純に価格を上げると顧客離れを引き起こすリスクがあります。そこで注目すべきなのが、LTVという概念です。

LTVは、1人の顧客が生涯にわたり企業にもたらす総価値を示し、購入単価、購入頻度、継続期間という3つの要素から成り立っています。 これらの要素を備えたバックエンド商品を開発し、実際にこれらをバランスよく最適化することで、無理なく顧客を獲得し、中長期的に収益と利益を増やすことが可能になります。

　また、LTVは個々の顧客に紐づく概念であるため、1つの商品やサービスに限定して考える必要はありません。顧客の購入単価や購入頻度を高めるために、複数のバックエンド商品を用意することも、LTVを向上させる効果的な戦略となります。

　続いて、LTVの視点からバックエンド商品の販売戦略を最適化する方法について見ていきましょう。

10/03 事例でわかるLTV（顧客生涯価値）

近年、マーケティング活動の**主要なKPI（重要業績評価指標）や経営指標として、LTVの導入が増えています。**なぜLTVが重要視されるのか、その具体的な算出方法や市場の傾向を踏まえて、詳しく見ていきましょう。

売り手にとって、LTVを向上させることは収益化への近道です。**これは単にコンバージョン数を増やすこと以上に、顧客の購入頻度、購入単価の増加、そして顧客との関係を長期にわたって維持することを含みます。**

ただし、「生涯」とはいえ、1人の消費者が幼少期から老年期までずっと同じ顧客であるとは限りません。LTVは、その**顧客がサー**

424 | 第10章 収益商品（バックエンド商品）の販売で顧客生涯価値（LTV）を向上させる

ビスを利用した期間や契約を継続した期間といった、**実際に顧客であった期間に基づいて算出**されます。

■ LTVを構成する3つの要素

先述したように、LTVは3つの要素のかけ合わせで成り立っています。業種や商品の種類にかかわらず、**購入単価（顧客1人あたりの平均購入金額を示す）、購入頻度（顧客が特定の期間内にどれくらいの頻度で購入するかを示す）、そして継続期間（顧客が商品やサービスを利用し続けている平均的な期間を示す）を乗算した数値が、その顧客が売り手にもたらす価値、すなわちLTVを示します。**

LTVを目標として設定する場合はそれぞれの数値をアベレージ化

LTVを指標や目標として用いる際には、これら3つの要素の平均値を割り出し、それらをかけ合わせて数値化することが一般的です。これにより、組織やチームが明確な目標を持って活動できるようになります。

▍例 . アパレル系 EC サイトの場合

アパレル系の EC サイトにおいて、購入単価が 10,000 円で、購入頻度が年 3 回、継続期間が 2 年の場合、LTV は次の図のように計算できます。

LTV は約 60,000 円（10,000 円 × 3 回 × 2 年）となります。**この金額が、ショップの売上目標や仕入れコスト、利益の観点から見て妥当であれば、この金額を LTV の目標値、または 1 つの基準として設定することができます。**

逆に、この金額が妥当または適正でないと考えられる場合は、LTV を構成する 3 つの要素である購入単価、購入頻度、継続期間をバランスよく、またはいずれか 1 つを大きく改善する必要があります。

10-04 LTV が重要視される理由とは？

　ネット通販や BtoB サービスを含む幅広い業種で、LTV は重要な KPI および経営指標として活用されています。特に、**多くの企業が参入するサブスクリプション型サービス、ゲームアプリの運営、会員制フィットネスクラブのような継続課金型サービスでは、LTV という概念がビジネスモデルの基盤をなしています。**

ネット通販

BtoB サービス

ゲーム・アプリ

美容・フィットネス

自動車販売など

販売後のサポートによって LTV を高め、収益化

　さらに、自動車販売など、一見すると一度きりの売り切り型のビジネスも、実際には点検、車検、自動車保険の契約代行などのアフターサービスを通じて LTV を高め、収益を確保しています。LTV がここまで広範囲にわたって重視されるようになった背景には、どのような理由があるのでしょうか？

LTV が重要視される理由①：
技術・サービスのコモディティ化

LTV が重要視される大きな理由の 1 つとして、技術およびサービスのコモディティ化、すなわち一般化が挙げられます。2010 年代以降、**さまざまな業種で技術やサービスの一般化が進み、新たな製品やサービスが市場に投入されても、短期間でその相対的価値が低下し、後発の競合に追い抜かれるような状況が常態化**しました。

例えば、2022 年に独自の高精度を誇る AI サービスとして大きな注目を集めた ChatGPT も、現在では Google などの競合との激しい競争に直面しています。このような**コモディティ化の進展により、多くの企業が既存顧客のロイヤルティ向上に焦点を当てるようになり、結果として LTV は重要な KPI および経営指標としての地位を確立**しました。

▌LTV が重要視される理由②：新規顧客の獲得コスト

マーケティングでは、新規顧客の獲得には既存顧客の維持に比べて多くのコストがかかると広く認識されています。**一般的に、新規顧客獲得のコストは既存顧客の維持コストの数倍におよぶとされることが多いです。**また、顧客の離脱率をわずかに減少させるだけで、利益が大幅に増加する可能性があるともいわれています。

10-05 購入単価を高める アップセルにおける、松竹梅の法則と2つの注意点とは？

　これまでの解説で見てきたように、収益や利益の増加にはLTVの改善が不可欠です。**特にバックエンド商品の購入単価は、LTVを構成する3つの要素の中の1つであり、この単価を改善することは売り手の収益向上に直接影響します。** 重要なのは、この改善が他の2つの要素、すなわち購入頻度や顧客の継続期間にマイナスの影響を与えない方法で行われることです。では、具体的にどのようなアプローチが考えられるのでしょうか？

もっとも簡単に考えられる方法が
値上げではあるけれども……

　購入単価を高めるにあたって、もっとも簡単なのはシンプルな値上げです。ただ、売り手側の都合だけで商品の値上げをすると、それまで購入してくれていた顧客が離れてしまったり、競合他社の商品に乗り替えられてしまったりするリスクが高まります。

　たとえ値上げによって購入単価を改善できたとしても、**相対的に購入頻度と継続期間が下がり**、そのかけ合わせであるLTVも伸び悩んでしまう可能性があるため、値上げは得策とはいえません。**そこで有効になるのが、バックエンド商品販売におけるアップセルとクロスセルという手法です。**

購入単価を高めるアップセルとクロスセル

　アップセルとは顧客に対し、より高価格・高付加価値の商品を購入してもらうための販売手法を指します。一方の**クロスセルは、顧客が検討中、もしくは検討済みの商品とあわせて別の商品をセットで購入してもらうための手法**です。

アップセルとクロスセルのいずれも購入頻度・継続期間に大きなマイナス影響をおよぼすことなく、購入単価の向上に大きな効果を発揮します。

▌アップセルと「松竹梅の法則」

アップセルに取り組む際に知っておきたいのが、「松竹梅の法則」というマーケティング理論です。この法則によれば、**価格やスペックの異なる3種類の商品やサービスが提示された場合、消費者の半数はミドルクラスの商品を選び、残りの半数がそれぞれ最安値の商品と最高値の商品に分かれる傾向がある**とされています。

この「松竹梅の法則」を正しく理解し、商品やサービスの販売に応用することによって、アップセルの成功率を高めることが可能です。法人向けのSaaSビジネスを例として詳しく見ていきましょう。

▌例. 法人向けSaaSビジネスの場合におけるアップセル

クラウド会計や人事労務アプリなどの法人向けSaaSビジネスは相応に高い利用料を要求しますが、もっとも価格が高い最上位プランの利用を促すのは簡単ではありません。価格が高いほど、顧客は

導入に慎重になり、意思決定までの時間もかかります。

　そこで役立つのが、先ほどご説明した「松竹梅の法則」です。次のように、最上位プランより価格やスペックを抑えたミドルクラスのプランを用意することで、その有用性とコストパフォーマンスの高さが際立ちます。

　最上位プランをある種の「見せ筋」として、「売り筋」であるミドルクラスのプランへ誘導することにより、結果的に顧客の購入単価を高めることができます。もちろん購入単価がもっとも高いのは最上位プランですが、上記のような価格設定であれば、顧客にお得感を感じてもらいつつ、最安プランから2.6倍以上のアップセルへとつなげられます。

　なお、今回は法人向けのSaaSビジネスを例に解説しましたが、**こうした方法はBtoCを含む幅広い商品やサービスの販売に適用できます。**自社の商品やサービスに適用し、ぜひ活用してみてください。

アップセルに取り組む際の注意点

続いてアップセルに取り組む際の注意点を見ていきましょう。

アップセルの注意点①：
適切な頻度・タイミングで提案する

売り筋商品を顧客に案内する際は、Eメール、ソーシャルメディア投稿などさまざまな集客チャネルが使えます。しかし、購入単価を引き上げようとしてあまりにも頻繁に高単価の商品を案内すると、「売りつけられている」と受け取られ、顧客離れにつながってしまいます。

例えば、Eメールマーケティングの場合、比較的価格の安い食品や日用品なら月4〜5回程度が適切です。BtoBサービスであれば月2回程度までの配信にとどめ、適切なタイミングで届けるようにしましょう。一般的には、顧客が安価な商品を購入する直前や直後、製品の買い替え時期、毎月25日の給料日前後などが、購買意欲の高まりやすいタイミングです。

購買意欲が高まりやすいタイミング

- ✓ 商品を購入する直前＆直後
- ✓ 製品の買い替え時期
- ✓ 毎月25日の給料日前後など

▎アップセルの注意点②：選択肢を増やしすぎない

消費者心理学の世界には「ジャムの法則」という理論があり、商品の選択肢があまりに多すぎると、消費者や顧客は判断を迷い、購入を先送りにしたり、あきらめたりする傾向があるとされています。

例えば、1990 年代に行われた消費者心理学のモニター調査では、**24 種類の選択肢から商品を選んで購入する人の購入率は、6 種類の選択肢から選んで購入する人の約 10 分の 1 にとどまる**という結果が出ました。これは**ジャムの法則**と呼ばれています。

適切な商品数や選択肢の数は、商品によって異なるため、一概には言えませんが、少なくとも一度に数十個以上の商品を案内するなどは避けたほうがよいでしょう。

10-06 大手ECサイトも実践するクロスセルとは？

　アップセルについては上記で解説しました。もう一方の**クロスセルは、商品の購入を検討している顧客、もしくは購入を決めた顧客に対し、他の商品をセットで購入してもらうことによって購入単価を高める手法**です。一般消費者向けのECサイトなど、主にBtoC領域で広く用いられています。

　クロスセルには具体的にどういった特性があるのでしょうか？

クロスセルの特性とメリット

　ひと言で言えば、**商品を個別に販売する手間やコストを省きつつ、購入単価を改善できるというのがクロスセルの特性**です。PCの関連機器やアクセサリーなど、単品ではなかなか売上を伸ばしに

06　大手ECサイトも実践するクロスセルとは？　｜　435

くい商品も、本体とのセット購入を提案することで効率的に販売できます。

PCの周辺機器・アクセサリー

メンテナンス用品

調味料・ハーブなど

単品では売れにくいアイテムも
セット販売なら購入してもらえる可能性大

クロスセルの主な目的は購入単価をアップさせることですが、場合によっては余剰在庫の削減などにも貢献することがあります。

クロスセルの事例1. ある大手ECサイト

　ある大手ECサイトでは、商品ページや購入手続きのページで「よく一緒に購入されている商品」や「こちらもおすすめ」といった形で、顧客のニーズと関連する商品をレコメンドすることにより、購入単価を高めています。

　このECサイトでは、売上全体の35%はこうしたクロスセルとアップセルによって占められていると言われています。

クロスセルの事例 2. 雑貨・インテリア・ファッション小物を販売する EC サイト

　雑貨、インテリア、ファッション小物を販売し、女性を中心に人気を集める EC サイトもクロスセルによって大きな成果をあげている企業です。この EC サイトでは、日常生活における顧客のニーズを深く掘り下げ、それぞれの商品にタグを付ける工夫をしています。これにより、**関連するアイテムがまとめて表示される**ようになっています。

　例えば、「掃除」というキーワードで検索した場合、コードレスクリーナーやモップはもちろんのこと、リビングルームで使える蓋つきのダストボックス、シミや汚れの付着を防ぐエプロン、椅子カバーなどが一覧表示され、まとめて購入することが可能です。

10/07 購入単価を高めるクロスセルを 成功させる3つのポイント

こうしたクロスセルを効率的に進め、購入単価をアップさせるためには、どういった点に気を配るべきでしょうか？

続いて、クロスセルを成功させるためのポイントを大きく3つに分けて見ていきましょう。

クロスセルを成功させるポイント①： 予算に合った商品を提案する

1つ目は、商品価格です。ここまで見てきてわかるように、**クロスセルは「ついでにこれがあれば便利そう」「いずれ必要になるからこの機会に……」といった消費者心理に訴える販売手法**です。

例えば2,500円のヘッドフォンの購入を決めた顧客に対し、販売価格20,000円の高音質のPC用マイクをレコメンドしても、多くの場合コンバージョンにはつながりません。Amazonのレコメンド枠にも、多くの場合、本商品と同程度の価格の商品、もしくは2〜3割価格の安い商品が表示されます。

検討中もしくは購入を決めた商品から顧客の予算を推測し、悩

まずに購入できる、ちょうどいい価格の商品を提案するというのが、クロスセルを成功させる1つ目のポイントです。

クロスセルを成功させるポイント②：選択肢を増やしすぎない

　購入単価を高めようとしてあまりにも多くの商品を提案すると、顧客は「売りつけられている」と感じ、購入を躊躇してしまうことが少なくありません。また、先にお伝えしたように、選べる商品の数が多くなれば多くなるほど顧客は迷い、買い物自体を先延ばしにしたり、途中でやめてしまったりする可能性が高くなります。

　顧客の意思決定をスムーズに促すためにも、セット購入を提案する商品の数を増やし過ぎてはいけません。

クロスセルを成功させるポイント③：RFM分析を行う

　RFM分析は、「購入日 (R: Recency)」「購入頻度 (F: Frequency)」「購入金額 (M: Monetary)」の3つの指標を用いた顧客分析の手法です。直近の購入日、来店・アクセス頻度、累計購入金額という3つの要素をもとに顧客をランク化することによって、どの顧客に対して商品のセット購入を勧めるべきかや、ターゲットの優先順位を決定できます。

優先すべきターゲット	ランク	直近購入日	来店頻度	購入金額
	A	1日前	月10回	¥250,000
	B	5日前	月5回	¥100,000
	C	2週間前	月2回	¥30,000

　いうまでもなく、ランクが高い顧客は商品やサービスに対する興味関心が高く、実際にタッチポイントも多い顧客です。こうした顧客から優先的にクロスセル施策を進めることによって、購入単価のアップにつながりやすくなります。

10/08 購入頻度を向上させる3つの方法

　購入頻度は、LTVを構成する要素の1つです。具体的には、ECサイトにおける顧客の月間購入回数やサービスの年間利用回数などが該当します。

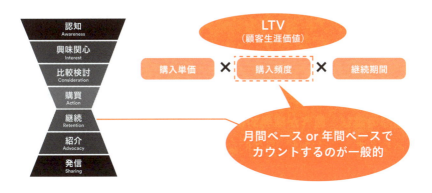

　先に述べた購入単価と同様に、他の2つの要素に悪影響をおよぼすことなく、購入頻度を向上させることができれば、LTVを向上させることができます。したがって、まず理解しておくべきは、購入頻度と購入単価の相互関係です。

▍購入頻度の向上が意味すること

購入頻度は端的に言って、購入単価と裏表の関係にあります。 例えば、商品の内容量を減らし、価格をそれに合わせて下げると、購入頻度は増えるかもしれませんが、同時に購入単価も低下するため、結局のところ LTV は向上しないことがよくあります。

このような単純な値下げに頼るのではなく、**購入頻度を改善する際の鍵は、顧客が自発的にリピート購入をするよう促す方法**にあります。ここでは、具体的な3つの方法を紹介します。

▍顧客の購入頻度を上げる3つの方法①：Eメール

購入履歴や取引実績のある顧客に向けて、Eメールを活用する手法です。LTV の向上に向けた施策は、コンバージョン時に収集した顧客情報を登録したメーリングリストを使用することで、手軽に実施できます。**過去に購入した商品や利用したサービスに関連するコンテンツをEメールで提供することで、リピート購入を効果的に促すことが可能です。**

具体的なコンテンツのアイデアについては、以下にリストアップしています。一般消費者向けの商品販売や小売業の場合、これらのコンテンツに加えて購読者専用のクーポンを提供することも考慮できます。

> **Eメールのコンテンツのアイデア**
> - ✓ 新製品情報　✓ 割引セールの告知・案内　✓ レシピなどの紹介
> - ✓ オプションを組み合わせたサービスの活用事例・導入効果など（BtoBの場合）

顧客の購入頻度を上げる3つの方法②：リマーケティング広告

　Eメールと同様に、**過去の顧客をターゲットにする施策は、デジタル広告でも有効**です。例えば、Google広告の場合、オーディエンスマネージャーを使用して顧客情報をアップロードすることで、過去の購入履歴や取引実績のある顧客に対して、リピート購入を促す広告をピンポイントに配信することができます。

Google のディスプレイ広告やショッピング広告は、視覚的な要素が重要な役割を果たすため、アパレル商品のスタイリング提案などにも適しています。業種や製品に応じて、E メールと組み合わせて活用することができます。また、オーディエンスマネージャーへの情報アップロード方法については、Google 公式ヘルプ（https://support.google.com/google-ads/answer/6276125?hl=ja）で詳しく説明されています。

▎顧客の購入頻度を上げる 3 つの方法③：イベント開催

季節ごとの割引セールなど、定期的なイベントもリピート購入を促進するための効果的な戦略です。

例えば、ネット通販大手の楽天は、毎年 4 回「楽天スーパー SALE」を開催しており、この日に向けて日頃からコツコツ買い物をしてポイントを貯めるユーザーが少なくありません。イベント自体の集客効果とあわせて、イベントへの期待感や興奮が購入頻度の向上につながります。楽天と同様に、Amazon や ZOZO TOWN も定期的にイベントセールを開催しています。

楽天スーパー SALE
（年4回/3・6・9・12月）

Amazon Prime Day
（年1回/7月など）

ZOZOWEEK
（年2〜3回/5月など）

実際にこうしたイベントを開催する際は、顧客の特別感を損なわないように、年に数回程度の頻度で行うことが重要です。

10 顧客の継続期間を伸ばす「攻め」と「守り」の施策
09

継続期間は、売り手と買い手が取引関係や契約関係を結んでいる期間です。**購入単価や購入頻度と合わせて、LTVを構成する要素の1つであり、継続期間を延ばすことで顧客がもたらす総合的な価値としてのLTVを向上させる**ことができます。

例.ECサイトとSaaSビジネスにおける継続期間

例えば、ECサイトの顧客が初回から3回続けて買い物をして、12カ月後に利用を停止した場合、この顧客の継続期間は1年です。SaaSモデルのサービスを利用していた顧客が3年目の契約を更新せずに解約した場合、この顧客の継続期間は2年となります。

■ 続けることの価値・意義を伝える

　顧客の継続期間を伸ばすためには、次に挙げるように、**顧客一人ひとりに継続することの価値や意義を実感してもらわなければなりません。**

　顧客でい続けることにどんなメリットがあるのか。取引・契約を続けることによってどういった恩恵が受けられるのか、ダイレクトに伝えるのが継続期間改善のポイントです。具体的にどういった打ち手が有効なのか見ていきましょう。

顧客の継続期間を伸ばす「攻め」の施策：インセンティブ

　ポイントをはじめとする**インセンティブは継続期間の改善に大きな効果を発揮**します。広く知られている通り、Amazon、楽天などの大手ネット通販事業者は、ポイント施策によって多くの顧客を囲い込んできました。

　また、先ほど例として挙げた SaaS モデルの BtoB 商材でも、利用期間に応じたクーポンや割引制度を用意することにより、顧客に継続することの意義や価値を実感してもらうことができます。

> **インセンティブの例**
>
> ☑ 買い物ごとに付与されるポイント　　☑ クーポン、割引チケット
> ☑ サービスの利用期間に応じた割引　　☑ サービスの一部無料化など

　ただし、こうしたインセンティブ施策の仕組みを自社で構築するのは簡単ではありません。人件費などのコストを抑え、より効率的に顧客の継続を促進させたいのなら、会員データの管理やポイント付与設定、LTV 改善に役立つ RFM 分析などの施策が考えられます。

顧客の継続期間を伸ばす「守り」の施策：カスタマーサポート

カスタマーサポートを通じて顧客の要望や問い合わせにスムー

09　顧客の継続期間を伸ばす「攻め」と「守り」の施策　｜　447

ズかつ的確に対応することにより、解約率を下げ、購買期間や契約期間を伸ばすことができます。相手の温度感が高い場合も感情を汲み取り、真摯に受け止めることで、逆に売り手への信頼感が増すことも珍しくありません。

インセンティブの付与が継続期間の改善における「攻め」の施策だとすれば、カスタマーサポートは「守り」の施策といえます。カスタマーサポートを評価するKPIは次の通りです。

カスタマーサポートのKPI

- ☑ 応答率
- ☑ 平均応答速度
- ☑ サービスレベル
- ☑ 平均通話時間
- ☑ 平均処理時間
- ☑ 顧客満足度　など

カスタマーサポート業務を効率的に行うには、「ミーテル」のようなツールを活用するのがお勧めです。通話の自動録音、モニタリング、スコアリングなどインバウンド向けの機能も充実しており、カスタマーサポートの改善に大きな効果を発揮します。

引用：ミーテル（https://miitel.com/jp/）

また、「Zendesk AI（https://www.zendesk.co.jp/service/ai/）のように AI チャットボットツールの活用もお勧めです。営業時間を問わず顧客の質問に回答することができるため、人的リソースの削減にもつながります。

インセンティブ　　　　カスタマーサポート

 ×

ツールを活用して
コスト削減＆効率化

　顧客の継続期間を伸ばすには、顧客自身に顧客であり続けることの価値と意義を実感してもらう必要があります。そのためには、「攻め」の打ち手としてのインセンティブと、「守り」のカスタマーサポートを組み合わせ、ツールを活用して取り組むのが効果的です。

第 10 章でやるべきこと

　あなたのビジネスにおける継続段階で、バックエンド商品（アップセル、クロスセル）を開発し、コンバージョンを獲得する可能性を検討してください。そのうえで、適切なコンテンツのアイデア、形式、集客チャネル、そして KPI を考案し、デジタルマーケティング改善シートを完成させましょう。そして、本章の内容に基づいて、バックエンド商品の販売を計画し実行してください。

(((AIと共に拓く)))

1.　収益商品（バックエンド商品）のアイデアを ChatGPT から評価してもらってください。プロンプトの例：あなたは [会社概要] の [商品概要・サービス概要] を集客・販促するデジタルマーケターです。集客商品に [考えた集客商品のアイデア] を、収益商品に [考えた収益商品のアイデア] を考えています。適切な収益商品になっているか評価してください。

あなたは「デジタルマーケティングのオンラインスクール事業を運営する企業」の「オンライン動画講座」を集客・販促するデジタルマーケターです。集客商品に「1週間のオンライン動画講座へ

の無料トライアル」を、収益商品に「顧客個々へのコンサルティング」を考えています。的確な収益商品かを評価してください。

デジタルマーケティングのオンラインスクール事業での収益商品として「顧客個々へのコンサルティング」を提供する戦略は、非常に効果的なアプローチであると考えられます。以下にその理由を述べます。

1. 高付加価値：個々の顧客に合わせたコンサルティングは、一般的なオンラインコースよりも高い付加価値を提供できます。顧客にとっては、自分のニーズや問題に直接対応してもらえるため、満足度が高くなる可能性があります。

2. 収益性：カスタマイズされたサービスは、一般的なオンラインコースよりも高い価格設定が可能です。これにより、収益性の向上が期待できます。

3. 顧客関係の強化：個別コンサルティングを通じて、顧客との関係を深めることができます。これは、顧客のロイヤルティを高め、長期的な関係の構築に役立ちます。

4. フィードバックと改善：個々の顧客からの直接的

なフィードバックを通じて、サービスを改善し、より効果的なマーケティング戦略を立てることができます。

5. 差別化：市場には多くのオンラインコースが存在しますが、個別コンサルティングサービスは差別化要因となり得ます。これにより、競合他社との差別化を図ることができます。

ただし、いくつかの点に注意する必要があります。コンサルティングは、時間とリソースがかかるサービスであるため、スケーラビリティやコスト管理が重要です。また、高品質のサービスを提供するためには、専門知識や経験が豊富なコンサルタントの確保が必要です。

総合的に見ると、このアプローチはデジタルマーケティングのオンラインスクール事業において効果的であり、長期的な成功に貢献する可能性が高いと考えられます。

2. LTVを高めるアイデアをChatGPTからもらってください。プロンプトの例：あなたは[会社概要]の[商品概要・サービス概要]を集客・販促するデジタルマーケターです。購入単価は[想定の購入単価]、購入頻度は[想定の購入頻度]、継続期間は[想定の継続期間]で顧客

生涯価値は［想定の顧客生涯価値］で考えています。顧客生涯価値を高めるアイデアをシミュレーションを踏まえて出してください。

あなたは「デジタルマーケティングのオンラインスクール事業を運営する企業」の「オンライン動画講座」を集客・販促するデジタルマーケターです。購入単価は「5,000円」、購入頻度は「月1回」、継続期間は「1年」でLTVは「60,000円」で考えています。LTVを高めるアイデアをシミュレーションを踏まえて出してください。

LTVを高めるためのシミュレーション結果は以下の通りです：

1. 購入単価を10％増加させる：購入単価を5,000円から10％増加させると、新しいLTVは66,000円になります。これは現在のLTVに比べて6,000円の増加です。

2. 購入頻度を月1回から月2回に増やす：購入頻度を月1回から月2回に増やすと、新しいLTVは120,000円になります。これは現在のLTVの2倍に相当します。

3. 継続期間を1年から1.5年に延長する：継続期

間を1年（12カ月）から1.5年（18カ月）に延長すると、新しいLTVは90,000円になります。これは現在のLTVに比べて30,000円の増加です。

これらの結果から、特に購入頻度を増やすことがLTVを大幅に高める効果があることがわかります。ただし、これらの戦略を実装する際には、顧客満足度や市場の動向を慎重に考慮し、持続可能な方法で実施することが重要です。

COLUMN 11

商品やサービスのアップデート情報の提供でLTVを向上させる

　第3章でも解説したように、商品やサービスの使い方やアップデート情報を定期的に提供することは、顧客のエンゲージメントを高め、継続的な利用を促進することにつながります。

事例1. クラウド会計ソフトfreeeのアップデート情報

　freeeでは、月次で新機能の情報を顧客向けにEメールやブログを通じて配信しています。請求書アプリのリリース、取引登録の一括処理機能、経費精算時に領収書とは別に補足資料を添付できる機能などがあり、顧客はこれらの新機能を活用することで業務の効率化を実現できます。

　このような**定期的なアップデート情報の提供は、顧客に対してツールの価値を継続的に伝えることを可能にし、顧客の満足度の向上や契約期間の延長につながります。**また、満足している顧客に他のサービスを紹介することで、新たな契約獲得にスムーズにつなげることができます。このアプローチは、結果としてLTV向上に寄与することが期待できます。

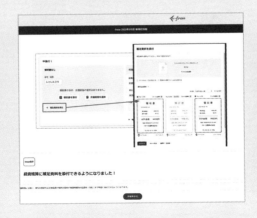

引用：freee

事例 2. 車のサブスクリプションサービス「KINTO」のアップデート情報

　車のサブスクリプションサービスを展開する株式会社 KINTO では、ハードウェアやソフトウェアのアップグレード情報をアプリを通じて顧客に提供しています。これにより、顧客は最新の車両性能や機能向上に関する情報を入手し、自分の車を最適な状態に保つことができます。

　このようなアップデート情報の提供は、顧客に対する継続的なサポートとして機能します。顧客は、サブスクリプションサービスが単なる車のリースを超え、継続的な価値提供としての役割を果たしていることを認識します。これにより顧客の満足度は高まり、結果として有料オプションへの申し込みや長期契約の継続など、LTV の向上につながります。

引用：KINTO

第 11 章

顧客自身を広告塔として、集客・販促を加速させる

第 11 章の概要

　デジタル時代において、満足した顧客は自身のソーシャルメディアを通じて商品やサービスの情報を共有し、企業やブランドの強力な広告塔となる可能性があります。インセンティブやソーシャルメディアで共有しやすいコンテンツを提供することは、紹介促進に効果的です。また、顧客の積極的な発信を促すためには、ユーザー生成コンテンツ（UGC）やコミュニティイベントの活用が鍵となります。本章では、顧客を広告塔として活用し、集客・販促を加速させる具体的な方法について詳しく解説します。

　本章で学ぶこと

1. インセンティブ情報や共有しやすいソーシャルメディア情報で紹介を促す
2. 顧客紹介を促進するソーシャルメディアキャンペーンの進め方
3. 顧客の情報発信を促す鍵はユーザー生成コンテンツ（UGC）
4. UGC の作成と発信を促す 3 つの方法
5. 商品・サービスに関する顧客のストーリーを共有する
6. コミュニティイベントの開催で情報の発信を促す

	顧客心理	コンテンツのアイデア	コンテンツの形式	集客チャネル	KPI
認知 Awareness	最近、デジタルマーケティングに興味が出てきた。どんな教材があるんだろう？	・ブランドのミッション ・ビジョン ・バリュー	・動画 ・デジタル広告	・YouTube ・Meta広告 ・Googleディスプレイネットワーク広告	・セッション数 ・表示回数 ・新規ユーザー数 ・広告の表示回数 ・動画広告の視聴回数
興味関心 Interest	このデジタルマーケティング教材、詳しい内容や特徴を知りたい？	・顧客の問題解決情報 ・商品やサービスの基礎知識 ・データと統計に基づく情報	・ブログ記事 ・ランディングページ ・電子書籍 (E-Book)	・Google ・Yahoo! ・Bing	・見込み客（リード）獲得数 ・電子書籍（E-Book）、ホワイトペーパーのダウンロード数
比較検討 Consideration	この教材とあの教材、どちらが初心者に合っているかな？比較しよう。	・商品やサービスの比較情報 ・顧客レビュー	・Eメール ・顧客の声を含む動画 ・ウェビナー	・Eメール ・YouTube ・ウェビナーツール	・Eメールの到達率、開封率、クリック数、クリック率、購読解除率 ・ウェビナーのアンケート
購買 Action	決めた！このデジタルマーケティング教材を買うことにする！	・商品やサービスの詳細情報 ・プロモーション情報	・Eメール ・ランディングページ ・デジタル広告	・Eメール ・Googleリスティング広告	・コンバージョン数（CV数） ・コンバージョン率（CVR） ・顧客獲得単価（CPA） ・初回購入で得られる売上
継続 Retention	この教材、本当に役立ってる。他の関連教材も購入してみようかな。	・商品やサービスの使い方 ・アップデートの情報 ・関連する商品やサービスの情報	・Eメール ・ソーシャルメディア投稿	・Eメール ・X ・Meta	・顧客生涯価値（LTV） ・解約率、購入頻度 ・継続期間
紹介 Advocacy	このデジタルマーケティング教材はわかりやすくて有益だった！友達や同僚にも、おすすめしたい！	・紹介インセンティブの情報 ・共有しやすいソーシャルメディア情報	・Eメール ・ソーシャルメディア投稿	・Eメール ・X ・Meta	・紹介による新規顧客からのコンバージョン数、コンバージョン率 ・紹介数・紹介からの平均売上
発信 Sharing	このデジタルマーケティング教材は素晴らしい！みんなも試してみるべきだよ！おすすめデジタルマーケティング教材	・ユーザー生成コンテンツ ・商品/サービスに関する顧客ストーリー ・コミュニティイベント ・キャンペーン	・Eメール ・ソーシャルメディア投稿	・Eメール ・X ・Meta	・UGCの数、エンゲージメント数 ・顧客のストーリーの数 ・コミュニティイベントの参加者数、エンゲージメント数

　デジタル時代において、紹介と発信の段階ではソーシャルメディアキャンペーンの実施やUGCの作成や顧客のストーリーの共有が特に重要です。これにより、顧客が自発的に情報を共有し、ブランドの認知度と信頼性を向上させることができます。

　さらに、コミュニティイベントを開催することも効果的です。これにより、顧客とのつながりを深め、ブランドのファンを増やすことができます。

　デジタルマーケティング改善シートを活用し、紹介や発信の段階における顧客心理やコンテンツのアイデア、形式、集客チャネル、KPIを整理し、この段階における効果的な戦略や戦術を策定してください。これにより、顧客の紹介や情報発信を最大限に引き出し、集客と販促を加速させることができます。

11 | 01 インセンティブ情報や共有しやすいソーシャルメディア情報で紹介を促す

　「紹介」とは、顧客が自ら購入した商品やサービスに関する情報を他の消費者に共有させる行動を指します。第3章で解説した通り、既存顧客に対して、紹介インセンティブや共有しやすいソーシャルメディア情報を提供することは、リピート購入の促進や新規顧客獲得に効果的な戦略です。ここでは具体的な事例を用いてこの戦略を詳しく解説します。

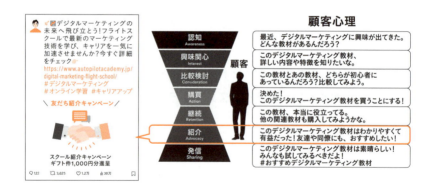

インセンティブ情報の例：
ある大手ネット銀行の紹介促進キャンペーン

　例として、ある大手ネット銀行では、法人口座を持つ既存顧客を

対象に知り合いの法人や起業家への紹介を促すキャンペーンを実施しています。紹介に成功すると、紹介者には最大6万円の現金プレゼントがあり、新規口座開設者には2カ月間、毎月10回までの他行振込手数料が無料になるメリットが提供されます。**紹介者と紹介された側双方にメリットがあるインセンティブは、特に効果的**です。

重要なのは、紹介キャンペーンが参加しやすい仕組みであることです。このネット銀行では、エントリー画面で生成されるお客様専用URLを介して知人に口座開設を依頼することができます。専用URLを通じた口座開設が行われると、紹介者と新規顧客双方がインセンティブの対象となるシステムになっています。

③現金プレゼント

最大60,000円の現金
プレゼント！

①専用URLを送付

②口座開設
（専用URLから）

他行宛て振込手数料
月10回無料

01 インセンティブ情報や共有しやすいソーシャルメディア情報で紹介を促す

共有しやすいソーシャルメディア情報の例：
あるキャッシュレス決済サービスの紹介促進キャンペーン

　<u>紹介は、ソーシャルメディアを通じて行うことで効果を高めることができます。</u>ソーシャルメディアでの紹介が増えれば、商品やサービスの認知度が向上し、情報を発信する消費者も増えるでしょう。例えば、あるキャッシュレス決済サービスは友だち紹介キャンペーンを実施しました。このキャンペーンでは、紹介者は1人ごとに300ポイント（相当額300円）を受け取り、紹介された側も紹介コードから登録し、1,000円以上の決済をすることで300ポイントを獲得できました。

　このキャンペーンは、SMSやEメールだけでなく、ソーシャルメディアでのシェアも可能な仕組みで設計されていました。**実際に、X（旧Twitter）などのソーシャルメディアプラットフォームで多くのシェアが行われ、効果的な紹介促進が実現されました。**

顧客紹介を促進する
ソーシャルメディアキャンペーンの進め方

11
02

　ここでは、具体的なケーススタディとして、「Xキャンペーン」を例に解説を進めます。

▌紹介のKPIと顧客の紹介を促すポイント

　Xを用いたキャンペーンでは、紹介による新規顧客獲得数、シェア数、リポスト数、フォロワー数などが重要なKPI（重要業績評価指標）になります。これらの数値が大きいほど、商品やサービスの拡散効果が高まり、新規顧客が増加している状況を示します。

　顧客による紹介を促すためには、参加しやすい仕組みを作ることが重要です。例えば、Xの場合のキャンペーンは、リポスト、ハッシュタグ付きの投稿、アカウントのフォロー、といった参加条件を設け、審査・抽選を行ったうえで当選者に景品をプレゼントする懸賞企画を実施できます。紹介する側からすると、**モノやサービスを直接プッシュするわけではなく、相手にも景品というインセンティブがつくため、イベントに誘うような感覚で気軽に共有・紹介**できます。

このタイプのキャンペーンは他のソーシャルメディアでも実施可能ですが、**X ではキャンペーン自体がリポストできるため、特に拡散力が高い**です。次に、このキャンペーンの具体的な進め方について詳しく見ていきましょう。

ソーシャルメディアキャンペーンの進め方①：参加条件を設定する

X キャンペーンを実施する際の最初のステップは、**参加条件の設定です。参加のハードルが高すぎると、紹介する側が躊躇する可能性があるため、条件はシンプルかつ明確にすることが重要です。**

紹介されやすい X キャンペーン

- ✅ **フォロー＆いいねキャンペーン**
- ✅ **フォロー＆リポストキャンペーン**
- ✅ **ハッシュタグキャンペーン**
- ✅ **インスタントウィンキャンペーン**

※インスタントウィンキャンペーンは、キャンペーン参加者が即座に商品の当選もしくは落選を知ることができるプロモーションを意味します。

X キャンペーンにおける一般的な参加条件には、アカウントのフォロー、リポスト、ブランド名や商品名のハッシュタグ付きポストなどがあります。

画像や動画を用いたポストを条件にする場合も、加工や編集作業が参加者に負担をかけないよう、スマートフォンで撮影した素材をそのまま使用できる簡単な条件を設けましょう。

ソーシャルメディアキャンペーンの進め方②：景品の準備

　参加条件の設定が完了したら、次に景品を用意します。フォローやリポストを参加条件とするXキャンペーンは、オープン懸賞（一般公開された応募者を対象とする懸賞）に該当します。この場合、景品の金額に上限は特に設けられず、現金を景品とすることも可能です。

　しかし、参加者を引きつけるために過度に高価な景品を用意すると、費用がかさんだり、参加者に「裏があるのではないか」と疑念を抱かせたりするリスクがあります。**一般的に、景品の金額は数百円から数千円程度が適切です。**クーポン、ギフト券、試供品セットなどが好ましい選択肢となります。

　例えば、ある大手コンビニエンスストアでは、Xキャンペーンの景品としてアイスクリームやドリンクのクーポンを提供しています。これは参加者にとって魅力的でありながら、コストを抑える効果的な方法です。

ソーシャルメディアキャンペーンの進め方③：開催期間を決める

　キャンペーンの次のステップはスケジューリング、つまり開催期間の設定です。多くの参加者を集めるために長い期間を設定するのは避けましょう。キャンペーン期間が長引くと、景品の配布までの

02　顧客紹介を促進するソーシャルメディアキャンペーンの進め方　465

時間が延び、参加者が紹介をためらう可能性が高まります。

　実際には、Xキャンペーンで成功している企業の多くは、開催期間を2週間程度に制限しています。理想的な期間は数日から最大でも2週間です。他社キャンペーンとの重複に関しては、過度に心配する必要はありません。

　Xユーザーの多くが複数のキャンペーンに同時に参加しているため、他社との開催期間が重なっても大きな影響はありません。これらのステップを経てキャンペーンの準備が完了し、Xで告知と投稿を行い、抽選または審査を通じて当選者に景品を発送します。

ソーシャルメディアキャンペーンの進め方④： 効果測定を行う

　キャンペーンが終了したら、第12章で解説するGoogle Analytics 4やX Analyticsを使用して効果測定を行います。前述した新規顧客獲得数、シェア数、リポスト数、フォロワー数などのKPIを基に、キャンペーンの各側面を評価します。これには参加条件の有効性、景品の適切さ、開催期間の妥当性などが含まれます。この分析を通じて得られた洞察は、次回のキャンペーンの改善に役立てることができます。

11-03 顧客の情報発信を促す鍵はユーザー生成コンテンツ（UGC）

　「発信」とは、商品やサービスを購入した顧客が、それらに関する情報を不特定多数の消費者に向けて公開する行為を指します。この発信はソーシャルメディアでの投稿、ブログ、動画メディアなどさまざまな媒体を通じて行われ、その結果生み出される情報はUGC（User Generated Content）と呼ばれます。発信者の影響力によっては、UGCの配信が直接コンバージョンにつながることもあります。

UGCの主な種類

　UGCの主な種類は次の通りです。

ソーシャルメディアの投稿やブログ記事、動画といった形のあるコンテンツのほか、レビューサイトへの書き込みなども UGC の1つです。これらはいずれも、形のあるコンテンツであり、顧客によって自発的に作成されるものです。**売り手としては、顧客による UGC の作成と共有を促すことによって、より多くの消費者に対して商品やサービスを印象づけ、最終的に収益につなげることが可能となります**。

▎UGC の作成・配信を促すためには

　顧客に UGC をゼロから作成してもらうのは容易ではありません。制作に必要な時間がない、創作するアイデアが浮かばない、どのメディアやフォーマットで配信すべきか迷うといった問題が生じることがあります。

　これらの顧客の不安や悩みを解消し、**創作活動を促進するためには、創作の基盤となる素材や仕組みの提供が有効**です。

|11|
|04|

UGCの作成と発信を促す
3つの方法

　売り手として、創作を促す具体的な手法にはどのようなものがあるのでしょうか？　続いて、その方法を大きく3つに分けて説明します。

UGCの作成と発信を促す方法①：スタッフレビューを用意する

　最初のアプローチとして、スタッフレビューの提供があります。商品のデザイン、機能、使用感をスタッフ自身が記述したレビューは、UGC創作の大きな触発源となることがあります。

　スタッフレビューを読んだ顧客は「本当にそうなのだろうか？」「自分でも試してレポートしてみたい」と感じることがあり、これがブログ執筆やソーシャルメディア投稿につながることも少なくありません。

　例えば、雑貨、インテリア、ファッション小物を販売し、女性を中心に人気を集めるECサイトでは、オウンドメディアでのレビュー記事を通じて、売り手と顧客間の交流が活性化し、顧客自身

04　UGCの作成と発信を促す3つの方法　｜　469

による情報発信へと発展しています。

オウンドメディアのレビュー記事が
創作の動機・ヒントに

UGCの作成と発信を促す方法②：
利用方法と活用術を共有する

2つ目のアプローチは、商品やサービスの利用方法や活用術の共有です。 スタッフや担当者によるレビュー記事と同様に、利用方法や活用術の情報も顧客にとって創作のインスピレーションやモチベーションの源になることがあります。

例えば、食品を販売するオンラインショップであれば、レシピ動画を提供することが有効です。アパレル関連のビジネスであれば、コーディネートの紹介記事を掲載するなど、自社の商品に適した創作の例を顧客に提供しましょう。

UGCの作成と発信を促す方法③：
ソーシャルメディアキャンペーンを実施する

3つ目のアプローチはソーシャルメディアキャンペーンの実施です。 これまでに紹介した他の2つの手法と組み合わせることで、ソーシャルメディアキャンペーンは顧客の情報発信を促す効果的な

手段となります。キャンペーンを実施することで、表現の場を提供し、景品という具体的な報酬を用意することにより、顧客の創作意欲を自然と高めることができます。

　例えば、ある大手化学メーカーは人気商品のウエットシートのXキャンペーンを実施しました。このキャンペーンでは、「#ながら〇〇」というハッシュタグを用いて、日常生活でのウエットシートの利用アイデアを募集し、多数の投稿を集めることに成功しました。

大手化学メーカーのXキャンペーン
日常生活に密着したアイデア募集で
多くの投稿を獲得

11/05 商品・サービスに関する顧客のストーリーを共有する

顧客のストーリーを共有することは、実際のユーザー体験を通じて製品やサービスの有効性を伝え、潜在的な顧客に対する説得力を増す手法です。

▌事例．車のサブスク、KINTOの顧客のストーリー

トヨタ車のサブスクリプションサービスを展開する株式会社KINTOでは、顧客の声を収集し、ブログで公開しています。例えば、プリウスUグレードの契約者の声をまとめた記事では、顧客がプリウスUグレードを契約したいと思ったきっかけや、KINTOを検討した理由、契約に至るまでの悩み、そして実際にKINTOを利用した感想が詳しく語られています。

引用：KINTO「プリウスUグレード契約者の声を紹介！メリット・デメリットは？」(https://kinto-jp.com/magazine/k20230106-1/)

また、ハードウェアアップグレードのアイテムを購入された契約者の声をまとめた記事では、アップグレードによる利便性の向上や、実際の使用感についての具体的な感想が紹介されています。**これらの顧客ストーリーは、他の潜在的顧客にとっても参考になり、サービスの魅力や利便性をより具体的に伝えることに成功しています。**

引用：KINTO「【インタビュー】プリウスUグレードのハードウェアアップグレードを施工した3名のお客様の声をお届け【KINTO Unlimited】」（https://kinto-jp.com/magazine/k20240426-2/）

11 06 コミュニティイベントの開催で 情報の発信を促す

　第３章で解説した通り、コミュニティイベントの開催は情報の発信を促す効果的な手段です。

▌事例. KINTO のコミュニティイベント

　例えば、KINTO では、車のサブスクリプションサービスに加入している顧客向けに、サーキット場でのカート大会イベントを開催していました。この 150 人限定のイベントでは、契約者とその同伴者が 1 人 6,500 円の料金で参加できました。**非日常的なカート体験を通じて、ブランドと顧客との強い絆を築き、契約者間の交流を深め、コミュニティの一員であるという感覚を提供しています。**

引用：【ご契約者様限定イベント】初開催！「KINTO presents カートチャレンジ」＠新東京サーキット

　コミュニティイベントを通じて、顧客との関係を深めると同時に、

474 　第 11 章　顧客自身を広告塔として、集客・販促を加速させる

ブランドへのロイヤルティを高め、顧客同士の交流を促進することができます。

引用：【ご契約者様限定イベント】初開催！「KINTO presents カートチャレンジ」＠新東京サーキット

こうしたイベントの開催は、顧客の声を直接聞く機会となり、新たなサービス開発やマーケティング戦略の見直しにも役立ちます。

第11章でやるべきこと

　あなたのビジネスにおける紹介や発信の購買段階で、本章で解説した施策の実行を検討してください。そのうえで、適切なコンテンツのアイデア、形式、集客チャネル、そして KPI を考案し、デジタルマーケティング改善シートを完成させてください。そして、本章の内容に基づいて、紹介や発信の施策を実行してください。

(((AIと共に拓く)))

　紹介・発信の施策のアイデアを ChatGPT から評価してもらってください。プロンプトの例：あなたは [会社概要] の [商品概要・サービス概要] を集客・販促するデジタルマーケターです。[紹介 or 発信] を促すために、[施策のアイデア] を考えています。的確な施策か評価してください。

あなたは「デジタルマーケティングのオンラインスクール事業を運営する企業」の「オンライン動画講座」を集客・販促するデジタルマーケターです。「発信」を促すために、「書籍購入者に書籍を読んだ感想をソーシャルメディアで投稿してもらうこと」を考えています。的確な施策か評価してください。

「書籍購入者に書籍を読んだ感想をソーシャルメディアで投稿してもらう施策」は、デジタルマーケティングのオンラインスクール事業にとって効果的な戦略であると考えられます。以下にその理由を説明します。

長所

1. ユーザー生成コンテンツの活用：顧客が作成した内容は信頼性が高く、他の潜在的な顧客にとって説得力があります。リアルな顧客の声は、ブランドの信頼性と透明性を高めることができます。

2. ソーシャルプルーフの創出：人々は他人の経験や意見に影響を受けやすいため、顧客のポジティブなフィードバックは新規顧客獲得に効果的です。

3. コミュニティの構築：顧客が自分の経験を共有することで、他のユーザーとの交流が生まれ、コミュニティ感が強まります。

4. バイラル効果の可能性：ソーシャルメディア上での共有は、広範囲にわたるバイラル拡散の機会を提供します。

短所

1. コントロールの難しさ：ユーザー生成コンテンツはコントロールが難しく、時にはブランドに不利な内容が拡散するリスクもあります。

2. 参加の促進の難しさ：顧客が積極的に感想を投稿するためには、適切な動機付けやインセンティブが必要です。

3. 品質のバラつき：ユーザーによって投稿の質が大きく異なる可能性があります。

実施する際の考慮点

・**インセンティブの提供**：レビューを書く動機として、割引、次回購入時のクーポン、特典などを提供します。
・**ガイドラインの設定**：投稿のガイドラインを明確に設定し、ブランドに不利な内容の拡散を防ぎます。
・**品質管理**：投稿された内容の監視と管理を行い、不適切なものは迅速に対応します。

総じて、この施策はオンラインスクール事業における集客・販促において、正しく管理されれば大きなメリットをもたらす可能性があります。ユーザーの本音に基づいたリアルな評価は、新規顧客の信頼を勝ち取るうえで非常に有効です。

第 12 章

Google Analytics 4 を活用してデータを解析する

第 12 章の概要

　Google Analytics（グーグルアナリティクス）は、Google が提供するアクセス解析ツールで、消費者の購買行動をフルファネルで解析することができます。これにより、データに基づいた最適なマーケティング戦略の策定に役立てられます。本章では、これまでに解説してきたさまざまなマーケティング施策の成果を解析するのに役立つ Google Analytics の概要から始め、実践的な解析方法についても詳しく解説します。

　本章で学ぶこと

1.　Google Analytics 4 とは？
2.　GA4 は消費者の購買行動をフルファネルで解析できる
3.　GA4 で解析できる主要なレポート
4.　GA4 で取得できる指標一覧
5.　GA4 で取得できるイベント一覧
6.　目標のイベントをキーイベント設定する
7.　マーケティング施策を最大化するのに役立つ GA4 の 4 つの解析方法

　デジタルマーケティング改善シートで選定した KPI の計測は、主に Google Analytics で行います。

　Google Analytics で解析したデータを基にマーケティングの戦略と戦術を効果的に改善し、ビジネスの成長を持続させてください。

12-01 Google Analytics 4 とは？

　Google Analytics は、**Google が提供するアクセス解析ツールで、無料版および有料版で利用することができます。**2005 年にリリースされて以来、多くのビジネスにおけるデータ解析に重要な役割を果たしています。Google Analytics 4（通称 GA4）は、2020 年 10 月にリリースされた Google Analytics の最新バージョンです。

引用：Google マーケティングプラットフォーム
(https://marketingplatform.google.com/intl/ja/about/analytics/)

　デジタル化が進む現代では、ユーザーが複数のデバイス（パソコ

ン、スマートフォン、タブレット、スマートテレビなど）やプラットフォーム（Web ブラウザやモバイルアプリなど）を横断して行動することが一般的です。

　Google Analytics の旧バージョンである Universal Analytics（通称 UA）は主に Web サイトを解析対象としていましたが、GA4 ではモバイルアプリやサイトに埋め込まれた YouTube 動画など、より広範な解析対象を含むようになりました。

　また、プライバシー保護の重視に伴い、GA4 ではユーザー識別方法が変更されました。Cookie（Web サイトがユーザーのブラウザに保存する小さなテキストファイル）だけに依存するのではなく、ログイン ID（EC サイトや会員サイトで使用されるユーザー ID など）、Google シグナル（Google アカウントのユーザー情報）、Cookie を組み合わせたハイブリッド方式を採用しています。

　GA4 の大きな特徴は、ユーザーが異なるデバイスやプラットフォームを横断する行動を一元的に把握し、分析できる点にあります。例えば、ユーザーが外出中にスマートフォンで商品を閲覧し、その後自宅のデスクトップパソコンで商品を購入するといった行動も追跡できます。

　なお、GA4 の初期設定の方法は公式ヘルプの「Google アナリティクスについての学習を始める（https://developers.google.com/analytics?hl=ja）」よりご確認いただけます。

482 ｜ 第 12 章　Google Analytics 4 を活用してデータを解析する

また、デモアカウント（https://support.google.com/analytics/answer/6367342?hl=ja#zippy=%2C%E3%81%93%E3%81%AE%E8%A8%98%E4%BA%8B%E3%81%AE%E5%86%85%E5%AE%B9）はGA4を学習するうえで便利です。

12 / 02 GA4 は消費者の購買行動を フルファネルで解析できる

GA4 の大きな特徴は、消費者の購買行動をフルファネルで解析できる点にあります。 例えば、Web ページの表示回数が増加している場合、これは認知度の拡大を示しています。Web サイトに滞在する平均エンゲージメント時間が長くなっていれば、商品やサービスへの興味関心が高まっていることがわかります。クリックやフォームへの遷移などのアクションは、消費者が購買に向けて比較検討していることを示しています。キーイベント数（旧コンバージョン数）や購買数が増加していれば、購買フェーズにおけるマーケティング施策が成功していることがわかります。

※キーイベント：ビジネスにとって重要なアクションを計測するイベント。GA4 のコンバージョンと Google 広告のコンバージョンを区別するために、GA4 の「コンバージョン」が「キーイベント」に名称変更されました。

このように、GA4 を活用することで、消費者が購買プロセスの各段階でどのように行動しているかを深く理解し、効果的なマーケティング戦略の策定に役立てることができます。

484 第 12 章 Google Analytics 4 を活用してデータを解析する

消費者の購買プロセス別に GA4 で解析できる KPI 例

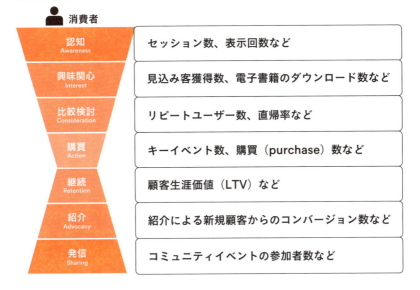

　GA4 を効果的に活用するためには、各購買プロセスに適した KPI を設定し、その指標を基にデータを分析することが重要です。利用者は自身のビジネス目標に合わせて適切な指標を選定する必要があります。また、主要な KPI を理解し、自社のマーケティングファネルに合わせて適切に設定するスキルが求められます。どのレポートでどの KPI を測定できるのかを理解することも重要です。

12/03 GA4で解析できる主要なレポート

具体的にGA4で解析できるレポートについてご紹介します。

■ リアルタイムレポート

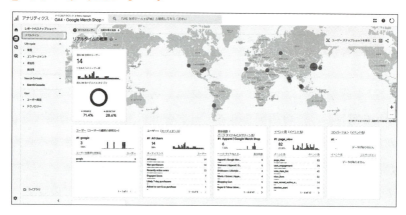

　GA4のリアルタイムレポートでは、ほぼリアルタイムのデータを確認できるため、過去30分間のアクセス状況を解析できます。このレポートでは、現在、何人のユーザーがWebサイトやアプリを使用しているか、どのデバイスからアクセスしているか、どのイベントやキーイベントが何回生じているのかといったデータを確認できます。

■ テクノロジーレポート

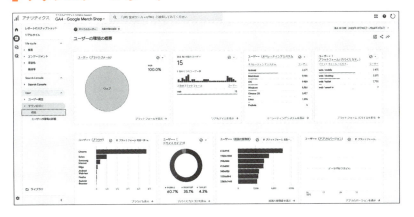

　Webサイトやアプリを利用しているユーザーがどのようなデバイスカテゴリ（デスクトップ、モバイル、タブレットなど）を使用しているのかなど、技術的な側面に関する情報を確認できます。他にも、ブラウザやオペレーティングシステムやネットワークについての情報も確認できます。

■ 集客レポート

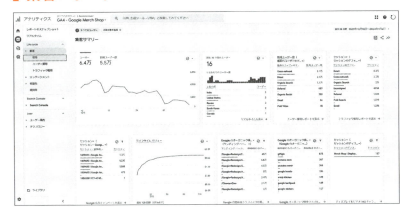

Webサイトやアプリを利用しているユーザーがどのような集客手段で訪問してきたのかを確認できます。具体的にはチャネルグループ（直接流入、自然検索など）、参照元／メディア（Googleのリスティング広告、Yahoo!の自然検索など）、セッションのキャンペーン（Eメールやソーシャルメディア投稿など）といった訪問経路を確認できます。

エンゲージメントレポート

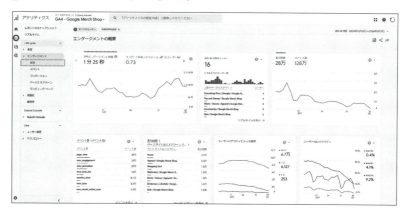

　Webサイトやアプリを利用しているユーザーがWebサイトやアプリとどれだけ深い関わりを持っているのか、どのようなコンテンツに関心を持って行動を起こしているのかを確認できます。具体的には特定の行動（例えば動画の再生、ボタンのクリックなど）を取ったことを示すイベントの回数や、目的の行動を完了したときを示すキーイベント（例えば商品購入、問い合わせ）の回数などを計測できます。

■ 探索

　GA4の新機能の1つです。ユーザーが自由に取得したいセグメント(例えば有料のトラフィック、モバイルトラフィックなど)、ディメンション(例えばデバイスカテゴリ、新規／既存など)、指標(例えばアクティブユーザー数、イベント数)などを組み合わせ、必要な情報を得るためのツールです。デフォルトで用意されているテンプレートギャラリーには自由形式、ファネルデータ探索、経路データ探索などがあります。

▍広告

　Google 広告と連携することで、広告キャンペーンのパフォーマンスを確認できます。また、「アトリビューション パス」により、キーイベントに至るまでの異なるタッチポイントを時系列で可視化できます。「アトリビューション モデル」では、キーイベントに至るユーザーの行動経路を評価するためのモデル比較が可能です。

　UA では、デフォルトのアトリビューション モデルとしてラストクリックが採用されていました。このモデルでは、コンバージョン直前のクリックに 100％ の貢献度が割り当てられます。

　一方、GA4 ではデータドリブンアトリビューションがデフォルトのアトリビューション モデルとして採用されています。データドリブンアトリビューションは機械学習を用いてユーザーの行動データを分析し、各タッチポイントの貢献度を正確に評価します。このモデルでは、認知施策としての YouTube 動画広告の貢献度など、コンバージョンに至るまでの全タッチポイントを考慮した包括的な分析が可能です。

GA4 で取得できる指標一覧

12 / 04

GA4 は、ユーザー行動や Web サイトのパフォーマンスを詳細に追跡できるツールです。多くの指標がありますが、代表的な指標をご紹介します。

指標名	説明
ユーザー数	Web サイトまたはアプリを訪れたユーザーの数
新規ユーザー数	初めて Web サイトまたはアプリを訪れたユーザーの数
リピートユーザー数	再訪したユーザーの数
セッション数	Web サイトまたはアプリを訪れた回数
表示回数	ページが表示された回数
セッションあたりのページビュー数	ユーザーが1回のセッションで閲覧した Web ページまたはアプリの画面の数
平均エンゲージメント時間	ユーザーが Web サイトまたはアプリで過ごした平均時間
直帰率	セッション中に1ページのみを閲覧して退出した割合
イベント数	イベント（クリック、フォームの送信など）の総数
キーイベント数	目標（購入、リード獲得など）が達成された回数

他にも多くの指標がありますので、「[GA4] アナリティクスのディメンションと指標（https://support.google.com/analytics/answer/9143382?hl=ja#zippy=)」をご参照ください。

GA4 で取得できるイベント一覧

12
05

GA4 は、ユーザー行動を「イベント」として捉えることを中心とした解析方法を採用しています。

GA4 で取得できるイベントの一覧は以下の通りです。

イベント名	説明
page_view	ページの訪問時に計測される
first_visit	サイトやアプリを初めて訪問したときに計測される
session_start	セッション開始時に計測される
scroll	ページの特定の部分（例：50%）までスクロールしたときに計測される
click	画面上の要素（例：ボタンやリンク）のクリック時に計測される
video_engagement	サイト内の動画を操作（再生、一時停止、再開など）された際に計測される
purchase	購入が完了した際に計測される

なお、イベントは以下の4種類に分かれます。

1. 自動収集イベント：GA4 設定時にデフォルトで集計が開始されるイベント（ページビューやスクロールなど）
自動収集イベントの詳細はアナリティクスヘルプの「[GA4] 自動収集イベント（https://support.google.com/analytics/answer/92

492 | 第12章 Google Analytics 4 を活用してデータを解析する

34069?sjid=1519952988872760541-AP)」をご参照ください。

2. 推奨イベント：Google が特定の業界や目的に対し推奨している
イベント（E コマースにおける商品の購入完了など）
推奨イベントの詳細はアナリティクスヘルプの「[GA4] 推奨イベ
ント（https://support.google.com/analytics/answer/9267735?s
jid=1519952988872760541-AP)」をご参照ください。

3. 拡張計測イベント：測定機能の強化を有効に設定した際に集計さ
れるイベント（動画エンゲージメントやファイルダウンロードなど）
拡張計測イベントの詳細はアナリティクスヘルプの「[GA4] 拡張
計測機能イベント（https://support.google.com/analytics/answer
/9216061?sjid=1519952988872760541-AP)」をご参照ください。

4. カスタムイベント：解析者が独自に設定できるイベント（特定
のボタンのクリックやフォームの送信など）
カスタムイベントの詳細はアナリティクスヘルプの「[GA4] カス
タムイベント（https://support.google.com/analytics/answer/12
229021?sjid=1519952988872760541-AP)」をご参照ください。

05　GA4 で取得できるイベント一覧　493

12-06 目標のイベントをキーイベント設定する

　GA4では、キーイベントやEコマースの購入（purchase）などの行動もイベントとして計測されます。具体的には、問い合わせフォームの送信やニュースレターの登録、アプリのダウンロードなどの行動がイベントとして集計されます。**特定のイベントをGA4の管理画面で「キーイベント」としてマークすることで、キーイベント計測が可能**となります。

▌GA4のキーイベント設定の特徴

　キーイベント設定の方法は公式ヘルプの [GA4] イベントにキー

イベントとしてマークを付ける（https://support.google.com/analytics/answer/13128484?hl=ja&ref_topic=13387439&sjid=6051483488606289773-AP）よりご確認いただけます。

GA4のキーイベント設定では、イベント名にパラメータをカスタマイズして設定することで、キーイベントを詳細に計測できます。例えば、Eコマースにおける購入のキーイベントでは、パラメータを設定することで、購入された商品の詳細（カラー、サイズ、購入数、金額など）を確認できます。また、特定のキーイベントに価値を設定することで、そのキーイベントの具体的な価値（キーイベント値）を計測することも可能です。

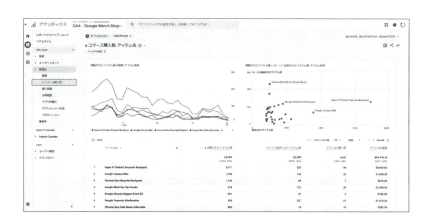

GA4のEコマース設定の特徴

Eコマースの計測設定の方法は公式ヘルプの「[GA4] eコマースイベントを設定する（https://support.google.com/analytics/answer/12200568?hl=ja#zippy=%2Cgoogle-%E3%82%BF%E3%82

%B0%E3%82%A6%E3%82%A7%E3%83%96%E3%82%B5%E3
%82%A4%E3%83%88%2Cgoogle-%E3%82%BF%E3%82%B0-
%E3%83%9E%E3%83%8D%E3%83%BC%E3%82%B8%E3%8
3%A3%E3%83%BC%E3%82%A6%E3%82%A7%E3%83%96%E
3%82%B5%E3%82%A4%E3%83%88）」よりご確認いただけます。

　GA4 では、購入（purchase）のイベントの他にも、E コマースのユーザー行動に関するさまざまな標準イベント（「view_item」（商品閲覧）・「add_to_cart」（カート追加）・「refund」（返金）など）が用意されているため、ビジネスの特定のニーズに合わせてデータを計測することが可能です。

12
07

マーケティング施策を
最大化するのに役立つ
GA4 の 4 つの解析方法

ここでは実務で役に立つ解析例を 4 つご紹介します。

1. 流入経路別のパフォーマンスを解析する

GA4 では、特に設定をすることなく「デフォルトチャネルグループ」と呼ばれるチャネルのデータを確認することができます。以下はデフォルトチャネルグループの一例です。

チャネル名	概要
Organic Search	オーガニック検索からの訪問
Organic Social	ソーシャルメディアの広告以外のリンクからの訪問
Referral	「Organic Search」「Organic Social」に分類されない他サイトからの訪問
Paid Search	リスティング広告からの訪問
Paid Social	ソーシャルメディアの広告からの訪問
Paid Video	動画サイトの広告からの訪問
Display	ディスプレイ広告からの訪問
Email	E メールのリンクからの訪問
Direct	ブックマークや URL の直接入力による訪問

07　マーケティング施策を最大化するのに役立つ GA4 の 4 つの解析方法　497

デフォルトチャネルグループの一覧とその説明はアナリティクスヘルプの「[GA4] デフォルト チャネル グループ（https://support.google.com/analytics/answer/9756891?hl=ja)」をご参照ください。

　トラフィック獲得レポートでは、チャネルごとのユーザー数やセッション数をはじめとした各指標の数値を解析できます。

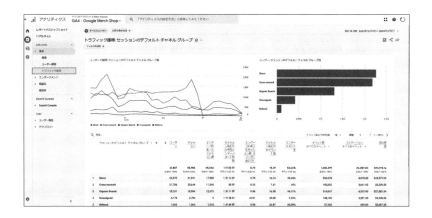

　Google 以外の広告、メールマガジン、ソーシャルメディアのキャンペーン、チラシの QR コードなどからの流入分析の詳細を把握するために便利なのが UTM（Urchin Tracking Module）パラメータです。 URL の末尾に特定のパラメータを設定することで、特定のトラフィックソースやキャンペーンがどれだけ効果的であるかを追跡することが可能です。

　UTM パラメータは主に、次の表に示した 5 つの変数で構成されています。

パラメータ名	レポート表示名	概要	値の設定例
utm_source	参照元	流入元のサイト名やアプリケーション名	google、facebook など
utm_medium	メディア	流入元の媒体や広告の種類	email、cpc など
utm_campaign	キャンペーン	流入元の媒体で行っているキャンペーンや広告名	time_sale など
utm_term	手動キーワード	広告のキーワードを区別するためのもの	キーワード
utm_content	手動広告コンテンツ	広告のコンテンツを区別するためのもの	広告

これらのパラメータを適切に設定することで、どのキャンペーンや広告がユーザーを Web サイトやアプリに導いたのか、どのキャンペーンや広告がもっともキーイベントに寄与したのかなどを具体的に知ることができます。これは、ROI（投資対効果）を計算するうえで非常に有益な情報となります。

例えば、AutoPilotAcademy において、夏のプロモーションを E メールを活用して行う場合、以下のパラメータを活用して、

・ utm_source=email
・ utm_medium=newsletter
・ utm_campaign=summer_promotion

完成系の URL は次の通りになります。

https://www.autopilotacademy.jp/?utm_source=email&utm_medium=newsletter&utm_campaign=summer_promotion

07　マーケティング施策を最大化するのに役立つ GA4 の 4 つの解析方法　｜　499

URL の後ろに「?」を入れ、パラメータごとに「&」を入れて区切るようにします。Google は無料で利用できる UTM 生成ツールの「キャンペーン URL ビルダー（https://ga-dev-tools.google/campaign-url-builder/）」を提供しています。このツールを活用すれば、上記のような URL を自動で生成することもできます。

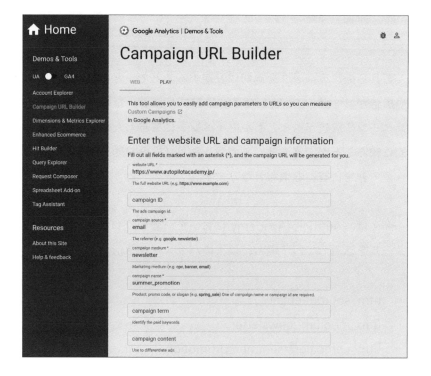

　UTM パラメータで設定した情報に基づき、集客経路別のマーケティングキャンペーンのパフォーマンスを分析するのに、探索のライフタイムレポートが役に立ちます。ライフタイムレポートは、ユーザーの全期間におけるエンゲージメントを解析するために役立ちます。ライフタイムレポートの作成の仕方はアナリティクスヘルプの

「[GA4] ユーザーのライフタイム（https://support.google.com/analytics/answer/9947257?hl=ja）」を参考にしてください。

　ライフタイムレポートでは、特に重要な指標である「LTV」を解析できます。GA4におけるLTVは、ユーザー一人ひとりがWebサイトやアプリにどれだけの価値をもたらしているかを評価するものです。このKPIはユーザーが全期間にわたって生成した収益の平均値として計算されます。これにより、認知施策からキーイベント獲得施策に至るフルファネルにおいて、集客経路別にLTVを解析することが可能です。

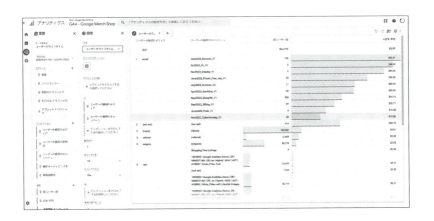

2. 特定のオーディエンスのユーザー行動を解析する

　GA4におけるオーディエンス作成の機能は特定の属性や行動に基づいてユーザーのグループを分類（セグメント化）するためのものです。これにより**作成したターゲティングやペルソナに対するマーケティング活動を解析することができるようになります。**

オーディエンスの作成の仕方はアナリティクスヘルプの
「[GA4] Google アナリティクスのオーディエンスの例と作成方
法（https://support.google.com/analytics/answer/12799863?s
jid=13209346323438934373-AP#zippy=%2C%E3%81%93%E
3%81%AE%E8%A8%98%E4%BA%8B%E3%81%AE%E5%86%85
%E5%AE%B9）」を参考にしてください。

　例えば、作成したペルソナを基に GA4 で設定可能なオーディエ
ンスの作成方法を考えます。

1. 基本情報：

・名前：矢島律

・年齢：40 歳

・性別：男性

・住所：東京都武蔵野市

・職業：広告代理店の経営者

・家族：妻、子 1 人

・趣味：映画鑑賞

2. 情報源：

・雑誌：宣伝会議、ハーバードビジネスレビュー

・ブログ：AdverTimes

・セミナー：広告メディア EXPO

3. 目標・悩み：

・広告代理店の成長と業績向上

・広告運用の即戦力となる優れたマーケティング人材を採用するこ
　とが難しい

4. 購入障壁：

・学習に必要な時間の確保

　この情報を基にして、地域を「東京」と設定、年齢層は「35-44歳」とし、性別を「男性」と設定。さらにインタレストカテゴリには「メディア、エンターテインメント / 映画ファン」、興味・購買意向の強いオーディエンスは「ビジネスサービス / 広告、マーケティングサービス」を選択することで、オーディエンスを作成できます。

　作成したオーディエンスのパフォーマンスは標準レポートの「フィルタ」や「比較」機能を用いたり、探索レポートで解析したりできます。例えば、次はすべてのユーザーと自然検索経由で流入したユーザーを比較したレポートです。

07　マーケティング施策を最大化するのに役立つ GA4 の 4 つの解析方法　｜　503

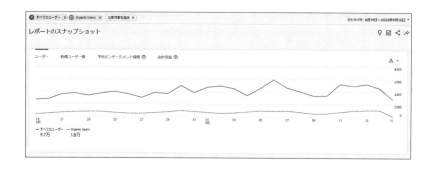

　このようにオーディエンスを活用することで、仮説ベースでのターゲティングやペルソナ作成に比べ、データを基にしたマーケティング施策の最適化が可能となります。

　なお、オーディエンスを活用すれば、Google 広告のリマーケティング広告（Web サイトやアプリを訪問したユーザーに特定の広告を配信してアプローチする手法）のターゲティング設定を詳細に行うことができます。例えば、購入手続きを開始したが購入に至らなかったユーザーに行動を促す広告を配信したり、商品を購入したユーザーに関連商品を案内するアップセルやクロスセルの広告を掲載することも可能です。GA4 を Google 広告とリンクすれば、GA4 で作成したオーディエンスが Google 広告で活用可能になります。

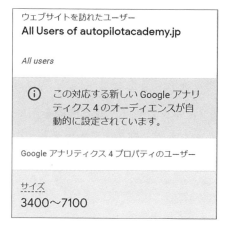

3. コンテンツのキーイベント貢献度を解析する

　新規ユーザーの訪問を多く獲得できているコンテンツは認知獲得に寄与していると考えられます。**GA4 の探索のコホートデータ探索（共通の属性を持つユーザーのグループの行動とパフォーマンスをまとめたレポート）を活用することで、新規ユーザーの訪問を獲得したコンテンツに限らず、そのコンテンツ経由で訪問したユーザーからいつ何件のキーイベントを獲得したかまでを特定することができます。** コホートデータ探索のレポート作成の仕方はアナリティクスヘルプの「[GA4] コホートデータ探索（https://support.google.com/analytics/answer/9670133?hl=ja#zippy=%2C%E3%81%93%E3%81%AE%E8%A8%98%E4%BA%8B%E3%81%AE%E5%86%85%E5%AE%B9）」を参考にしてください。

　リピートの条件を「キーイベント」に設定し、コホートの粒度を「毎月」に設定し、内訳を「ランディングページ＋クエリ文字列」に設定すれば、ランディングページごとに獲得したユーザー数と合わせて、いつ何件のキーイベントを獲得したかまで解析できます。

　次ページの表を参照すると、「/Google+Redesin/Clearance」のページで指定期間で 1,352 人のユーザーを獲得したことがわかります。さらに、1 カ月目（月 0）で 30 人のキーイベントを獲得したとわかります。また、2 カ月目（月 1）で 7 人、3 カ月目（月 2）で 8 人のキーイベントをそれぞれ獲得したとわかります。

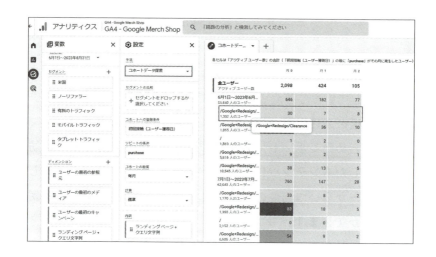

　初回訪問からどれだけ時間を経てからキーイベントに至るかを解析できるため、検討期間を要する商材の場合において、特にコホートデータ探索は有益な情報をもたらします。

4. マーケティングファネル別のパフォーマンスを解析する

　GA4の探索のファネルデータ探索を活用することで、解析したいファネルを自由に設計できます。マーケティング施策を行う前に、ユーザーにたどってほしい動線設計を考慮します。施策実行後は、<u>どのステップでユーザーが離脱しているのかをファネルデータ探索で解析することが重要です</u>。

　ファネルデータ探索は「[GA4] ファネル データ探索（https://support.google.com/analytics/answer/9327974?hl=ja）」を参考に作成してください。

　ファネルのステップ編集機能を用いて、各ステップを設定できます。上記の図では、「商品閲覧」（view_item）から始まり、「カート追加」（add_to_cart）と「商品購入」（purchase）を経るファネルを設計しています。

　解析したデータによると、カート追加後、デスクトップでは 81.6% が購入に至らず放棄しています。また、モバイルでは

07　マーケティング施策を最大化するのに役立つ GA4 の 4 つの解析方法　｜　507

91.8%、タブレットでは100%が放棄していると確認できます。これらの高い放棄率は、特に決済プロセス周りで問題がある可能性を示しています。そのため、フォームの改善を行うことで、ファネルの最適化が可能であると考えられます。

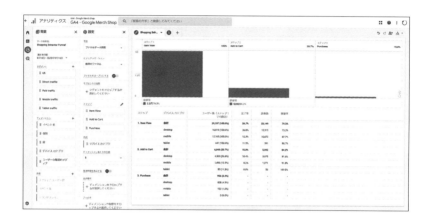

　以上、GA4についてデータを解析する方法について解説してきました。GA4の操作方法やさらに詳しい情報は、アナリティクスヘルプを参照することをお勧めします。

引用：アナリティクスヘルプ（https://support.google.com/analytics/?hl=ja#topic=14090456）

第 12 章でやるべきこと

　あなたのビジネスにおいて、キーイベント設定も含む GA4 の初期設定を行ってください。そのうえで本章で解説した主要なレポートを確認するとともに、マーケティング施策を最大化するのに役立つ GA4 の 4 つの解析方法を実践してください。

(((AIと共に拓く)))

　GA4 で計測した主要なデータを入力し、収益やキーイベント数を増やすためのフィードバックを ChatGPT からもらってください。プロンプトの例：あなたは [会社概要] の [商品概要・サービス概要] を集客・販促するデジタルマーケターです。GA4 で計測した Web サイトの実績を記載します。収益やキーイベント数を増やすためのアイデアをお願いします。

> あなたは「デジタルマーケティングのオンラインスクール事業を運営する企業」の「オンライン動画講座」を集客・販促するデジタルマーケターです。GA4 で計測した Web サイトの実績を記載します。収益やキーイベント数を増やすためのアイデアをお願いします。

セッション数	表示回数	新規ユーザー数	新規ユーザーからの収益	リピートユーザー数	リピートユーザーからの収益	収益	CV数	CVR
2,290,700	8,470,015	1,323,500	¥1,050,100	345,218	¥3,326,769	¥4,376,869	18,967	0.82%

GA4 で計測した Web サイトの実績をもとに、収益やキーイベント数を増やすためのアイデアを以下に提案します。

1. 収益とキーイベントの増加に向けた戦略
リターゲティング広告の強化：
・リピートユーザーからの収益が新規ユーザーからの収益を大きく上回っています。既存顧客にリターゲティング広告を展開し、リピート購入を促進します。
・セッション中に特定の行動を取ったがキーイベントに至らなかったユーザーをターゲットにします。

2. 新規ユーザーの獲得戦略の見直し：
・新規ユーザーのキーイベント率を高めるために、ターゲットオーディエンスの精緻化や広告の最適化を行います。
・セグメント別に効果のあった広告やメッセージを分析し、よりパーソナライズされたキャンペーンを展開します。
・これらの戦略を通じて、新規ユーザーの獲得とリピートユーザーのリテンションを同時に強化し、

Webサイトの全体的な収益とキーイベント数を増加させることが可能です。データ駆動型のアプローチを取り、定期的に戦略の効果を測定し、必要に応じて調整を行うことが重要です。

第12章でやるべきこと

COLUMN 12

GTM（Google タグ マネージャー）で効率的にタグを管理する

GTM（Google タグ マネージャー）とは？

　Google が提供する無料のタグ管理ツールです。解析の設定は、GA のような解析ツールにログインして取得したタグを Web サイトに設置する方法が代表的です。

　この方法は、担当者が Web サイトの改変などの操作に慣れているか、慣れている人がチームにいる場合には有用です。しかし、そうでない場合でも、GTM が導入されていれば、タグの管理を効率的に行うことができます。

　また、ヒートマップツールなどのその他解析ツールや各種広告の解析タグなど、複数のタグを設置する場合には、各タグを Web サイトに個別に設置するよりも、GTM で一元管理する方が効率的です。GTM の使い方は公式サイトを参照してください。

引用：Google マーケティング プラットフォーム（https://marketingplatform.google.com/intl/ja/about/tag-manager/）

COLUMN 13

Google Search Console を活用して検索トラフィックを解析する

Google Search Console とは？

　Google が無料で提供する Web サイト分析ツールである Google Search Console（サーチコンソール）は、Google 検索における掲載順位を改善するための有用なツールです。GA4 では計測できない、検索クエリ別の表示回数、クリック数、平均掲載順位などのデータを収集することが可能です。

　サーチコンソールは、公式サイトから設定できます。

引用：Google Search Console (https://search.google.com/search-console/about?hl=ja)

サーチコンソールの検索トラフィック分析機能

　サーチコンソールで、分析できる主な機能は以下の 4 つです。

1. 検索パフォーマンスの分析
2. インデックス登録
3. ペナルティの確認
4. ページの分析

　これらの 4 つが、サーチコンソールで実際に行える分析です。以下でそれ

それについて解説します。

1. 検索パフォーマンスの分析

　検索パフォーマンス分析では、**合計クリック数、合計表示回数、平均 CTR、平均掲載順位、検索クエリ、検索デバイスなどを確認**できます。この機能はサーチコンソールでもっとも重要であり、自社のオウンドメディアを効果的に分析するために不可欠です。ユーザー行動の分析が容易なため、SEO 施策も効率的に行えます。データは毎日更新されるので、定期的な確認が必要です。

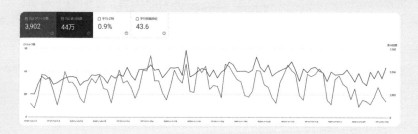

2. インデックス登録

　インデックス登録は、サーチコンソールのサイトマップで行えます。新しいコンテンツを作成した場合、Google にインデックスされないと、その記事は検索経由で見つけてもらえません。そのため、**サイトマップからインデックスを登録し、Google にコンテンツを認識させることが重要**です。Web サイトにクローラーを呼び込むためにも、インデックス登録は定期的に行いましょう。

3. ペナルティの確認

　Google からペナルティを受けていないか、サーチコンソールで確認できま

す。Googleの「品質に関するガイドライン」に違反すると、ペナルティを受けます。**ペナルティを受けると、Webサイトの評価が大幅に低下し、検索順位が下がるかインデックスが削除される可能性**があります。放置すると回復が難しくなるため、ペナルティは定期的に確認することを推奨します。

セキュリティの問題

4. ページの分析

ページの分析では、**Webサイトのページが Google にどれだけインデックスされているか、また、インデックスに関するエラーが生じていないかを調査**できます。Webサイトのページがインデックスされないと、検索エンジンでの順位も得られず、結果的にアクセスも増えません。そのため、Webサイトのインデックス数とエラーの有無を把握することが重要です。

COLUMN 14

ヒートマップツールを活用して
データを解析する

ヒートマップとは？

　ランディングページの解析において、GA4では表示回数やクリック数、コンバージョン数などが重要な指標となります。クリック数などはWebページ内の行動を解析できる指標でもあります。しかし、ランディングページは1枚のWebページであり、クリックやタップできる箇所も多いため、こうした指標だけでは十分ではありません。

　費用対効果や改善すべき点を見極めるためには、ユーザーがどこをクリックしているか、どのコンテンツが注目されているか、どこで離脱しているかなど、より具体的な行動を把握する必要があります。それを可能にするのがヒートマップです。ヒートマップはWebページ上でのユーザー行動を視覚的に表すツールで、クリックが多いエリアや頻繁に閲覧される部分を、サーモグラフィのような色分けで可視化します。

　無料版から利用可能なヒートマップツールとして「ミエルカヒートマップ」があります。

引用：ミエルカヒートマップ（https://mieru-ca.com/heatmap/lp/）

また、「Clarity」はすべての機能を無料で利用できます。

引用：Microsoft Clarity (https://clarity.microsoft.com/)

ヒートマップで可視化できる3つのデータとLP改善案の例

多くのヒートマップで利用できる機能を例に解説します。

1. アテンション（熟読エリア）

カーソルの動きや滞在時間を基に**ページのどの部分がよく読まれているのか示します**。熟読されている部分は赤、あまり読まれていない部分は青に近いカラーで視覚化されます。

LP改善案
・熟読度の高いコンテンツを上部に配置する。
・熟読度の高いコンテンツの構成を参考に他のコンテンツを作成する。
・熟読度の低いコンテンツを下部に配置する、または削除する。

2. 終了エリア

ユーザーが**ページのどこまで読んだか（またはどこで離脱したか）**を示します。数字が併記されることが多く、高い数値は離脱が少ないことを示します。

COLUMN 14　ヒートマップツールを活用してデータを解析する

LP改善案

・ページの読み込み速度を向上させる。
・下部に動線を設ける。
・離脱率が高い箇所のコンテンツを見直す、または削除する。

3. クリックエリア

　ユーザーがページ内でクリックした箇所を示します。円(楕円)の大きさはクリックされた範囲の分布を示し、**多くクリックされている部分は赤、少ない部分は青に近い色**で表示されます。

LP改善案

・CTAボタンのカラー、位置、サイズを調整する。
・クリックされた箇所を参考にデザインやサイズを見直す。

ヒートマップ利用の注意点

　ヒートマップでは数値の低い部分が薄い色（もしくは寒色）で表示されるのが一般的ですが、それが必ずしもネガティブな要素を示すわけではありません。例えば、ランディングページの下部では自然と離脱率が高くなることが多いものです。同様に、商材と関連性が薄いヘッダーやサイドメニューのクリック率や熟読度は自然と低くなる場合があります。この点を誤解しないよう注意が必要です。

第 13 章

データを基にした仮説検証で
デジタルマーケティングの
パフォーマンスを向上させる

第13章の概要

　データを活用したマーケティング施策をデータドリブンマーケティングと呼びます。これまで、マーケティングファネルの構築の仕方に始まり、Google Analytics 4 を活用したデータ解析まで、さまざまなデジタルマーケティングの戦略と戦術を解説してきました。本章では、データを基にした仮説検証でマーケティングのパフォーマンスを向上させる方法に焦点を当てます。

　本章で学ぶこと

1. ロジックツリーを用いて KGI と KPI を設定する
2. KGI として設定されることが多い「収益」を決める要素
3. 認知段階のファネルにおける KPI と改善策
4. 興味関心段階のファネルにおける KPI と改善策
5. 比較検討段階のファネルにおける KPI と改善策
6. 購買段階のファネルにおける KPI と改善策
7. 継続段階のファネルにおける KPI と改善策
8. 紹介段階のファネルにおける KPI と改善策
9. 発信段階のファネルにおける KPI と改善策
10. マーケティングのパフォーマンス低下の原因となるファネルの特定とパフォーマンス向上のための仮説構築
11. データドリブンマーケティングを成功させるための 11 ステップを実践する

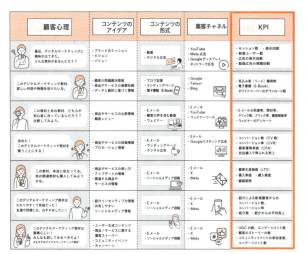

　前章で学んだGA4を主に活用して各購買段階のKPIを計測し、合わせて各媒体の広告管理システムやCRMなども活用してKPIを設定します。また、前章までに学んだ各購買段階におけるマーケティングの戦略と戦術を活用し、これらのデータを基に仮説を立てて改善策を実施することが重要です。

　本章で解説するデータドリブンマーケティングの方法を基に仮説検証を行い、マーケティングのパフォーマンスを向上させるための戦略と戦術を効果的に実施してください。これにより、デジタルマーケティングの成果を最大化し、ビジネスの成長を持続させることができます。

13 01 ロジックツリーを用いて KGI と KPI を設定する

　KGI（Key Goal Indicator）は、「重要目標達成指標」と日本語に訳され、ビジネス目標の達成可否を判断するための指標です。例えば、「来期の売上金額を〇万円にする」といった具体的な期間と目標値を設定することで、ビジネスの目標となります。

　KPI（Key Performance Indicator）は、「重要業績評価指標」と日本語に訳され、最終目標である KGI の達成に向けた中間目標です。ビジネスのミッションから逆算して KGI を設定した後、ロジックツリーを使用して、KGI 達成に必要な要素である KPI に分解します。これにより、それぞれの KPI が KGI にどのように寄与するかを明確にできます。

　例として、売上金額を KGI とする場合、KPI には顧客数や LTV（顧客生涯価値）が含まれます。さらに、LTV は購入単価、購入頻度、顧客の継続期間といった KPI に分解できます。また、顧客数は新規顧客数や既存顧客数といった KPI に分解できます。このようにロジックツリーを用いることで、ビジネス目標達成のための KPI を明確に設定できます。

522 | 第 13 章　データを基にした仮説検証でデジタルマーケティングのパフォーマンスを向上させる

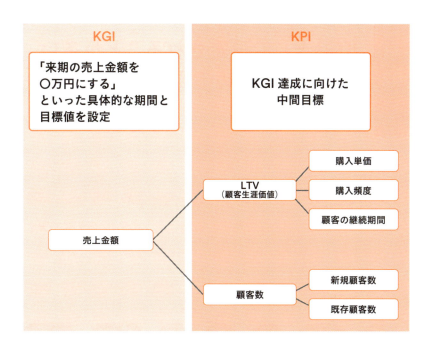

なお、売上金額は事業の最終的な成果であり、マーケティング活動だけでなく、営業やカスタマーサービスなど、全社的な努力の結果として達成されるものです。従って、各部門においては、売上の前段階にある指標をKGIとして設定することが重要です。

部門別のKGIとKPIの設定例

部門	KGI	KPI
マーケティング部門	新規リード数	サイト訪問者数、Eメールの開封率、ソーシャルメディアのエンゲージメント率
営業部門	新規契約数	見込み客へのアプローチ回数、商談成立率、フォローアップの実施回数
カスタマーサービス部門	顧客満足度	顧客アンケートの回答率、クレーム対応時間、リピート購入率

13/02 KGIとして設定されることが多い「収益」を決める要素

　多くの企業では、KGIに収益が設定されます。デジタルマーケティングにおける収益は第1章で解説した通り、次の7つの要素で決まります。

デジタルマーケティングにおける収益

デジタルマーケティングにおける収益＝①トラフィック（消費者の総数）× ②リード獲得率（見込み客化率）× ③CVR（成約率）× ④平均購入単価 × ⑤購入頻度 × ⑥リファーラル率（紹介による新規顧客率）× ⑦アドボカシー影響度（顧客による発信の影響力）

　これらの要素は、マーケティングファネルの各購買プロセス段階で計測することが可能です。次に、各ファネル段階の要素に基づくKPIとその改善策について見ていきましょう。

消費者の購買プロセス別に GA4 で解析できる KPI 例

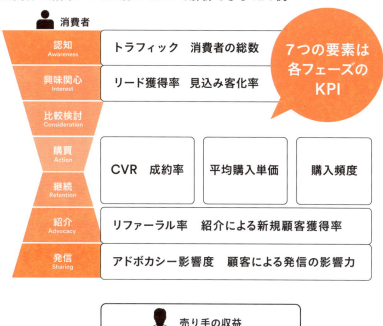

マーケティングファネルの各購買プロセスで適切な KPI を設定し、GA4 をはじめとしたツールを活用してデータを解析することは、ビジネスの成長を促進するために不可欠です。

各購買プロセスでどの KPI を設定するのが適切なのか、また KPI に問題がある場合にどのような改善策が考えられるのかについて、次のページ以降で見ていきましょう。

13-03 認知段階のファネルにおけるKPIと改善策

「認知段階」のファネルにおけるマーケティングの目的は、商品やサービスの認知度を高めることです。 その効果を測定するための主要なKPI、概要、解析できるツール、本書で解説している章、KPIに課題がある際の改善策は以下の通りです。

選定候補のKPI

- セッション数
- 表示回数
- 新規ユーザー数
- 新規ユーザーの割合
- 集客チャネル別のセッション数、表示回数、新規ユーザー数、新規ユーザーの割合
- 指名検索の回数
- 一般キーワードによる検索回数
- 被リンク獲得数
- 広告の表示回数
- 広告のリーチ数
- ソーシャルメディア投稿のリーチ数
- 動画広告の視聴回数

KPI	概要	解析できるツール	本書で解説している章	KPIに課題がある際の改善策
セッション数	Webサイトを訪れたユーザーの訪問回数を示す	GA4	第12章	ターゲットやペルソナに合わせてコンテンツの提供。SEOの改善など
表示回数	Webページが表示された回数を示す	GA4	第12章	Webサイトで提供しているコンテンツやユーザビリティの向上など
新規ユーザー数	新たにブランドや商品・サービスを知るユーザーの数を示す	GA4	第12章	新規訪問者を獲得するためのマーケティング施策の実施
新規ユーザーの割合	全訪問者の中で新規ユーザーが占める割合を示す	GA4	第12章	
集客チャネル別のセッション数・表示回数、新規ユーザー数、新規ユーザーの割合	自然検索や直接流入など集客チャネル別の流入数を示す	GA4	第12章	各チャネルのパフォーマンスを分析し、もっとも効果的なチャネルにリソースを集中させる
指名検索の回数	ブランドや商品・サービスの認知を示す	Google Search Console	第12章	ブランド認知を得るための広告やPR活動の強化・口コミ戦略を促進する戦略の実施
一般キーワードによる検索回数	ブランドや商品・サービスへの関連性のあるニーズを示す	Google Search Console	第12章	SEOの改善／関連キーワードでのコンテンツ作成
被リンク獲得数	Webサイトの信頼性と権威を示す	Semrushなどの SEOツール	第4章	質の高いコンテンツの作成。被リンク獲得のための外部SEO対策
広告の表示回数	デジタル広告を通じた露出度を示す	広告管理ツール	第6章	広告予算の増額。広告の露出度を高めるための媒体やメニューの見直し
広告のリーチ数	広告を表示したユーザー数を示す	広告管理ツール	第6章	同一ユーザーへの広告掲載を過度に繰り返すことを避ける
ソーシャルメディア投稿のリーチ数	ソーシャルメディアを通じた露出度を示す	ソーシャルメディア解析ツール	第5章	投稿の頻度やタイミングを改善する／エンゲージメントを促進するためのユーザー参加型のコンテンツの作成
動画広告の視聴回数	動画コンテンツの露出度を示す	広告管理ツール	第6章	動画コンテンツの質の向上／ターゲティングの見直し

03　認知段階のファネルにおけるKPIと改善策　｜　527

13 | 04 興味関心段階のファネルにおける KPI と改善策

「興味関心」のファネルにおけるマーケティングの目的は、商品やサービスに対して何らかの好奇心や関心を持ち始めた潜在的な顧客を単なる認知から見込み客に変換することです。その効果を測定するための主要な KPI、概要、解析できるツール、本書で解説している章、KPI に課題がある際の改善策は以下の通りです。

選定候補のKPI

- 見込み客（リード）獲得数
- 電子書籍（E-Book）やホワイトペーパーのダウンロード数
- ウェビナーやライブ配信への参加者の数
- セッションあたりのページビュー数
- Web サイトの平均エンゲージメント時間
- イベント数（クリック数、スクロール率など）
- ソーシャルメディアのフォロワー獲得数
- ソーシャルメディアのメンション数
- ソーシャルメディアのエンゲージメント数
- 広告のクリック数
- 動画広告の視聴完了数

KPI	概要	解析できる ツール	本書で解説 している章	KPI に課題がある際の 改善策
見込み客 (リード) 獲得数	商品やサービス に興味を示し、E メールアドレスを 始めとした連絡先 情報を提供した数 を示す	CRM GA4	第 7 章 第 8 章 第 12 章	オプトインページのコンバー ジョン率を高めるための改 善、広告運用の改善（ター ゲティングやクリエイティブの 見直し）
電子書籍 (E-Book) やホワイトペーパー のダウンロード数	教育的な情報や 統計データなどの 資料をダウンロー ドした数を示す	CRM GA4	第 7 章 第 8 章 第 12 章	コンテンツの魅力を向上させ る／ダウンロードを促進させ る CTA の改善など
ウェビナー、 ライブ配信 参加者の数	オンラインイベント やライブ配信への 参加者数を示す	CRM GA4	第 8 章 第 12 章	イベント集客の施策の強化。 参加を促すコンテンツの提供 など
セッションあたり のページビュー数	1回のセッションで 閲覧したWebペー ジの回数を示す	GA4	第 12 章	ユーザーの興味関心の高いコ ンテンツの提供など
Web サイトの 平均エンゲージメ ント時間	ユーザーが Web サイトを実際に閲 覧していた時間を 示す	GA4	第 12 章	コンテンツの質を向上させる。 ユーザー参加型のコンテンツ の追加など
イベント数(クリッ ク数、スクロール 率など)	Web サイト上で のユーザーの行 動の数を示す	GA4	第 12 章	ユーザビリティを向上させる。 コンバージョンへの動線の強 化など
ソーシャルメディア のフォロワー 獲得数	ソーシャルメディア のアカウントの新 規フォロワー数を 示す	ソーシャル メディア解析 ツール	第 5 章	ターゲットやペルソナに合わ せたコンテンツの提供／エン ゲージメントを向上させるため のキャンペーンの実施など
ソーシャルメディア のメンション数	ソーシャルメディア のアカウントに言及 (@ アカウント名) した回数を示す	ソーシャル メディア解析 ツール	第 5 章	ターゲットやペルソナに適した コンテンツの投稿／インフル エンサー活用など
ソーシャルメディア のエンゲージメント 数	ソーシャルメディ アの投稿へのいい ね、コメント、シェ アなどの積極的な 行動の数を示す	ソーシャル メディア解析 ツール	第 5 章	エンゲージメントを促すコンテ ンツの開発（アンケートの実 施など）
広告のクリック数	広告がクリックさ れる数を示す	広告管理 ツール	第 6 章	ターゲティングやクリエイティ ブの見直しなど
動画広告の 視聴完了数	動画広告が最後 まで視聴された回 数を示す	広告管理 ツール	第 6 章	動画コンテンツの質の向上／ 入札をはじめとした設定の見 直しなど

13/05 比較検討段階のファネルにおけるKPIと改善策

「比較検討」のファネルにおけるマーケティングの目的は、商品やサービスに関する詳細情報を提供し、見込み客が最終的な購入意思を形成する手助けをすることです。 その効果を測定するための主要なKPI、概要、解析できるツール、本書で解説している章、KPIに課題がある際の改善策は以下の通りです。

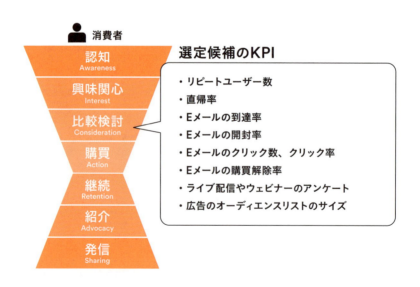

KPI	概要	解析できるツール	本書で解説している章	KPIに課題がある際の改善策
リピートユーザー数	Webサイトを再訪問したユーザー数を示す	GA4	第12章	ターゲットやペルソナに適したコンテンツを提供し、定期的な見直しを行う
直帰率	セッション中に1ページのみを閲覧して退出した割合を示す	GA4	第12章	ページで提供しているコンテンツの見直しやユーザビリティの向上など
Eメールの到達率	送信したEメールが受信トレイに到達する割合を示す	CRM	第8章	配信リストの見直し／画像の割合を30%未満に抑える／記号を多用しない／扇動的な語句を使わないなど
Eメールの開封率	送信したEメールが開封される割合を示す	CRM	第8章	「4U」の原則に則った魅力的な件名の作成
Eメールのクリック数、クリック率	Eメール内のリンクがクリックされる数や割合を示す	CRM	第8章	Eメールの可読性に配慮する／目立つボタンの色やサイズを工夫し、クリック可能なリンクがテキストに埋もれないようにする
Eメールの購読解除率	Eメール購読者が購読を解除する割合	GA4	第8章	Eメールの内容や配信頻度の見直し
ライブ配信やウェビナーのアンケート	ライブ配信やウェビナー終了後の参加者のフィードバックを示す	ウェビナーツール、アンケートツール	第8章	ターゲットやペルソナに適したコンテンツの提供
広告のオーディエンスリストのサイズ	リマーケティング広告に使用できるターゲットオーディエンスリストの規模を示す	広告管理ツール	第6章	広告のリーチ拡大施策の実施

05 比較検討段階のファネルにおけるKPIと改善策

13-06 購買段階のファネルにおけるKPIと改善策

「**購買**」のファネルにおけるマーケティングの目的は、**提供している商品やサービスが、見込み客の抱える課題を解決するのに適していることを知ってもらい、購入してもらうことです**。その効果を測定するための主要なKPI、概要、解析できるツール、本書で解説している章、KPIに課題がある際の改善策は以下の通りです。

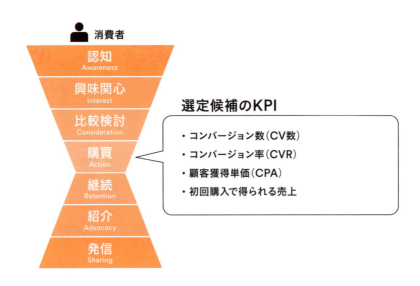

KPI	概要	解析できる ツール	本書で解説 している章	KPIに課題がある際の 改善策
コンバージョン数 （CV数）	購入や申し込みの 数を示す	GA4	第6章 第7章 第8章 第12章	
コンバージョン率 （CVR）	訪問者に対する コンバージョン数 の割合を示す	GA4 ※セッション数と コンバージョン 数から計算	第6章 第7章 第8章 第12章	フロントエンド商品やオ ファーの見直しを含むセール スレターの改善。集客チャ ネルやターゲットやペルソ ナやクリエイティブの見直
顧客獲得単価 （CPA）	1人の顧客を獲得 するのに要した 平均費用を示す	GA4 CRM 広告管理ツール	第6章 第7章 第8章 第12章	しなど
初回購入で 得られる売上	新規顧客による初 回購入から得られ る売上を示す	GA4 CRM	第8章 第9章 第12章	

　見込み客に提供している商品やサービスが彼らの課題を解決する
のに最適であることを伝え、初回購入を促すことが重要です。その
効果を測定するKPIはGA4やCRMを活用して解析可能です。

　KPIに課題がある場合は、ターゲットやペルソナの改善（第2章
で解説）、各集客チャネルからのトラフィック獲得の改善（第4章
から第6章で解説）、セールスレターの改善（第7章で解説）、フ
ロントエンド商品の改善（第9章で解説）が必要です。

13/07 継続段階のファネルにおけるKPIと改善策

「継続」のファネルにおけるマーケティングの目的は、満足した顧客に商品やサービスを再度購入してもらうことです。その効果を測定するための主要なKPI、概要、解析できるツール、本書で解説している章、KPIに課題がある際の改善策は以下の通りです。

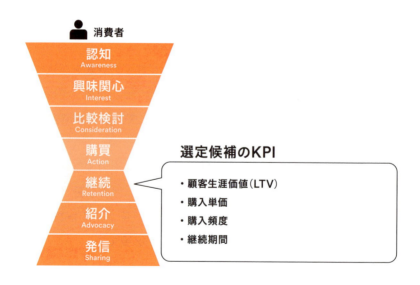

KPI	概要	解析できるツール	本書で解説している章	KPIに課題がある際の改善策
顧客生涯価値（LTV）	1人の顧客がビジネスにもたらす総収益を示す	GA4 CRM	第10章 第12章	購入単価、購入頻度、継続期間をバランスよく向上させる
購入単価	顧客1人あたりの平均購入金額を示す	GA4 CRM	第10章 第12章	クロスセルやアップセルの戦略を活用する
購入頻度	顧客が特定の期間内にどれくらいの頻度で購入するかを示す	GA4 CRM	第10章 第12章	定期的なプロモーションを行う
継続期間	顧客が商品やサービスを利用し続けている平均的な期間を示す	GA4 CRM	第10章 第12章	インセンティブの提供やカスタマーサポートを充実させる

　LTVを高めるには、顧客満足度を高め、顧客の忠誠心を築くことが重要です。これには、第10章で解説したように、優れた顧客体験を提供することが欠かせません。

　例えば、顧客から定期的なフィードバックを集め、そこから得られたニーズに迅速な対応をすることで、顧客満足度を向上させることができます。また、パーソナライズされたインセンティブを提供することで、顧客の購買意欲を高め、リピート購入を促進することができるでしょう。

　顧客と継続的にコミュニケーションを取るために、Eメールやソーシャルメディアを活用し、ブランドとのつながりを強化することも効果的です。

13/08 紹介段階のファネルにおける KPI と改善策

「紹介」のファネルにおけるマーケティングの目的は、満足した顧客に商品やサービスを紹介してもらうことです。その効果を測定するための主要な KPI、概要、解析できるツール、本書で解説している章、KPI に課題がある際の改善策は以下の通りです。

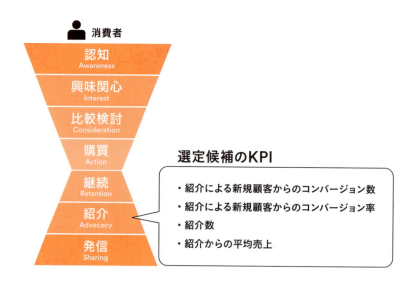

KPI	概要	解析できる ツール	本書で解説 している章	KPIに課題がある際の 改善策
紹介による 新規顧客からの コンバージョン数	既存顧客の紹介 で獲得した新規顧 客からの購入や申 し込みの数を表す	GA4 CRM	第8章 第11章 第12章	紹介プログラムのインセンティ ブを充実させる
紹介による 新規顧客からのコ ンバージョン率	紹介によってWeb サイトを訪れた新 規顧客のうち、実 際にコンバージョ ンに至った割合を 示す	GA4 CRM	第8章 第11章 第12章	初回購入のインセンティブの 提供／セールスレターの改善 など
紹介数	既存顧客からの 紹介の数を示す	GA4、CRM、 ソーシャル メディア解析 ツール	第5章 第8章 第11章 第12章	紹介プロセスを簡素化させる
紹介からの 平均売上	紹介を通じて獲得 した新規顧客から の平均売上を示す	GA4 CRM	第8章 第11章 第12章	アップセルやクロスセルの戦略 を活用する

　紹介による新規顧客からのコンバージョン数やコンバージョン率を高めるためには、魅力的なインセンティブを提供し、初回購入の際の特典を充実させることが重要です。

　また、紹介数を増やすためには、第11章で解説したように、紹介プロセスを簡潔にし、顧客が紹介しやすい環境を整えることが必須となります。

　さらに、紹介からの売上を向上させるためには、第10章で解説したように、アップセルやクロスセルの戦略を取り入れることで、顧客単価を引き上げる施策を実行することが効果的です。

13|09 発信段階のファネルにおけるKPIと改善策

「**発信」のファネルにおけるマーケティングの目的は、自社の商品・サービスに対して高い満足度や忠誠度を発揮し、進んで好意的な情報を発信してもらうことです。**その効果を測定するための主要なKPI、概要、解析できるツール、本書で解説している章、KPIに課題がある際の改善策は以下の通りです。

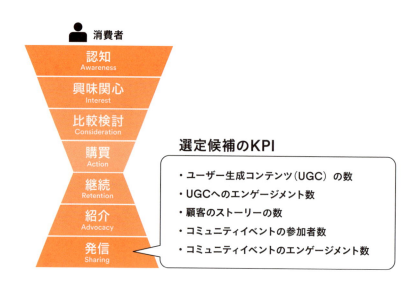

選定候補のKPI
- ユーザー生成コンテンツ（UGC）の数
- UGCへのエンゲージメント数
- 顧客のストーリーの数
- コミュニティイベントの参加者数
- コミュニティイベントのエンゲージメント数

KPI	概要	解析できる ツール	本書で解説 している章	KPIに課題が ある際の改善策
ユーザー生成 コンテンツ(UGC)の数	顧客によって作成 されたコンテンツ の総数を示す	GA4、CRM、 ソーシャルメディア 解析ツール	第8章 第11章 第12章	顧客にコンテンツ の共有を促すイン センティブの提供 など
UGCへの エンゲージメント数	UGCに対するい いね、コメント、 共有などの総数を 示す	GA4、CRM、 ソーシャルメディア 解析ツール	第8章 第11章 第12章	ユーザー参加型の ソーシャルメディア キャンペーンの実施 など
顧客のストーリーの数	顧客によって共有 された商品やサー ビスに関する体験 談の数を示す	CRM	第8章 第11章 第12章	顧客へのインタ ビューの実施など
コミュニティイベントの 参加者数	企業が主催するイ ベントに参加した 人数を示す	GA4、CRM、 ソーシャルメディア 解析ツール	第8章 第11章 第12章	イベントのプロ モーションの強化 など
コミュニティイベント のエンゲージメント数	イベントに参加した ユーザーからのア ンケートなどでの フィードバックを 示す	GA4、CRM、 ソーシャルメディア 解析ツール	第8章 第11章 第12章	イベント内容の充 実、参加者の声の 収集など

　KPIとしては、ユーザー生成コンテンツ（UGC）の数やそれに対するエンゲージメント数、顧客のストーリーの数、コミュニティイベントの参加者数、エンゲージメント数が挙げられます。これらはGA4やCRM、ソーシャルメディア解析ツールを活用して解析が可能です。KPIに課題がある場合、第11章で解説しているように、コンテンツの発信を促すスタッフレビューの用意や商品、サービスの利用方法と活用術の共有、ソーシャルメディアキャンペーンの実施が効果的です。

　また、商品・サービスに関する顧客のストーリーの共有やコミュニティイベントの開催も情報の発信を促す施策として有効です。

13-10 マーケティングのパフォーマンス低下の原因となるファネルの特定とパフォーマンス向上のための仮説構築

マーケティングファネルの各段階は、特定の目的を達成し、顧客を次の段階に進める役割を果たします。データに基づく改善を考慮する際、各 KPI に関する課題の有無を検討することは重要ですが、離脱率が高いファネルを特定することもまた重要です。

顧客が次の段階に進む確率を「転換率」と呼びます。例えば、ファネルの「認知」段階から「興味・関心」段階への移行の転換率は、「興味関心の KPI ÷ 認知の KPI × 100」で計算されます。転換率が高いほど、顧客がスムーズに次の段階に移行していることがわかります。逆に、転換率が低い場合、そのファネルに問題がある可能性が示唆されています。

ケーススタディで理解を深めましょう。認知段階の KPI であるセッション数が 10,000、興味・関心段階の KPI である見込み客獲得数が 1,000、比較検討段階の KPI である E メールのクリック数が 20、購買段階の KPI であるコンバージョン数が 2 の場合、認知から興味・関心への転換率は 10%、興味・関心から比較検討への転換率は 2%、比較検討から購買への転換率は 10% となります。

540 | 第 13 章 データを基にした仮説検証でデジタルマーケティングのパフォーマンスを向上させる

この場合、パフォーマンスを低下させているファネルは比較検討段階であることが明らかです。したがって、このファネルに焦点を当て、先に述べたKPIに課題がある場合の改善策を実施することで、マーケティングのパフォーマンスを大幅に向上させることが可能と仮説を立てることができます。

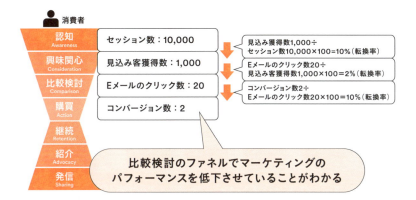

13 / 11 データドリブンマーケティングを成功させるための 11 ステップを実践する

　AutoPilotAcademy では、データを基にした仮説検証でマーケティングのパフォーマンスを向上させるためのフレームワーク「データドリブンマーケティング 11STEP」を考案しました。

データドリブンマーケティング 11STEP
(DATA DRIVEN MARKETING 11STEP)

Process Start!!	1 KGI や KPI の 目標値を設定する	2 問題を抱えている ファイルを特定する	3 該当のファネルの KPI を見直す
7 KPI を掘り下げて 見直す	6 要因を解決する 施策の仮説を立てる	5 課題の発生要因を 分析する	4 KPI から課題を 洗い出す
8 施策の仮説の 正誤を判断する	9 施策の仮説に 優先順位を付ける	10 仮説に従って 施策を実行する	11 仮説が正しかったか 検証する

542　第 13 章　データを基にした仮説検証でデジタルマーケティングのパフォーマンスを向上させる

具体的なケーススタディとして、あるEコマースサイトの売上向上を目標とする事例を考えてみましょう。このケースでの11ステップは以下の通りです。

1　KGIやKPIの目標値を設定する

KGI：年商を前年比で11%増加させる

KPI：
- LTV（顧客生涯価値）：前年比で21%増加
- セッション数：前年比で31%増加
- コンバージョン率：現在の1%から1.5%への増加

2　問題を抱えているファネルを特定する

分析の結果、コンバージョン率が業界平均に比べて低いことから購買のファネルに課題を抱えていると判断した。

3　該当のファネルのKPIを見直す

コンバージョン率を向上させるために、Webサイトの平均エンゲージメント時間や直帰率を新たにKPIとして追加。これらはランディングページのパフォーマンスを解析するのに役立つKPI。

4　KPIから課題を洗い出す

KPI：
- 平均エンゲージメント時間：1分30秒
- 直帰率：60%

Webサイトの平均エンゲージメント時間が短

く、直帰率が高いことが課題とわかった。

5 課題の発生要因を分析する

要因①：ランディングページがモバイル非対応で、ユーザーフレンドリーではない。
要因②：注文フォームが複雑で購入までに時間を要する。

6 要因を解決する施策の仮説を立てる

施策の仮説①：ランディングページをレスポンシブデザインに改善し、モバイル対応を図る。
施策の仮説②：注文フォームの簡素化を図り、購入までのプロセスを減らす。

7 KPIを掘り下げて見直す

KPI：
・注文フォームの離脱率 :70%
・モバイルユーザーのセッション数 :80%
コンバージョン率の低い要因が注文フォームでの離脱率の高さであることがわかった。また、モバイルユーザーのセッション数が多いことも確認した。

8 施策の仮説の正誤を判断する

施策の仮説①と仮説②はいずれも有効と判断した。

9 施策の仮説に優先順位を付ける

パフォーマンスの向上にもっとも効果が期待できる仮説②を優先し、次に仮説①を実施することにした。

10 仮説に従って施策を実行する

最初に仮説②に基づく施策を実行し、次いで仮説①の施策を実行した。

11 仮説が正しかったか検証する

施策を実行後、KGIとKPIを分析し、目標達成度を評価した。

KGI：年商が前年比で12%増加

KPI：

・LTV：前年比で23%増加

・セッション数：前年比で37%増加

・コンバージョン率：1.6%に増加

・平均エンゲージメント時間：2分10秒に増加

・直帰率：42%に減少

・注文フォームの離脱率：48%に減少

結論：上記の結果から、仮説が正しかったことが証明された。定期的にKGIとKPIを分析し、必要に応じて改善案の仮説と検証を行うことで、マーケティングのパフォーマンスを向上させることができる。

以上のように、このステップに沿ってデータドリブンマーケティングを実践すれば、確実に測定したデータを費用対効果の高い改善施策につなげることができます。

　なお、**データを解析する際には、顧客の心理を理解しようとする姿勢が重要です。**

　注文フォームでの離脱率の高さは、注文フォームの使いにくさや入力の煩雑さが顧客にストレスを与えていると考えられます。特にモバイルユーザーは閲覧する画面が小さいため、入力を難しく感じることが多いでしょう。

　このように、ただデータを見るのではなく、顧客の心理を理解し、顧客に寄り添って施策を実行することがデータドリブンマーケティングでは重要です。

第 13 章でやるべきこと

1. あなたのビジネスにおいて、KGI 達成に必要なマーケティングファネルの全プロセスにおける KPI を選定してください。

2. 「データドリブンマーケティング 11STEP」を参考に、データを基にした仮説検証を実行してください。

(((AIと共に拓く)))

　マーケティングのパフォーマンス改善のために立案した仮説を実施するための詳細なアイデアを ChatGPT からもらってください。
プロンプトの例：あなたは [会社概要] の [商品概要・サービス概要] を集客・販促するデジタルマーケターです。[課題] を解決するための仮説として [立案した仮説] を立案しました。仮説を実施するための詳細なアイデアを考えてください。

> あなたは「デジタルマーケティングのオンラインスクール事業を運営する企業」の「オンライン動画講座」を集客・販促するデジタルマーケターです。「コンバージョン率の低い課題」を解決するための仮説として「注文フォームの改善」を立案しました。仮説を実施するための詳細なアイデア

を考えてください。

「コンバージョン率の低い課題」を解決するために「注文フォームの改善」という仮説を立てた場合、以下の詳細なアイデアを実装することが有効です。

1. フォームの簡素化と明確化：
・フォームのフィールド数を最小限にし、必要な情報のみを求めます。
・各フィールドには明確な説明を加え、ユーザーが何を入力すべきかを容易に理解できるようにします。

2. 段階的な入力プロセスの採用：
・フォームを複数の小さなステップに分け、一度に1つのセクションのみを表示します。
・プログレスバーを表示し、ユーザーがフォームのどこにいるかを常に知ることができるようにします。

3. エラーメッセージの改善：
・入力エラーが発生した場合には、ユーザーに明確で役立つフィードバックを提供します。
・誤った情報の入力箇所を具体的に指摘し、正しい入力方法を案内します。

4. 自動入力機能の導入：
・ブラウザの自動入力機能で、ユーザーが以前入力

した情報を簡単に再利用できるようにします。

5. モバイルフレンドリーなデザイン：

・フォームがモバイルデバイスでの操作に最適化されていることを確認します。

・タッチスクリーンに対応した大きな入力フィールドやボタンを採用します。

6. セキュリティとプライバシーの強調：

・ユーザーが個人情報を安全に提供できるよう、フォームのセキュリティ対策を明確にします。

・SSL 暗号化やプライバシーポリシーへのリンクをフォームに含めます。

7. 速度とパフォーマンスの最適化：

・フォームのロード時間を最小限に抑え、ユーザーのストレスを軽減します。

・必要に応じて、フォームの動作を高速化するための技術的な最適化を行います。

これらの改善点を実施することで、ユーザーの注文フォーム利用体験が向上し、コンバージョン率の改善に寄与する可能性が高まります。

第 13 章でやるべきこと

COLUMN 15

8割の成果につながる
2割のデータを見極める

『データ・ドリブン・マーケティング』(マーク・ジェフリー著)によると、多くの企業がデータに基づく意思決定で課題を抱えていると指摘されています。**主な理由の1つは、「適切な指標(KPI:Key Performance Indicator・重要業績評価指標)がわからない」「何から始めるべきかわからない」ということ**です。

デジタルマーケティングでは数百にもおよぶ指標が存在し、その数は増加し続けています。多くのデータが利用できることは大きな利点ですが、同時にビジネスの改善に直接影響をおよぼす重要なデータを見極めることがより困難になっています。

ここで重要となるのは、「8割の成果に繋がる2割のデータを見極める」という80:20の法則(パレートの法則)の活用です。多くのデータの中から、ビジネスに実際に影響を与える重要な指標を見極め、それに焦点を当てることが必要です。

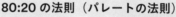

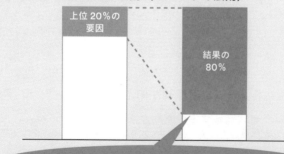

具体的には、Google Analytics などのツールを使用し、選択した指標のデータを明確に収集します。例えば、Web サイトの月間訪問数、商品の月間購入数、月間売上などのデータを具体的に取得します。

　その後、収集したデータから何が読み取れるかを分析します。例えば、売上にもっとも貢献するトラフィック源が何か、あるいは特定のマーケティングキャンペーンが売上の 50% を占めている場合、そのキャンペーンを強化することで売上の増加が期待できる、といった具体的な洞察が得られるでしょう。

マーケティングファネル別に KPI を選定する

　本章で解説したように、データドリブンマーケティングにおいても、マーケティングファネルの重要性は変わりません。各ファネルごとに達成すべきビジネス目標は異なり、それに応じて解析すべきデータも変わります。

　例えば、興味関心の段階におけるマーケティングファネルでの売り手側の主な目標はリード（見込み客）の獲得です。このファネルにおいては、リードの獲得数の分析が重要になります。

　ビジネスの性質や市場規模でも異なりますが、各マーケティングファネルで分析する KPI は 5 個程度が望ましいとされています。ビジネスに適した KPI を 5 個程度選ぶことを推奨します。

「各ファネルで 5 個程度の KPI で本当に十分か」と疑問に思うこともあるかもしれませんが、「8 割の成果をもたらす 2 割のデータを見極める」というパレートの法則に基づけば、数百個の KPI を解析する必要はありません。

　重要な少数の KPI に焦点を当てることで、データ解析を効率的に行い、有意義な洞察を得ることが可能です。また、重要なデータの見落としや意思決定の遅延を防ぐ意味でも、もっとも重要な 5 個程度の KPI の分析が重要です。

　それぞれのマーケティングファネルで 5 個程度の KPI を解析することで、

COLUMN 15　8 割の成果につながる 2 割のデータを見極める　｜　551

各ファネルが効果的に機能しているかを測定することができます。

KPI を選定する視点

複数の KPI の中から 5 個程度に絞る際の視点は、主に本章で解説した KGI に基づきます。

例えば、ブランド認知度の向上が目的であれば、「指名検索の回数」が選定候補となります。オウンドメディアを活用している場合、「セッション数」「新規ユーザー数」「一般キーワードによる検索回数」「被リンク獲得数」が選定候補となるでしょう。ソーシャルメディアを活用している場合は、「ソーシャルメディア投稿のリーチ数」が適切です。広告を活用している場合、「広告の表示回数」や「動画広告の視聴回数」が候補に挙がります。

認知段階に限らず、ビジネスの目的やマーケティング施策から逆算して、ビジネスにもっとも適した KPI を選定することが重要です。選択した KPI がビジネス目標の達成に直接寄与するかという視点で選定してください。

第 14 章

認知・PRの意味とは？
マスメディア露出の戦略

第 14 章の概要

　現代の社会は情報が溢れており、単に情報を提供するだけでは目立つことが難しくなりました。その結果、ターゲット層の心に響くストーリーを伝え、共感を得ることの重要性が高まっています。

　しかし、多くの企業や団体は認知や PR の実践方法に戸惑い、どのように魅力的なメッセージを届けるべきかに苦慮しています。

　本章では、認知と PR の基本的な意味とその重要性について解説します。さらに、**効果的なマスメディア露出の戦略を構築するための具体的な方法**も紹介します。確かな情報をしっかりと伝え、人々の心に訴えかけるスキルを高め、効果的なコミュニケーションを実現しましょう。

　本章で学ぶこと

1. 認知の定義について
2. PR（Public Relations）の必要性
3. マスメディアやインフルエンサーに取り上げてもらうための PR 戦略
4. ブランドのミッション、ビジョン、バリューを基に自社独自のストーリーを作成する
5. PR TIMES をはじめとしたプレスリリースの活用
6. その他有効な PR 施策について

554 ｜ 第 14 章　認知・PR の意味とは？ マスメディア露出の戦略

	顧客心理	コンテンツのアイデア	コンテンツの形式	集客チャネル	KPI
認知 Awareness	最近、デジタルマーケティングに興味が出てきた。どんな教材があるんだろう？	・ブランドのミッション ・ビジョン ・バリュー	・動画 ・デジタル広告	・YouTube ・Meta広告 ・Googleディスプレイネットワーク広告	・セッション数 ・表示回数 ・新規ユーザー数 ・広告の表示回数 ・動画広告の視聴回数
興味関心 Interest	このデジタルマーケティング教材、詳しい内容や特徴を知りたいな。	・顧客の問題解決情報 ・商品やサービスの基礎知識 ・データと統計に基づく情報	・ブログ記事 ・ランディングページ ・電子書籍（E-Book）	・Google ・Yahoo! ・Bing	・見込み客（リード）獲得数 ・電子書籍（E-Book）、ホワイトペーパーのダウンロード数
比較検討 Consideration	この教材とあの教材、どちらが初心者に合っているんだろう？比較してみよう。	・商品やサービスの比較情報 ・顧客の声を含む動画 ・顧客レビュー	・Eメール ・顧客の声を含む動画 ・ウェビナー	・Eメール ・YouTube ・ウェビナーツール	・Eメールの到達率、開封率、クリック数、クリック率、購読解除率 ・ウェビナーのアンケート
購買 Action	決めた！このデジタルマーケティング教材を買うことにする！	・商品やサービスの詳細情報 ・プロモーション情報	・Eメール ・ランディングページ ・デジタル広告	・Eメール ・Googleリスティング広告	・コンバージョン数（CV数）・コンバージョン率（CVR）・顧客獲得単価（CPA）・初回購入で得られる売上
継続 Retention	この教材、本当に役立ってる。他の関連教材も購入してみようかな。	・商品やサービスの使い方 ・アップデートの情報 ・関連する商品やサービスの情報	・Eメール ・ソーシャルメディア投稿	・Eメール ・Meta	・顧客生涯価値（LTV）・購入単価 ・購入頻度 ・継続期間
紹介 Advocacy	このデジタルマーケティング教材はわかりやすくて最高らしい！友達や同僚にも、おすすめしたい！	・紹介インセンティブの情報 ・共有しやすいソーシャルメディア情報	・Eメール ・ソーシャルメディア投稿	・Eメール ・X ・Meta	・紹介による新規顧客からのコンバージョン数、コンバージョン率 ・紹介数 ・紹介からの平均売上
発信 Sharing	このデジタルマーケティング教材は素晴らしい！みんなも試してみるべきだよ！#おすすめのデジタルマーケティング教材	・ユーザー生成コンテンツ ・商品／サービスに関する顧客ストーリー ・コミュニティイベント ・キャンペーン	・Eメール ・ソーシャルメディア投稿	・Eメール ・X ・Meta	・UGCの数、エンゲージメント数 ・顧客のストーリーの数 ・コミュニティイベントの参加者数、エンゲージメント数

　認知段階では、ターゲット層に対しブランドのミッションやビジョンやバリューを基にしたマーケティングメッセージを届けることが非常に重要です。これにより、ブランドの認知度を高め、ターゲット層に強く訴求することができます。

　デジタルマーケティング改善シートを活用し、認知段階における戦略と戦術を策定し、ターゲット層に響く魅力的なメッセージを届けてください。これにより、ブランドの認知度を向上させ、ビジネスの成長を加速させることができます。

14
01

認知の定義について

まず、認知の定義について説明します。認知とは、人間が情報を収集・処理し、それを理解・把握する心の働きを指すものです。これには知覚、思考、判断、記憶、言語などの複雑なプロセスが含まれます。認知は、外部からの情報を取り込み、それを既存の知識と結びつけ、新しい理解を形成する過程です。

例として、キーワードプランナーの利用は、認知を数字で見る1つの方法です。このツールを使って、キーワードの検索需要を分析することができます。これを通じて、ユーザーが何を求めているのかを把握し、適切なキーワードを選び、広告戦略を構築することが可能です。

要するに、**認知は「知る、考える、使う」を含む心の動きということであり、キーワードプランナーのようなツールを使うことで、人々が何を求めているのかを理解し、その情報を活用して計画を立てるときに役立ちます。**

PR（Public Relations）の必要性

PR（Public Relations）は、企業や個人が自分のイメージや情報を広めるための戦略的な活動です。特に、検索需要が少ない場合に、PR の重要性は高くなります。これは、検索需要が低いと、興味を持っている人が情報を見つけにくくなり、その結果、新しい需要やビジネスチャンスを逃してしまう可能性があるからです。

PR は以下の 5 つの点で、需要拡大に大きな役割を果たします。

1. 知名度の向上

PR 活動で企業や製品、サービスの知名度が上がります。これにより、検索だけでなく口コミやメディアからの情報も増え、需要が広がります。

2. 興味を引く

PR では、魅力的なストーリーや情報を提供できます。これが人々の興味を引き、検索以上の新しい需要を生む可能性があります。

3. 信頼の構築

　信頼と信用を築くのに、PRは非常に有用です。信頼性の高い情報を提供することで、消費者の製品やサービスへの信頼が高まり、購買意欲も上がります。

4. ターゲット層へのリーチ

　PR戦略を使うと、狙ったターゲット層に効果的にアプローチできます。特に、ニッチな市場でも、PRはその需要に正確に対応する手段となります。

5. メディア露出

　検索エンジンだけでなく、新聞やソーシャルメディアなどでも情報が広まることで、需要がさらに拡大するチャンスがあります。

　以上のように、PR活動によって情報が広がり、興味を持つ人が増えることで、需要を拡大することができます。

14
03
マスメディアやインフルエンサーに取り上げてもらうための PR 戦略

　マスメディアやインフルエンサーに注目されるための PR 戦略は何をすればよいでしょうか。例えば、環境問題が話題になっている場合、持続可能性やエコロジーに焦点を当てたプロジェクトを強調するのがよいでしょう。**社会的な話題や感染症対策など、時事に合わせた情報提供や支援活動も PR 戦略に取り入れる**べきです。

　具体的なステップは以下の通りです。

1. ターゲットの特定と分析

　最初に、対象となるメディアやインフルエンサーを明確にし、その関心事や傾向を分析します。過去の記事や投稿、フォロワーの属性などを研究して、何が注目されるかを把握します。

2. 独自のストーリー作成

　時事やトレンドに合わせて、独自のストーリーを作ります。これは単なる広告ではなく、メディアやインフルエンサーが興味を持つような価値のある内容やエンターテインメント要素が必要です。

3. タイミングの選定

　ニュースや話題に合わせて、タイミングを選びます。季節やイベント、社会的な関心事に連動した企画が、取り上げられる可能性を高めます。

4. 魅力的なコンテンツ提供

　メディアに対しては、プレスリリースや取材依頼、写真や動画などのコンテンツを用意します。その際、簡潔かつ興味を引く形にすることが大切です。

5. コミュニケーションとフォローアップ

　提供したコンテンツについて、メディアやインフルエンサーとしっかりコミュニケーションを取り、フォローアップを行います。質問には迅速に対応し、必要な追加情報も提供します。

6. ソーシャルメディアの活用

　ソーシャルメディアでPR活動を補完します。関連するハッシュタグを使って、拡散力を高める工夫が必要です。

7. 反応の分析と改善

　メディアやインフルエンサーからの反応を分析し、効果を評価します。成功した要因を理解し、次回のPR戦略に生かします。

14-04 ブランドのミッション、ビジョン、バリューを基に自社独自のストーリーを作成する

引用：【freee】freee ビジョンムービー | 2024 (https://www.youtube.com/watch?v=TAd-fgA4Ydo)

　オンライン会計ツールのfreeeは、「スモールビジネスを、世界の主役に。」というミッション（企業の存在理由）を掲げ、2024年版のブランドストーリームービーを公開しました。この動画では、freeeが少し先の未来で、スモールビジネスの経営効率化と成長支援にどのように寄与できるかを描いています。特に、人事・労務・経理などバックオフィスに関わる煩雑な業務が自動化され、AIとデータにより適切な経営判断ができるようになり、最適なビジネス

パートナーと出会えるようになる未来を描いています。

freee のビジョン（将来の理想の姿）は、「だれもが自由に経営できる総合型経営プラットフォーム」です。すべてのビジネスが持続可能な成長を実現し、自信をもって経営できる世界を目指しています。また、バリュー（重視する価値観や行動の指針）として、「面倒で煩わしい作業をしていた時間をもっと価値ある時間に変えてゆく」「経営そのものをもっと楽しく自由に変えてゆく」ということを掲げています。

これらのミッション、ビジョン、バリューに基づくアプローチは、freee のツールが単なる会計ツールを超えた深い価値を提供し、視聴者にその意義を伝えています。商品やサービスの機能を超えたメッセージにより、視聴者の関心を引き、認知度を高める効果をもたらします。

このように、ブランドのミッション、ビジョン、バリューに基づくストーリーは、マーケティングファネルの初期段階におけるターゲット層に届く魅力的なメッセージとなります。

14-05 PR TIMES をはじめとした プレスリリースの活用

　PR 戦略において、PR TIMES などのプレスリリース配信サービスの活用は非常に重要です。これらのサービスは、**企業や団体が新製品、イベント、プロジェクトなどの情報をメディアや一般に効果的に伝える手段**として用いられます。例えば、AutoPilotAcademy も「エバーグリーンウェビナーマーケティング」のコース提供を開始する際に、PR TIMES を活用しました。

当社事例：https://prtimes.jp/main/html/rd/p/000000002.000041570.html

プレスリリースは、企業・団体が自らの一次情報を届けるために作成するコンテンツであり、重要な情報を魅力的に伝える役割があります。新製品の発表、イベントの告知、業績報告など、メディアや関係者に対して正確な情報を提供することが可能です。

　メディアやジャーナリストは、プレスリリースを通じて興味を持った情報を取り上げることが多く、これにより新聞やテレビでの報道が増える可能性があります。

　さらに、プレスリリースは多くの場合オンラインで公開されます。そのため、キーワードを最適化したコンテンツを提供することで、検索エンジンでの表示順位も向上する可能性があります。

　総じて PR TIMES などのプレスリリース配信サービスは、企業や団体が広範なメディア露出や広報活動を行う際に有用なツールです。これを活用することで、ターゲット層に効果的に情報を届け、知名度や信頼性を高めることができます。

14 / 06 その他有効な PR 施策について

　PR 戦略には、クラウドファンディングをはじめとして、さまざまな手法が存在します。以下に、企業や団体が広報と PR を戦略的に展開するための5つの例を紹介します。これらの施策は、ターゲットオーディエンス、予算、プロモーションの目的に応じて選定することが重要です。

クラウドファンディング

　クラウドファンディングは、資金調達と PR を一緒に行う効果的な手段です。新製品やアイデアの実現のために、オンラインプラットフォームを通じて資金を募集します。支援者はリターンを受け取り、プロジェクトの成功に貢献します。この手法は、資金調達だけでなく、広報活動にも有効です。話題を集め、新たな顧客やファンを獲得するチャンスが広がります。

タクシーメディア

　タクシーメディアは、タクシー車体や内装に広告を掲載する方法です。これは特に地域に焦点を当てた PR 戦略として有用です。地

域特有の需要やターゲット層に直接アプローチでき、地域での知名
度やブランド認知度を高める効果があります。

▎イベントの開催

イベント開催は、顧客と直接交流する機会を提供する効果的な
PR手法です。製品発表会やセミナーで新製品やサービス、専門知
識を共有し、顧客に実際の体験を提供することで、信頼を築くチャ
ンスが得られます。

▎電車のサイネージ広告

電車のサイネージに広告を配信することも、効果的なPR手法の
1つです。特に通勤・通学などで毎日多くの人が利用する電車内で
の広告は、高い注目度を得ることができます。

▎テレビCM

最近では少額（最低出稿金額はあり）から始められる運用型テレ
ビCMサービスも、広がりを見せています。デジタル広告の指標
を使ってテレビCMの効果を可視化し、PDCAサイクルを実行可
能です。デジタル広告を配信できるプラットフォームは、日々広が
りを見せています。こうしたプラットフォームを活用することで、
広範なオーディエンスにリーチし、ブランドの認知度を向上させる
ことができます。

第 14 章でやるべきこと

1. あなたのビジネスで認知段階におけるコンテンツのアイデア、形式、集客チャネル、KPI を策定し、デジタルマーケティング改善シートに埋めてください。

2. 企業のミッション、ビジョン、バリューを基に、オリジナルのストーリーを作成してください。

3. 本章を基に、認知・PR 施策を実施してください。

(((AIと共に拓く)))

作成したオリジナルのストーリーを ChatGPT に評価してもらってください。プロンプトの例：あなたは [会社概要] の [商品概要・サービス概要] を集客・販促するデジタルマーケターです。認知を獲得するための自社のストーリーとして、[作成したストーリー] を考えました。認知を得るための適切なストーリーになっているか評価してください。

あなたは「デジタルマーケティングのオンラインスクール事業を運営する企業」の「オンライン動

画講座」を集客・販促するデジタルマーケターです。認知を獲得するための自社のストーリーとして以下を考えました。認知を得るための適切なストーリーになっているか評価してください。

・自社のストーリー

AutoPilotAcademy のストーリー

昨今、マーケティングのデジタル化が急速に進み、起業家やマーケティングの専門家は、デジタルマーケティングに精通していなければ、企業を成長させることができなくなりました。

しかし、デジタルマーケティングのノウハウは Eメールマーケティング、Meta 広告、SEO 対策、コンテンツマーケティング、GoogleAnalytics 解析など、多岐にわたります。

さらに、テクノロジーの進化に伴い、デジタルマーケティングは年々複雑で難しいものとなってきました。

各ジャンルのノウハウはそれぞれ進化を続けています。

あなたが企業を成長させようと思うなら、それぞれのノウハウをおさえていく必要があります。

しかし、あなたはただでさえ忙しいビジネスオーナーです。

複雑なデジタルマーケティングを自ら研究しているような時間の余裕はないはずです。

ビジネスの成長に必要なデジタルマーケティングの実践的なノウハウを身に付けるためには、サポートしてくれる誰かが必要なはずです。

それこそがまさに AutoPilotAcademy の目指すものです。

SEO 対策のみのノウハウを得たければ、SEO の専門家が開催している講習会に参加すればよいでしょう。
Google Analytics 解析のノウハウのみを得たければ、Google Analytics 解析の専門家が提供している書籍を読めばよいでしょう。その他最新のノウハウを得たければ、その分野に精通した専門家を雇えばよいでしょう。

第 14 章でやるべきこと ｜ 569

しかし、講習会や書籍や専門家などから得られるノウハウはデジタルマーケティングの分野の一部でしかありません。全体が網羅されておらず、分断されたノウハウしか学ぶことができないため、総合的にデジタルマーケティングのノウハウを身に付けることができないのです。

デジタルマーケティングは総合力で勝負する時代になりました。
いくら個別のノウハウに習熟しようとも、デジタルマーケティングを成功させることはできないという事実を理解しなければなりません。

AutoPilotAcademyは、この問題を解決することができれば、多くの企業や経営者のお役に立てるのではないかと考えました。
　そこで、総合的にデジタルマーケティングのノウハウを身に付けることができるオンラインスクールを開校したのです。

AutoPilotAcademy のストーリーは、認知を得るために適切な要素を含んでいると評価できます。以下にその理由を述べます。

1. 市場の変化と必要性の強調：デジタルマーケティングの重要性とその急速な進化に焦点を当てることで、聴衆の関心を引きます。これは、デジタルマーケティングの知識が現代のビジネスに不可欠であるという現実を強調しています。

2. 問題提起と解決策の提示：複雑化するデジタルマーケティングの世界において、分断された知識ではなく、総合的な知識が必要であるという問題を提起し、その解決策として AutoPilotAcademy のオンラインスクールを提示しています。これにより、潜在的な顧客の問題に対する解決策を提供しているという点で、ストーリーは非常に効果的です。

3. ターゲットオーディエンスへの共感：忙しいビジネスオーナーをターゲットにしており、彼らの時間の制約と学習ニーズに共感を示しています。このアプローチは、ターゲット層の関心を引くために重要です。

4. 総合的アプローチの強調：総合的なデジタルマー

ケティングのノウハウを提供することで、個別の専門知識だけでは不十分であるという現代のマーケティングの課題に対応しています。

ただし、ストーリーにはいくつか改善の余地もあります。例えば、AutoPilotAcademy が提供する具体的なコースやサービス、学習方法、差別化された特徴についての詳細が追加されると、より説得力が増すでしょう。また、実際の顧客事例や成功事例を取り入れることで、信頼性と現実味を高めることができます。

総じて、このストーリーは AutoPilotAcademy の価値提案を伝え、ターゲットオーディエンスの関心を引くために適切な要素を含んでいるといえます。

第 15 章

企業成長に必要なデジタルマーケティングのスキルと組織

第 15 章の概要

　デジタル時代において、**企業の成長を支えるのは、デジタルマーケティングを実践できる組織体制**です。本章では、持続的な成長を目指す企業が保有すべきデジタルマーケティング人材の要件を明らかにします。

　本章で学ぶこと

1. デジタルマーケティングと企業成長の関係性
2. デジタルマーケティングのスキルセットと組織
3. デジタルマーケティングにおけるリーダーシップの重要性
4. 組織構築のケーススタディ
5. 自社の目標とリソースに応じて組織を構築する
6. 業務委託するかマーケティング企業に外注するか

　デジタル時代に必要なスキルとは何か？　企業成長を促す人材の要件を学びましょう。本章では、デジタルマーケティングのスキルセットとそれに基づいた組織構築の方法を解説します。また、リーダーシップの重要性、自社の目標とリソースに応じた組織の構築方法、そして業務委託や外注の判断基準についても詳しく解説します。

　企業成長を支えるデジタルマーケティング人材の要件を理解し、最適な組織体制を構築することで、持続的な成長を実現させてください。

574 　第 15 章　企業成長に必要なデジタルマーケティングのスキルと組織

15 | 01 デジタルマーケティングと企業成長の関係性

インターネットの普及以降、イノベーションの起点が大企業からスタートアップへとシフトしています。今や、世界に影響をおよぼす企業が学生寮や個人のガレージから始まることも珍しくありません。

企業成長の要件も、物を供給する能力から価値ある情報を提供する能力へと変化しています。消費者の購買基準も、「安くてよい商品」から「問題を解決する商品」へと変わっています。

デジタルマーケティングの進化により、企業成長への影響も増しています。次の表では、デジタルマーケティングの戦略・戦術と企業成長への寄与を示しています。

デジタルマーケティングの戦略	デジタルマーケティングの戦術	企業成長への寄与
特定のターゲット市場にコンテンツを配信し、コンバージョン数や ROI を向上させる	・コンテンツマーケティング ・SEO 対策 ・ソーシャルメディアマーケティング ・デジタル広告運用	顧客獲得
デジタル上でのブランドの露出を増やし、認知度を高める		ブランド認知度向上
顧客との関係を深め、ロイヤルティを向上させる	・E メールマーケティング ・チャットボット運用 ・ソーシャルメディアマーケティング	顧客エンゲージメント向上
ユーザーの行動や傾向を計測し、そのデータを基に戦略の最適化や意思決定を行う	・Google アナリティクス解析 ・CRM 解析 ・データドリブンマーケティング	データドリブンな意思決定

01　デジタルマーケティングと企業成長の関係性　575

15 / 02 デジタルマーケティングの スキルセットと組織

　デジタルマーケティングは、企業がビジネスを拡大するための中心的な手法となっています。このアプローチはオンラインだけでなく、オフラインとの活動とも連動して、消費者がブランドと接するすべての瞬間における消費者体験を向上させる役割を果たしています。そして、**デジタルマーケティングを成功させるためには、多岐にわたるスキルが必要**とされます。ここでは、その主要なスキルセットと組織的な役割分担を解説します。

▌マネジメント（マーケティングマネジャー）

　デジタルマーケティングの取り組み全体を統括し、組織の方向性を定める役割を担います。

マネジメントの スキルセット	説明
戦略立案	ビジネスの目標や市場の動向を考慮して、デジタルマーケティングの戦略を立案する
組織管理	目標達成に向け組織内でコミュニケーションを取り、メンバーの育成やモチベーションの維持を行う
プロジェクト管理	期限や予算内でプロジェクトを進める
デジタルマーケティングの知識	SEO、コンテンツマーケティング、ソーシャルメディアマーケティング、デジタル広告、CRM、Eメールマーケティング、データ解析、クリエイティブなどデジタルマーケティングの主要な分野に関する知識

SEO・コンテンツマーケティング
（SEO・コンテンツマーケター）

　Webサイトの自然検索からのトラフィックを増やし、高品質なコンテンツを通じて顧客のエンゲージメントを向上させることを目指します。

SEOのスキルセット	説明
キーワードリサーチ	主要なキーワードや関連キーワードを特定し、それに基づいてコンテンツの作成を計画
SEO内部対策	メタタグ、H1〜H6タグ、ALTタグ、URL構造、内部リンクなど、Webサイト内のSEO要因の最適化
SEO外部対策	他のWebサイトからの質の高い被リンクを獲得

　コンテンツマーケティングの目的は、ユーザーの問題解決や興味を惹起し、長期的な信頼関係の構築に寄与することです。

コンテンツマーケティングのスキルセット	説明
コンテンツの作成	ターゲットとなる市場やペルソナの興味やニーズを考慮してのコンテンツ作成
マルチメディアの利用	ブログ、動画、ポッドキャスト、インフォグラフィックなど多様なフォーマットを使用したコンテンツの最適な利用

ソーシャルメディアマーケティング
（ソーシャルメディアマーケター）

　ソーシャルメディアのプラットフォームを活用してブランドの認

02　デジタルマーケティングのスキルセットと組織　577

知度を向上させ、エンゲージメントを促進し、最終的にはコンバージョンを増加させる役割を担います。

ソーシャルメディア マーケティングの スキルセット	説明
プラットフォームの選定	ターゲットやブランドの特性に合わせて最適なソーシャルメディアのプラットフォームを選択
コンテンツの作成	ソーシャルメディアやターゲットの特性に合わせたコンテンツ、企画、作成、配信
ユーザーとの コミュニケーション	フォロワーとのコミュニケーションを適切に取る
分析と最適化	ソーシャルメディアの解析ツールを使用して活動の効果を分析し、施策を継続的に最適化する

▌ デジタル広告（デジタル広告マーケター）

オンライン上でブランドや製品の認知度を高め、ターゲットに対して直接的にアプローチし、コンバージョンや売上の向上を目指します。

デジタル広告の スキルセット	説明
プラットフォームの選定	マーケティングの目的に応じて、Google 広告、Meta 広告など適切な広告プラットフォームを選択
広告予算の管理	広告キャンペーンの目的や期間に合わせて、適切な予算設定を行う
クリエイティブの作成	魅力的な広告文や画像、動画などクリエイティブを作成し、CTR や CVR を最大化する
分析と最適化	広告のパフォーマンスを定期的に分析し、CTR、CPC、CPA などの KPI を基に広告運用を調整する

▌CRM 運用と E メールマーケティング（CRM マーケター）

　顧客情報を一元的に管理し、マーケティング、セールス、サポートの活動をスムーズかつ効率的に最適化します。

CRM 運用のスキルセット	説明
顧客情報の管理	顧客情報の正確な入力、更新、整理
顧客のセグメント化	共通の属性を持つ顧客をカテゴリー化する
顧客のデータ解析	顧客情報を解析し、顧客の動向や傾向を把握する
他部署との連携	CRM を通じて得られる情報を基に、セールスやサポートなど他の部署と連携を取る

　ターゲットの興味や関心を惹起するコンテンツやオファーを通じて、消費者のエンゲージメントを向上させ、コンバージョンを促進させます。

Eメールマーケティングのスキルセット	説明
ツールの活用	E メールマーケティングツールの適切な使用
E メール作成	消費者の購買行動を促す効果的な E メールのコンテンツを作成する
データ分析	開封率、クリック率などの配信結果の解析とそれを基にした E メールマーケティングの最適化

▌データ分析（データアナリスト）

　データ分析の目的は、Web サイトやアプリのユーザー行動や傾向を詳細に理解し、そのデータを基にマーケティング戦略の最適化

を担います。

データ分析の スキルセット	説明
ツールの活用	Google Analytcis やヒートマップ分析などのデータ解析ツールの適切な使用
統計的知識	データを正しく理解し、意味のある考察を導き出すための統計的知識
データのビジュアライゼーション	データをわかりやすいグラフにまとめ、経営陣をはじめ周囲に内容を伝える
仮説と検証	データに基づいて仮説を立て、検証するための A/B テストなどの実践

クリエイティブ（クリエイター）

　クリエイティブの目的は、商品やサービスの特性を文書、視覚、聴覚で伝え、ターゲットの注意を引き、エンゲージメントを高め、購買行動を促します。

クリエイティブの スキルセット	説明
コピーライティング	ターゲットの興味や関心を引きつける言葉を作成する
写真・動画の撮影	カメラの設定、照明、構図などの技術を使いこなしストーリーを伝えるための撮影
画像・動画の編集	Photoshop、Illustrator、Premiere Pro などの編集ソフトウェアを活用しターゲットの関心を引きつけるクリエイティブを作成する
Web サイト・アプリの デザイン	直感的でわかりやすいインターフェイスを設計する
Web サイト・アプリの 開発	コーディングやデーターベースの設計、API の統合など

15 / 03 デジタルマーケティングにおける リーダーシップの重要性

デジタルマーケティングは急速に進化し続ける領域であり、その変化に対応し続けるために、特に経営陣やマーケティングマネジャーにはリーダーシップが求められます。とりわけリーダーは次に紹介する要素を押さえていく必要があります。

ミッション（企業の存在理由）、ビジョン（将来の理想の姿）、バリュー（重視する価値観や行動の指針）を明確にする

MVV (Mission, Vision, Value) と呼ばれる3つの要素を明確にし、それを基盤に戦略を策定することで、組織が共通の目標に向かって効率的に働くことが可能になります。

例えば経済産業省の場合、ミッションは「未来に誇れる日本をつくる」、ビジョンには「つながりを力に、進化し続ける」、バリューズ[※]には「本質的な課題に挑戦する」「自由に個の力を発揮する」「多様な力をかけ合わせる」を掲げています。

引用：経済産業省「経済産業省のMVV（ミッション・ビジョン・バリューズ）」(https://www.meti.go.jp/intro/mvv/index.html) ※重視する価値観や行動の方針が複数ある場合には「Values（バリューズ）」と表記されます。

03 デジタルマーケティングにおけるリーダーシップの重要性 | 581

引用：経済産業省「経済産業省 Vision　イメージ動画」
(https://www.youtube.com/watch?v=epT-MA43Dng&t=120s)

　上に挙げた動画は、そのうちのビジョンをイメージした内容になっています。動画では、日本社会がどうあるべきかを提案し続ける必要性が語られています。また、役所の歯車として動くのではなく、直接話し合う重要性や、組織の枠を超え、志を同じくする仲間と協力する姿が描かれています。個々の力を磨き、成長を促す環境を整えることが鍵となり、政策実現に関わる一人ひとりの成長がこの国の課題解決には欠かせないとされています。変化を恐れず、進化を続ける姿勢が強調されています。

　リーダーがこうした MVV を定めることで、企業の文化や方針が定まり、日々のマーケティング業務における意思決定や行動の指針となります。

▎製品が市場のニーズに適合している状態を目指す

　PMF（Product Market Fit）は、製品が市場のニーズに適合

<u>している状態</u>を指します。経営陣やマーケティングマネジャーはデジタルマーケティングの戦略を策定する際、PMFを常に考慮し、適切な市場と製品の組み合わせを見つける必要があります。

PMFを達成したよい事例にSlackが挙げられます。当初、ゲーム開発のためのコミュニケーションツールとして開発されましたが、市場の需要がなかったため成功しませんでした。一方で、マーケティング、営業、人事など組織のあらゆる部門で利用できるコミュニケーションツールには市場の需要がありました。PMFを達成したSlackは世界中の組織で利用されています。

PMFを目指すことで、製品が市場に受け入れられ、認知度向上や顧客獲得などのマーケティング業務がスムーズに進みます。

■ チームメンバーを育成し、組織を管理する

進化の著しいデジタルマーケティングの分野において、経営陣やマーケティングマネジャーは、<u>**メンバーの継続的な教育やトレーニングを通じて、新しい技術や手法を学ばせる**</u>ことが重要です。彼らのキャリアの育成までサポートし、新しい挑戦を提供することで、能力を最大限に引き出すことができます。

デジタルマーケティングには SEO、ソーシャルメディアマーケティング、デジタル広告などさまざまな専門領域があり、多くのメンバーと連携してプロジェクトを進める必要があります。明確な役割と責任を割り当て、コミュニケーションやフィードバックを細かく行うことで、組織の生産性を高めることができます。

AutoPilotAcademy のデジタルマーケティングフライトスクールは、経営陣やマーケティングマネジャーだけでなくチームメンバーの継続的なデジタルマーケティングのトレーニングにも役立てられています。

経営陣やマーケティングマネジャーは、チームメンバーの育成や明確な役割を割り当てることが重要

▍営業や商品開発など他部門と連携する

デジタルマーケティングは企業がデジタル空間で成功を収めるための重要な要素ですが、その成功をマーケティング部門だけで達成することはできません。**営業、商品開発、カスタマーサクセスなどの他部門との緊密な連携が不可欠です。**

Slack や Chatwork のようなビジネスチャットツールを活用し、情報をチャットベースで共有したり、Zoom や Google Meet のようなビデオ会議ツールを用いて他部門と連携することが効果的です。

例えば、デジタルマーケティングの主な目標の1つは、高品質なリードを獲得することです。しかし、このリードが営業部門にスムーズに引き渡されなければ、営業活動の成功は望めません。マーケティング部と営業部の間で情報を共有し、リードの品質や営業の進捗を共有することで、リード獲得の効率を向上させることが可能です。

　また、マーケティング部門は市場の需要や顧客の声に敏感であり、これらの情報を商品開発部に共有することで、より質の高い商品開発が可能になります。

　さらに、CRMシステムを用いてリード情報を一元管理し、営業部門もこのシステムを活用することでリードの情報をリアルタイムで確認できます。リード獲得時に営業部への自動通知を設定することで、営業活動を迅速に進めることができます。

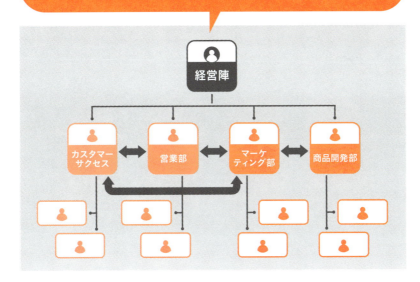

03　デジタルマーケティングにおけるリーダーシップの重要性

▌守らなければならない規則を作成し遵守させる

デジタルマーケティングは、日常的に顧客情報を取得しやすい業務です。そのため顧客には、収集したデータを安全に保存し、不正アクセスやデータ漏洩のリスクを最小化することが約束されています。この信頼を維持するため、経営陣やマーケティングマネジャーは、**プライバシーとセキュリティに関する明確な規則と方針を策定し、組織に徹底させる**必要があります。

また、デジタルマーケティングにおいて、顧客との信頼関係はもっとも重要な資産の1つです。リーダーシップのもとで、その信頼を築くためのマーケティング活動が求められます。誤解を招くような誇大広告は、短期的な利益をもたらすかもしれませんが、長期的にはブランドの評価やリピート購入の機会を失う原因となります。真実性、透明性、顧客の期待を超える価値を提供することを規則として盛り込むことで、持続的な企業の成長を実現することができます。

15
04

組織構築のケーススタディ

デジタルマーケティング成功の鍵は、異なる専門領域のエキスパートが手を取り合い、連携しながら取り組むことで実現されます。以下、異なる業界において、どのように組織を構築し、デジタルマーケティングを実践して成功を収めたのか見てみましょう。

▊ 化粧品Eコマース企業のケーススタディ

A社は化粧品を販売するEコマースの企業です。市場の競争が激化する中、同社は成長を継続するための施策を模索していました。

データを基にした意思決定の重要性を認識していた同社は、経験豊富なデータアナリストを採用。詳細な解析により、商品ページへのアクセスは多いものの、購入に至らない消費者が多いことが明らかになりました。さらなる調査により、商品詳細の情報不足や購入手続きの複雑さがCVRの低さの要因であることが判明。

この問題点を解消するために、デザイナーとコーダーを新たにチームに加え、商品ページのデザイン改善や詳細情報の追加、さらに購入フォームのUI/UXの最適化を行いました。

04 組織構築のケーススタディ | 587

また、購入途中で放棄した「かご落ち」ユーザーに焦点を当てるため、デジタル広告マーケターとCRMマーケターを採用。リマーケティング広告やEメールキャンペーンを通じて、これらのユーザーに再購入を促す戦略を立案・実施しました。

　各マーケターやクリエイターが連携を取りながら施策を進めた結果、購入完了率が大幅に向上。数カ月で月間売上が前年比で35%増加し、デジタルマーケティングの組織構築が企業の躍進に貢献しました。

▌飲食業のケーススタディ

　B社は、地域に根差した小規模なカフェです。大手チェーン店との競争の中、同社は新しい集客施策を模索していました。

　ソーシャルメディアの力を認識していた同社は、ソーシャルメディアマーケターを採用し、X（旧Twitter）やInstagramなどのソー

シャルメディアを活用し、店舗のエンゲージメントを向上させる戦略を展開。カフェの日常や新メニューの紹介、特定の日のイベントやお客様の声などを積極的にシェアしました。

　さらに、リピート顧客を増加させるため、CRMマーケターを採用。LINEを通じてリピート顧客に特別なディスカウントやイベント情報を直接お知らせしました。これにより、半年で顧客の再来店率が42%向上。特に、ソーシャルメディアで情報を得た新規客のリピート率が23%増という成果を上げました。

　また、毎月のコミュニティイベントを開始。ソーシャルメディアでの活動を店舗の現実の場にもつなげ、フォロワー同士の交流を促進。このイベントにより、毎月平均で新規の来店者数が15%増加しました。

　このようにして、ソーシャルメディアマーケターとCRMマーケターが互いに連携し、B社は顧客とのつながりを強化。短期間での売上げ増加と顧客のロイヤルティ向上を実現しました。

15 / 05 自社の目標とリソースに応じて 組織を構築する

　Ｅコマース企業においても、地域の飲食業においても、企業成長にデジタルマーケティングは必要不可欠です。しかし、それぞれの企業の目標や現状のリソース、市場の状況によって、取り組むべきデジタルマーケティングの戦略や構築方法は異なります。

　新規顧客の獲得を重視するのか、既存顧客からのリピートを増やすのか。また、ブランドの認知度向上が目標なのか、直接の売上増加が目標なのか。これらの目標によって、採用するデジタルマーケティングの施策や必要な人材は異なります。

　自社のビジネス目標を明確にし、取り組むべき戦略や施策を考えたら、自社のリソース（予算、人材）を評価し、目標達成にはどのような人材が必要かを洗い出し、組織を構築するようにしてください。

15 06 業務委託するか マーケティング企業に外注するか

　デジタルマーケティングを実践するうえで、自社内に充分なリソースがない場合、対応策として外部のマーケターに業務委託する方法や、マーケティング企業に業務を外注する方法が考えられます。以下はそれぞれの比較表です。いずれもメリットとデメリットがありますので、特徴を押さえたうえでリソースを確保する手段としてご活用ください。

項目	業務委託	マーケティング企業
コスト	工数単位での費用	サービス単位での費用
専門性	特定のスキルセットに特化していることが多いため、特定の業務を依頼することになる	幅広いスキルセットに対応できることが多いため、業務全般を依頼することができる
柔軟性	柔軟に対応可能なため、プロジェクトの変更が容易	プロジェクトの変更の際には契約変更など手続きが必要な場合があるため、柔軟性には欠ける
信頼性	個人の状況や事情により変動が大きい	個人に比べれば企業としての安定性が高い

第 15 章でやるべきこと

本章を基に、あなたのビジネスで組織構築を進めてください。

(((AIと共に拓く)))

第 15 章を参考に、ChatGPT のような AI をあなたのビジネス組織に統合する際は、組織のビジョンと AI 導入の目的との整合性を確認してください。AI を活用することで、業務効率化やカスタマーサービスの向上など、具体的な目標を設定することが重要です。さらに、AI 導入においては、データ漏洩のリスクや関連する課題にも対処する必要があります。顧客の信頼を維持するために、AI の利用規則を明確に定め、組織全体で徹底することが不可欠です。

第 16 章

AI と共に拓く：
ChatGPT をマーケティングに
活かす方法

第 16 章の概要

　ChatGPT（Chat Generative Pre-trained Transformer）は、ア
メリカ・カリフォルニア州に本拠を置く OpenAI が提供している
AI チャットボットです。高度な自然言語能力を持っており、質問
応答、文章生成、要約、翻訳、解析などの業務で高い性能を発揮し
ます。ChatGPT を有効活用すれば、マーケティング業務を効率化し、
質を高めることができます。

　なお、AI チャットボットには Microsoft の Microsoft Copilot
や Google の Gemini など他の選択肢も存在します。それぞれに独
自の特徴がありますが、本章では ChatGPT の概要、そのメリット
とデメリット、そしてマーケティングに活かす方法について解説し
ます。なお、本書の記述は執筆時点の内容です。AI チャットボッ
ト技術は常に進化しているため、新たな機能が追加されたり、既存
の機能が改善されたりする可能性があります。したがって、本章で
学んだうえで、常に最新情報を把握するようにしてください。

本章で学ぶこと
1.　マーケティングを変革する ChatGPT の仕組みと機能
2.　これから始める ChatGPT
3.　ChatGPT のメリットとデメリット
4.　ChatGPT の回答の精度を高める方法
5.　ChatGPT をマーケティングに活かすための具体的な戦略

16-01 マーケティングを変革するChatGPTの仕組みと機能

　ChatGPTは回答の精度の高さ、人間と変わらない自然な会話能力が話題を集め、2022年11月のサービス開始からわずか2カ月でユーザー数が1億人を突破しました。

　現在はより精度を高めた最新バージョン「ChatGPT-4o（omni）」がリリースされています。日本語にも対応しており、公式サイトからアカウント登録することで、法人・個人問わず利用できます。

引用：OpenAI「ChatGPT」（https://openai.com/index/chatgpt/）

▍従来のチャットボットと何が違う?

　従来のシナリオ型チャットボットや AI 型チャットボットは、人が用意したシナリオ、選択肢、あるいは学習データを基に回答を生成します。

　一方、**ChatGPT は Web 上の膨大な情報を自ら学習し、自然言語での回答を生成**します。まず、この自律的な学習能力が従来のチャットボットと ChatGPT のもっとも大きな違いです。

　さらに、ChatGPT が学習する情報には、Web サイトの記事や文章だけでなく、Web サイトを構成するソースコードやプログラミング言語も含まれる場合があります。このような独自の学習仕様が、後ほど詳しく解説する ChatGPT 独自の機能を支えています。

　利用者側の視点から見ると、ChatGPT は導入のハードルが低い AI チャットボットです。運用開始に際し、特別なシナリオや学習データを用意する必要がなく、質問の分岐を手作業で作成する必要もありません。人の手による準備や助走期間なしに、スムーズな運

用スタートが可能です。

ChatGPTができること①：質疑応答

従来のチャットボットでも一般的な機能である質疑応答ですが、ChatGPTはその能力をさらに高めています。膨大なデータから学習するChatGPTは、単なる受け答えにとどまらず、複数の条件や選択肢が錯綜する複雑な問いかけに対しても**文脈を理解し、人との会話と変わらない自然な語句、表現で回答**します。

この高度な質疑応答能力をうまく活用すれば、顧客満足度の向上や問い合わせコストの削減が期待できます。

主な利用シーン
- ネットショップなどのカスタマーサポート
- 社内FAQ、社内手続きのガイダンス
- イベントやキャンペーンの情報提供

■ ChatGPT ができること②：テキストの要約・翻訳

ChatGPT に文章を貼り付け「要約して」「要点は？」といった指示を出すと、**文章の核心を抽出した要約テキストが自動出力**されます。この機能は、長文の市場調査レポートの読解や、資料に基づいたリサーチに役立ちます。また、例となるテキストがあれば、議事録や日報の作成にも活用できます。

なお、要約するテキストの文字数が多くなると、エラーメッセージが表示されることがあります。長文を要約する際は、適切な長さに分割して複数回にわたって送信することをお勧めします。

さらに、ChatGPT は英語、中国語などの主要な言語の**翻訳**も可能です。この機能は、外国語のメールや文書を日本語に翻訳する際に便利です。

主な利用シーン

- ✅ 長文レポートの読解、資料を基にしたリサーチ
- ✅ 議事録・日報の作成
- ✅ メールや文書の多言語翻訳

■ ChatGPT ができること③：テキストの生成

続いて３つ目はテキストの生成機能です。Web の膨大なデータを基にテキストを自動生成するのは ChatGPT の特に注目すべき特徴の１つです。指定されたテーマやキーワードに基づいて、**小説や動画の脚本、ブログ記事など、ストーリー性のある文章も自動生**

成することができます。

　自動生成されたテキストが著作権を侵害していないか、知財関連法上の問題がないかを確認する必要はありますが、特にクリエイティブな業務でリソースが限られている企業にとっては、有用です。

> **主な利用シーン**
> ✔ コンテンツ SEO におけるラフ案（たたき）の作成
> ✔ 商品やサービスのコンセプト策定、広告文の立案
> ✔ ソーシャルメディアのコンテンツ作成

▌ChatGPT ができること④：コードの生成と解析

　ChatGPT はプログラミングに関する質問に答える能力があり、**簡単なコードスニペットを生成**することもできます。しかし、実際には関数やプログラミング言語を「学習」する訳ではありません。また、マクロの計算式や C 言語、HTML のスクリプトを生成する能力は限定的です。既存のプログラムやソースコードを読み込んでバグや問題点を抽出する能力も、現段階では確立されていません。

　主な利用シーンとしては、簡単なコードの生成やプログラミングに関する質問への回答などがあります。使い方次第で、スタートアップの初期段階でのアイデア検証やコードのドラフト作成に役立つかもしれません。

> **主な利用シーン**
> ✔ 簡単なコードスニペットの生成
> ✔ プログラミングに関する質問への回答
> ✔ エンジニアリングの初期段階でのアイデア検証

■ ChatGPT ができること⑤：画像や音声の解析

　最新の GPT-4o ではテキストだけでなく、**アップロードされた画像やスマートフォンアプリを通じて入力された音声を基に対話を行うことが可能**です。作成した画像クリエイティブへのフィードバックを得たり、アイデアを音声で伝えて即座にフィードバックを得たりすることが可能です。

主な利用シーン

- ✓ デジタルマーケティングにおけるビジュアルコンテンツの解析
- ✓ 広告キャンペーンのための画像クリエイティブの解析
- ✓ ソーシャルメディア投稿用の画像クリエイティブの解析

■ ChatGPT ができること⑥：画像の生成

　DALL-E（ダリ）というツールは、静止画の生成を可能にします。入力されたテキストやアップロードされた写真を基に、指定された画像を作成します。入力方式の多様化により、動画を含むコンテンツの生成が可能になっています。

主な利用シーン

- ✓ デジタルマーケティングにおけるビジュアルコンテンツの作成
- ✓ 広告キャンペーンの画像クリエイティブの作成
- ✓ ソーシャルメディアにおけるユーザー生成コンテンツ（UGC）の作成

16-02 これから始める ChatGPT

　ChatGPTを利用するにあたっては、他のWebサービスと同様、アカウント登録が必要になります。まずはOpenAIが運営しているChatGPTの公式サイトにアクセスし、登録を進めてください。

ChatGPTの使い方

　ChatGPTのメイン画面は直感的な設計になっています。画面下部にある入力窓にカーソルを合わせ、質問や要約したいテキストを入力します。その後、右端の紙飛行機のアイコンをクリックして送

信します。

　送信後、質問への回答や要約文が表示されます。もし途中で表示を止めたい場合は、「生成を停止する」ボタンをクリックすることで止めることができます。

新たな質疑応答や要約を行いたい場合は、画面左上の「新しいチャット」を選択します。また、チャット内容に応じて左側のメニューにトピックスが追加される場合があります。

補足

ChatGPT は現在、PC やスマートフォンの Web ブラウザだけでなく、iOS および Android 向けのアプリも提供されています。料金プランには無料版の他に、Plus や Team や Enterprise などの有料版があります。

有料版では、最新の GPT-4o を使用した高速な応答、プラグインの利用、進んだデータ分析などのベータ機能が利用可能です。 GPT-4o は最新のデータに基づいて学習しているため、時事情報や最新のトレンドに対する理解が深い可能性があります。インター

ネットをブラウズする機能も組み込まれており、リアルタイム情報を参照することが可能です。

　また、マイ GPT と呼ばれる、目的別にカスタマイズされた GPT を生成する機能もあります。画像生成の DALL-E や Data Analysis を含む機能は有料版で提供されています。**ChatGPT を実務で活用する場合には、有料版の利用を推奨します。**

|16|
|03|

ChatGPT の
メリットとデメリット

ChatGPT にはどういった利点があるのか、逆に利用にあたって注意しなければならない点は何か、見ていきましょう。

▌ChatGPT のメリット

ChatGPT のメリットは多岐にわたりますが、ここでは主に 4 つの点に焦点を当てます。これらのメリットを活かすことでマーケティング業務はもちろんのこと、それに付随するルーティンワーク、事務作業を**大幅に効率化することが可能**です。

多機能性による効率化 ——— 操作がシンプル

業務効率⬆

構文の精度が高い ——— 事前準備が不要

▌メリット①：多機能性による効率化

ChatGPT は質疑応答、文書の要約、翻訳、簡単なテキスト生成など、多くの機能を持つ AI チャットボットです。有料版では、表計算やプログラミングに関するタスクまでカバーしています。ChatGPT を導入することで、特定の作業に特化した複数のツールを使い分ける必要が減ります。これにより、ツールの導入や運用にかかる手間とコストを削減できる可能性があります。

▌メリット②：操作がシンプル

ChatGPT はテキストベースで操作できるため、PC やスマートフォンを問わず、基本的なキーボード操作で簡単に利用できる点が大きなメリットです。先述したように、画像や音声を基に対話を行うことも可能で、これによりユーザーは多様なコンテンツ形式を活用できます。この柔軟性は、デジタルマーケティングにおいては特に重要で、さまざまなニーズに迅速かつ効果的に応えることが可能といえます。

▌メリット③：構文の精度が高い

ChatGPT は日本語にも対応しており、人が会話に用いるのと変わらない自然言語で回答するように設計されています。

詳しくは後ほど解説しますが、適切なチェックと調整を行えば、ChatGPT が生成したテキストを記事やコンテンツとして配信する

ことも可能です。

　ChatGPT によって生成されたテキストは一般的に読みやすく、誤字脱字や文法の誤りも少ないです。

▎メリット④：事前準備が不要

　ChatGPT は一般的な Web 上の情報を基にしていますが、実際には OpenAI が用意した大規模なデータセットで機械学習が行われています。従来のシナリオ型チャットボットや AI 搭載型チャットボットとは異なり、ユーザーが事前に質問の選択肢を作成したり、特定の学習データを用意したりする必要はありません。

▎ChatGPT のデメリット

　ここまで見てきた通り、ChatGPT は多機能ながら手軽に使え、運用コストも抑えられる、非常に優れた AI チャットボットです。ただし、いくつかのデメリットもあるので、利用にあたっては注意する必要があります。具体的な対策とあわせて見ていきましょう。

▎デメリット①：正確さを欠くことがある

　ChatGPT は機械学習に基づいて回答を生成するため、必ずしも正確な情報を提供するわけではありません。特に、地域や時期に依存するような質問や指示に対しては、誤ったレスポンスを返すことが多いようです。例えば、「八王子市のマーケティング会社は？」

という質問をしても、都心にオフィスを置く大手マーケティング会社がリストアップされる可能性があります。

　ChatGPTは構文の精度が高く、正確な日本語を用いますが、そのために回答を鵜呑みにしてしまいがちです。利用の際は必ず**裏付けのチェックや事実関係の確認**を怠らないようにしましょう。

▌デメリット②：データがやや古い可能性がある

　ChatGPTは**過去のWeb上のデータを基に機械学習されているため、最新の情報については必ずしも正確な回答を提供できない場合**があります。特にITや医療のように急速に技術が進歩する分野では、現状に即した回答が難しいことがあります。

　この問題に対処するため、**ChatGPTの有料版にはインターネットをブラウズする機能が組み込まれており、リアルタイムの情報を参照することが可能**になっています。これにより、最新の情報

を反映する能力は改善傾向にありますが、提供される情報をそのまま鵜呑みにせず、慎重に扱う必要があります。

▌デメリット③：著作権侵害のリスクがある

ChatGPT によって生成されるテキストには、**既存の著作物と類似した語句や文章が含まれる可能性**があります。このようなテキストをそのまま公開すると、著作権侵害のリスクがあります。あくまで機械的につくられたテキストであることを理解して、コンテンツや記事に利用する際は、必ず構成と文脈を見直し、表現、言い回しも変更・調整しましょう。

▌デメリット④：情報漏洩のリスクがある

ChatGPT に個人情報や機密情報を入力すると、AI の学習とアウトプットを通じて外部へ漏れてしまう可能性があります。こうしたセンシティブな情報は基本的に入力しないようにしましょう。社名などを入力する場合は匿名で入力してコンテンツを生成したうえ、利用するのが無難です。

ChatGPT の 回答の精度を高める方法

16 04

　もともと精度の高さに定評がある ChatGPT ですが、以下でご紹介する 5 つのポイントを実践することで、さらに精度の高い回答を得ることが可能です。まず、ChatGPT の回答の精度を高めるとどのようなメリットが得られるのか、また「ChatGPT の精度を高める」とは具体的に何を意味するのかを説明します。

▎ChatGPT の回答の精度が高まると……

　ChatGPT の回答の精度が高まると、より客観的で一貫性のある回答が得られるようになります。これにより、情報収集やリサーチにかかる時間が短縮され、テキストの修正に必要な手間も削減できます。特にマーケティングの分野で ChatGPT を活用する場合、このような精度の向上は業務効率を大いに高める要素となります。

▎ChatGPT の回答の精度を高めるには

　ChatGPT の精度を高めるための方法は主に 2 つ存在します。1 つは **Web 情報の学習**です。ChatGPT は Web 上の膨大なデータを学習することで、より正確な回答を提供できるようになります。

ただし、このプロセスにユーザーが直接的に**関与することは限られています**。特定のソースコードをChatGPTに読み込ませたり、アンケート結果を参照させたりすることで学習を促すことは一応可能ですが、学習の大部分は運営元であるOpenAI社のプログラムによってコントロールされています。

したがって、ユーザーが直接影響を与えられるのは**プロンプト、すなわち、質問や指示を伝えるテキストの最適化です**。

ChatGPTに対して何を求めるのかを明確にするためには、プロンプトを工夫して最適化することが重要です。これがChatGPTの回答の精度を高めるためのキーポイントとなります。具体的な方法は以下で、5つに分けて解説します。

■ プロンプトの最適化の方法①：条件を明示する

ChatGPTに質問する際には、質問の目的、背景、状況、制約、要件などの条件を明示することで、より**客観的かつ詳細な回答**を得られます。

例えば、SEO対策について知りたい場合は、複数の条件やキーワードを具体的に盛り込むとよいでしょう。

ChatGPTは手軽に使えるツールですが、そのために曖昧な質問をしてしまうと、望む回答が得られない可能性があります。言葉足らずの質問にならないよう、注意が必要です。

04　ChatGPTの回答の精度を高める方法　｜　611

SEO対策の始め方は？

 中小企業が**予算10万円**でできるSEO対策の**手順**をまとめて。

条件をキーワードとして盛り込むことで
回答の精度がアップ

プロンプトの最適化の方法②：質問を分割する

　従来のチャットボットと同様に、ChatGPTでも1つのテーマについて質疑応答を行うことが可能です。

　特定のテーマやトピックについてより詳細な情報を得たい場合、一度に多くの質問をするのではなく、**質問を複数回に分割**するとよいでしょう。このように質問を分割することで、各質問に対してより具体的な回答を得られます。

中小企業が予算10万円でできるSEO対策の手順をまとめて。

ページタイトルで気を付けるポイントは？

競合対策は何から着手すべき？

■ プロンプトの最適化の方法③：文字数を適切に制限する

ChatGPT は一般的に長文の回答にも対応しています。ただし、長文のテキストは内容が多岐にわたり、読むのにも時間がかかる可能性があります。

一般的に、人が一度に理解できる文字数は約 **150 文字～ 200 文字**とされています。そのため、質問や要約の指示を出す際には、この範囲を目安に文字数を制限することが推奨されます。

文字数を適切に制限することで、要点をしっかりと押さえた、わかりやすい回答を得られやすくなります。

競合対策の注意点を 200 文字以内で教えて。

文字数を抑えることで要点のまとまったわかりやすい回答に

■ プロンプトの最適化の方法④：明確なロールを指定する

ChatGPT はプロンプトによって特定のロール（役割）を与えることができます。この機能は、特定の立場や視点に基づいて回答やテキストを生成する際に有用です。

例えば、特定の分野に関する専門的な知識が欲しい場合、その分野のエキスパートとして ChatGPT にロールを与えることで、より専門的な回答を得られます。

You

あなたは経営学者です。DXが企業の経営に与える影響とリスクについて、500字以内でレポートを書いてください。

冒頭でロールを指定

ChatGPT

デジタルトランスフォーメーション（DX）は、企業の経営に革命をもたらす可能性がありますが、同時にいくつかの重要な影響とリスクも伴います。

まず、DXは業務プロセスの効率化と自動化を促進し、生産性を向上させる可能性があります。データ分析や人工知能の活用により、迅速かつ正確な意思決定が可能となります。これにより、企業は市場の変化に柔軟に対応し、競争力を維持することができます。

プロンプトの最適化の方法⑤：
オリジナルの ChatGPT を作成する

マイ GPT の機能を活用すれば、専用の ChatGPT を作成することが可能です。この機能は、対話形式、あるいは設定の構成（Configure）によって行います。これにより、自社の方針、コンプライアンス要件、業界の特有のニーズに合わせて ChatGPT をカスタマイズすることができます。また、ChatGPT のユーザーには、作成した ChatGPT を公開していることもあります。例えば、ロゴ作成に特化した ChatGPT などが存在しますので、それらを利用することもできます。

04 ChatGPTの回答の精度を高める方法

16-05 ChatGPTをマーケティングに活かすための具体的な戦略

マーケティングにおけるChatGPTの利用状況を整理しつつ、5つの主要な利用シーンに分けて、その使い方と注意点について解説します。まずはChatGPTの利用状況から見ていきましょう。

■ ChatGPTとマーケティングの現状

マーケティング支援事業を手がける企業によるインターネット調査の結果を紹介します。

調査によれば、ChatGPTについて知っているマーケティング担当者のうち、実際にマーケティング活動にChatGPTを活用した経験があると答えた人は、**全体の3割**にとどまっています。

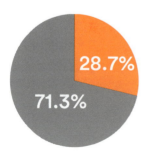

ChatGPTをマーケティングに…
- 活用したことがある **28.7%**
- 活用したことがない **71.3%**

※調査期間：2023/03/06-03/09
※モニター：企業のマーケティング担当者101名

また、まだ活用していない担当者に対して今後の活用予定について質問したところ、全体の過半数がポジティブな回答を示しました。しかし、ChatGPTのマーケティングでの活用に対して懐疑的または不明確な意見を持つ担当者も約4割にのぼりました。

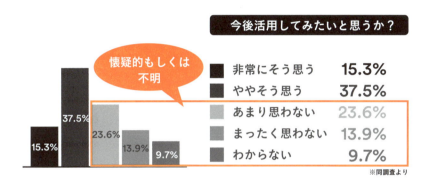

　そこで、疑問が生まれます。ChatGPTをマーケティングに活かすことは、難しいのでしょうか？

　結論として、ChatGPTはマーケティング業務において非常に優れたツールです。適切な使い方によって、業務効率化やコスト削減に大いに貢献します。

　ただし、先述したようなデメリットがあるため、人の手による確認や判断、調整が不可欠です。

　このような背景から、ChatGPTを補助的なツールとして捉え、正しく運用するのが大切になってきます。そうした注意点とあわせてChatGPTの活用方法を見ていきましょう。

- 情報の正確性を欠くことがある
- データがやや古い可能性がある
- 著作権侵害や情報漏洩のリスクがある

マーケティングにおける ChatGPT の利用シーン①：リサーチ

　ChatGPT は膨大なデータを有しており、自然言語を用いるアウトプットも非常に理解しやすい形となっています。この特性を活かして、市場調査や競合調査を効率的に実施することが可能です。

　ただし、ChatGPT のデータは一部古いものも含まれている可能性があり、またその正確性には限界が存在します。そのため、他の中立的で客観的な情報源との照合は不可欠です。

　ChatGPT の情報が本当に正しいのか判断に迷った場合は、行政機関によるレポート、シンクタンクが公開している調査データなどを参照するのがよいでしょう。

リサーチのプロンプト例

 EV 自動車の市場シェアは？　最新の情報を教えてください。

2023年現在、世界中で電気自動車(EV)の市場シェアは大幅に成長しています。2022年には、新車販売のうち14%が電気自動車で、これは2021年の約9%、2020年の5%未満からの顕著な増加です。2023年第2四半期のバッテリー電気自動車(BEV)の販売は前年比で50%以上増加し、販売された車の10台に1台がBEVでした。中国、アメリカ、ドイツが世界のBEV販売で先導しており、その中でもアメリカの成長率がもっとも高く、前年比で約57%増加しています。さらに、2023年8月までに、世界中で810万台以上のプラグイン電気自動車が登録され、全体の約16%を占めています。

これらの統計は、電気自動車の急速な普及を示しており、クリーンで持続可能な交通手段への自動車産業の大きなシフトを反映しています。

マーケティングにおける ChatGPTの利用シーン②：企画・構成

　広告やコンテンツの企画を立てたり構成を決めたりする際は、ChatGPTに**逆質問**させるアプローチが有用です。

　コンテンツに欠かせない要素や文脈を逆に質問の形でChatGPTから引き出すことにより、コンテンツに適したボリューム、取材の

進め方など制作の大きなヒントを得られます。より詳細な情報を得るために、プロンプトにロールやターゲットを盛り込むのもおすすめです。

ただし、ChatGPTはWeb上の単語や文章の出現頻度を重視してアウトプットを生成するため、提示された要素や文脈が既存のコンテンツと重複するリスクがあります。そのため、Google検索などでの確認を怠らないようにしましょう。

企画・構成のプロンプト例

今年の秋冬ファッションのトレンド記事を書くために、必要な情報を私に質問してください。

秋冬ファッションのトレンドに関する記事を作成するために、以下の質問にお答えいただけますか？

1. デザインとスタイル：今年の秋冬の主要なファッショントレンドは何ですか？　どのようなデザインやスタイルが注目されていますか？

2. 色と素材：どのような色や素材がトレンドになっていますか？　特に人気のある色合いやテクスチャーはありますか？

3. アクセサリーと小物：どんなアクセサリーや小物が流行していますか？　例えば、バッグ、帽子、スカーフなど。

4. シューズ：どのような靴が流行していますか？　特定のスタイルや素材がありますか？

5. 男女別トレンド：男性と女性のファッションに違いはありますか？　それぞれのトレンドを教えてください。

6. サステナビリティとエシカルファッション：環境に優しい素材やエシカルな生産方法に関連するトレンドはありますか？

7. 影響を受けている文化や時代：今年のトレンドは特定の文化や歴史的時代にインスピレーションを受けていますか？

これらの質問に答えることで、より詳細で魅力的な記事が作成できると思います。他にも取り上げたいポイントがあれば、ご自由にお知らせください。

マーケティングにおける ChatGPTの利用シーン③：クリエイティブの制作

　ChatGPTの自然言語生成能力は、従来のチャットボットにはない独自の特長です。

　企画立案や構成の段階で行ったように、プロンプトにターゲット層や特定のロールを明示することで、生成されるテキストや画像などのクリエイティブの質を向上させることが可能です。

　生成されたテキストは、事実誤認や不正確な情報が含まれていないか確認したうえで、記事の「下書き」として活用するのがよいでしょう。再度強調しますが、ChatGPTのデータは一部古いものも含まれている可能性があり、著作権侵害のリスクも存在するため、生成されたテキストをそのまま公開することは避けてください。

クリエイティブの制作のプロンプト例

あなたはデジタルマーケターです。「ブランドキーワードをリスティング広告に設定するメリットとデメリット」の記事を作成するための要点を整理してください。

「ブランドキーワードをリスティング広告に設定するメリットとデメリット」というテーマの記事を作成す

るため、以下の要点を整理しました。

メリット

1. ブランド保護：

・ブランドキーワードを使用することで、競合他社が同じキーワードで広告を出すことを防げます。

・ブランドの信頼性を高め、検索結果ページでの視認性を確保します。

2. 高いクリック率（CTR）：

・ブランドキーワードは通常、高いクリック率を生み出します。これは、検索者が既にブランドに関心を持っているためです。

3. コスト効率のよさ：

・ブランドキーワードは、一般的なキーワードに比べて低いコストで入札できることが多いです。

4. ターゲット化されたトラフィック：

・ブランドキーワードは、ブランドにすでに関心を持っているユーザーをターゲットにするため、より関連性の高いトラフィックを引き寄せることができます。

デメリット

1. ブランドの自然検索トラフィックの可能性の低下：

・リスティング広告でブランドキーワードを使用すると、自然検索結果からのトラフィックが広告に移行する可能性があります。

2. コスト：

ブランドキーワードに対しても費用が発生するため、本来無料で得られるはずのトラフィックにコストがかかることになります。

3. 依存度の高まり：

ブランドキーワードの広告に依存し過ぎると、自然検索結果や他のマーケティング戦略に対する依存度が低くなる可能性があります。

結論

ブランドキーワードをリスティング広告に設定することは、ブランドの視認性と保護に有効ですが、自然検索トラフィックやマーケティング戦略全体への影響を考慮する必要があります。この戦略は、特に競争が激しい市場や、ブランド認知度を高めたい段階において効果的です。しかし、広告に依存し過ぎず、SEOやコンテンツマーケティングなど他の戦略とのバランスを取ることが重要です。

マーケティングにおける
ChatGPTの利用シーン④：コードの生成

　テキストの自動生成に加えて、プログラミング言語の記述もChatGPTの対応範囲です。デジタルマーケティングの視点では、メタディスクリプションの記述、パンくずリストの作成、内部リンクの生成といった内部SEOも、ChatGPTで行うことが可能です。

クリエイティブの制作のプロンプト例

パンくずリストのコード例を書いてください。

パンくずリストのHTMLコードを作成する際には、一般的にリスト（<ul>または<ol>）を使用し、それぞれのリストアイテム（<li>）にリンク（<a>）を含めることが一般的です。以下に、シンプルなパンくずリストの例を示します。この例では、HTMLとCSSを組み合わせています。

HTML
```
<nav aria-label="Breadcrumb">
  <ul class="breadcrumb">
    <li class="breadcrumb-item"><a href="/">
    ホーム </a></li>
```

05　ChatGPTをマーケティングに活かすための具体的な戦略　｜　625

```html
    <li class="breadcrumb-item"><a href="/
    category">カテゴリ </a></li>
    <li class="breadcrumb-item active" aria-
    current="page"> 現在のページ </li>
  </ul>
</nav>
```

CSS

```css
.breadcrumb {
  list-style: none;
  padding: 0;
  display: flex;
  align-items: center;
}
.breadcrumb-item + .breadcrumb-item::before {
content: ">";
  margin: 0 8px;
}
.breadcrumb-item a {
  text-decoration: none;
  color: #0275d8;
}
.breadcrumb-item.active {
  color: #6c757d;
}
```

> このコード例では、基本的なパンくずリストの構造を示しています。nav 要素でパンくずリストを囲むことで、アクセシビリティを高めています（aria-label 属性を使用）。CSS は、パンくずリストのビジュアルスタイルを定義しています。各リストアイテム間には矢印（>）を表示し、現在のページはリンクではなくテキストとして表示しています。
>
> この例を基に、ご自身のウェブサイトのスタイルに合わせてカスタマイズすることができます。

マーケティングにおける ChatGPT の利用シーン⑤：データや画像の解析

ChatGPT はデータや画像の解析において多角的に活用することができます。

データ解析のプロンプト例

> あなたは「デジタルマーケティングのオンラインスクール事業を運営する企業」の「オンライン動画講座」を集客・販促するデジタルマーケターです。GA4 で計測した Web サイトの実績を記載します。収益やコンバージョン数を増やすためのアイデアをお願いします。

セッション数	表示回数	新規ユーザー数	新規ユーザーからの収益	リピートユーザー数	リピートユーザーからの収益	収益	CV数	CVR
2,290,700	8,470,015	1,323,500	¥1,050,100	345,218	¥3,326,769	¥4,376,869	18,967	0.82%

GA4 で計測した Web サイトの実績をもとに、収益やコンバージョン数を増やすためのアイデアを以下に提案します。

1. 収益とコンバージョンの増加に向けた戦略リターゲティング広告の強化：

・リピートユーザーからの収益が新規ユーザーからの収益を大きく上回っています。既存顧客にリターゲティング広告を展開し、リピート購入を促進します。

・セッション中に特定の行動を取ったがコンバージョンに至らなかったユーザーをターゲットにします。

2. 新規ユーザーの獲得戦略の見直し：

・新規ユーザーのコンバージョン率を高めるために、ターゲットオーディエンスの精緻化や広告の最適化を行います。

・セグメント別に効果のあった広告やメッセージを分析し、よりパーソナライズされたキャンペーンを展開します。

これらの戦略を通じて、新規ユーザーの獲得とリピートユーザーのリテンションを同時に強化し、Webサイトの全体的な収益とコンバージョン数を増加させることが可能です。データ駆動型のアプローチを取り、定期的に戦略の効果を測定し、必要に応じて調整を行うことが重要です。

画像解析のプロンプト例

あなたは「デジタルマーケティングのオンラインスクール事業を運営する企業」の「オンライン動画講座」を集客・販促するデジタルマーケターです。「デジタルマーケティングのオンラインスクールを販促するセールスレター」の「メインビジュアル」を評価してください。

画像に表示されているのは、デジタルマーケティングのオンラインスクール事業を運営する企業のウェ

ブページのメインビジュアルです。ビジュアルの評価をする際に重要なのは、ターゲットとなるオーディエンスに訴求できるかどうかという点です。

このビジュアルは鮮やかな青を基調としたデザインで、宇宙や星をモチーフにした装飾が施されており、未来的かつ革新的なイメージを表現しています。オンラインスクールというコンセプトにマッチしていると感じます。アイコンやシンボルは明瞭で直感的に理解しやすいものが選ばれており、SEO対策、SNS、Google広告、Eメールマーケティング、Googleアナリティクス解析などのデジタルマーケティングの要素を効果的に示しています。

ただし、テキストの量が多く、一目で受け取る情報が多すぎる可能性もあります。特にメインメッセージは簡潔にし、ユーザーがすぐに理解できるようにすることが大切です。また、コンバージョンを促すための「今すぐスクールに申し込む」のような明確なコールトゥアクションが見受けられますが、それが視覚的にもっと際立つような設計が望まれます。全体的に見ると、ビジュアルはプロフェッショナルで魅力的ですが、ユーザーの注意を引きつけるためにはいくつかの改善点が考えられます。

第 16 章でやるべきこと

1. 本章を基に、ChatGPT のアカウントを作成してください。業務で活用する場合は有料版の契約をお勧めします。

2. リサーチ、企画・構成、クリエイティブの制作、コードの生成、データや画像の解析などの業務で活用を開始してください。

3. 一度得られた回答に満足することなく、最適な結果を得るために ChatGPT との対話を継続的に行うようにしてください。

(((AIと共に拓く)))

本章で学んだ内容を基に、第 1 章から第 15 章の各章末尾に記載されている「AI と共に拓く」の課題に取り組んでください。

おわりに

　最後まで本書をお読みいただき、誠にありがとうございました。

　本書の内容は、2018年9月にAutoPilotAcademyを立ち上げた際に作成した数百本の動画講座のコンテンツを基に、最新の情報に更新しています。立ち上げから6年以上が経過しましたが、AIの章を除くと、6年前に作成したコンテンツが今もなお有効であることから、デジタルマーケティングの本質は変わっていないということを、本書の執筆を通じて改めて感じました。

　Twitterの名前がXに変わったり、Googleアナリティクスが Universal Analytics（UA）からGoogle Analytics 4（GA4）に移行したりと、メディアやツールの流行り廃りは確かに存在します。しかし、これらの変化は表面的なものに過ぎず、デジタルマーケティングの根底にある原則は変わらずに存在しています。

　変わらずに重要なデジタルマーケティングの原則とは、「顧客を知り、顧客に寄り添い、顧客を動かすこと」です。これは、認知を得てトラフィックを見込み客に変換し、それらを育成して収益や顧客生涯価値を最大化することを意味します。また、満足した顧客が新規顧客を紹介するだけでなく、ブランドに対するポジティブな情報を広く発信することも含まれます。

　冒頭で申し上げたように、本書では、そうした変わらない原則に

焦点を合わせ、どのような変化があろうとも通用する戦略や考え方をお伝えし、実務に役立つ戦術まで紹介することに注力しました。

　もちろん、手元にあったコンテンツとはいえ、書籍という限られた紙面でもっとも重要なことに焦点を当て、常に変化するデジタルマーケティングの情報も最新のものに更新しながらまとめあげていくことは時間を要しました。実際に本書の執筆には1年半を要しましたが、その過程を通じて私自身も多くの学びを得ることができましたし、執筆後は次の目標も明確になりました。

　本書を読み終えた後は、巻末の購読者限定特典からデジタルマーケティング改善シートをダウンロードいただき、ぜひご活用いただきたいです。この改善シートは、どのようなビジネスモデルにも対応可能で、1枚でデジタルマーケティングの業務を可視化し、自社でのカスタマイズが容易です。また、課題点の分析と最適化にも非常に有効です。デジタルマーケティング実践チェックリストなどのツールと合わせてご活用ください。

　さらに、同じく巻末の購読者限定特典でご案内している「AIと共に拓く デジタルマーケティング完全攻略バイブル 無料ウェビナー」にもぜひご参加いただきたいです。こちらのウェビナーは、随時受講可能な1時間の無料ウェビナーで、AIを活用した最先端のデジタルマーケティングの戦略と戦術を学ぶことができます。AIプロンプト集と合わせてご活用いただくことで、デジタルマーケティングの成功を加速させることができるでしょう。

以上、本書で紹介したデジタルマーケティングの戦略と戦術が、自社だけの売れる仕組みを創るヒントになれば、著者としてこれ以上の幸せはありません。

　最後に、本書を出版する機会を与えてくださったプレジデント社の金久保徹様、浦野喬様、川又航様、本書を執筆するにあたり貴重なアドバイスやサポートをくださった皆様に、この場を借りて心より感謝の意を表します。

株式会社 AutoPilotAcademy 代表取締役　小池英樹

追伸：本書を応援してくださる皆さまへ

　第 11 章をご覧いただけた皆さまなら、以下のお願いの意味をご理解いただけると思います。本書に共感いただけたなら、以下の方法で応援をお願いします。

- **レビューを書く**：Amazon でレビューをお願いします。
- **本書を薦める**：友人や同僚に本書を紹介してください。
- **SNS でシェアする**：ハッシュタグ【#AI と共に拓く デジタルマーケティング完全攻略バイブル】をつけて投稿してください。

　皆さまの応援が本書の成功とデジタルマーケティングの未来を拓きます。ご協力をどうぞよろしくお願いいたします。

索引

【英数字】

3C分析 ･･････････････････････ P92
4Uの原則 ･･････････････････････P359
80:20の法則（パレートの法則）
･･････････････････････････････P550
ABテスト ･･････････････････････ P278
AI ･･････････････････････････････ P11
Audience Network ･･･････････P241
Bing ･･･････････････････････････ P135
Bing Webmaster Guidelines ･･･P178
BtoB･･･････････P2、P290、P297、P362
BtoC ･･･････････P6、P297、P404、P435
Cacoo ･･････････････････････････P335
ChatGPT（Chat Generative Pre-
trained Transformer）･･･････････P594
Chatwork ･･･････････････････････P584
click･･･････････････････････････P492
CMS（Content Management
System）･･････････････････････ P116
Cookie･･････････････････････････P482
CPA ･････････････ P26、P273、P274
CRM（Customer Relationship
Management）･･･････････････････P389
CRMマーケター ･･･････････････P579
CTA ･････････････ P130、P248、P278
CTR ･･････････････････････ P273、P274
CV･･･････････････････P54、P274、P532
CVR･P24、P273、P274、P524、P532
Diff ･･････････････････････････････P324
Direct ･･･････････････････････････P497
Display･･････････････････････････P497
drip･････････････････････････ P350、P389

easywebinar ･･････････････ P367、P372
EFO（Entry Form Optimization）
･････････････････････････････ P24、P336
Email･･････････････････････････････P497
Eコマース･･･････････ P182、P496、P587
Eメール ･･････････････････ P121、P352
Eメールマーケティング･P50、P75、P344
Facebook ･･････････････････････ P183
Facebookインサイト ･････････････P203
Facebook広告 ･･ P220、P228、P230
first_visit ･･････････････････････････P492
Gemini･･･････････････････････････P594
Google ･････････････････････････ P6
Google Analytics（GA）･･･････P480
Google Analytics 4（GA4）･･･ P481
Google Search Console
･･････････････P163、P170、P513、P527
Google Meet ･･･････････P364、P584
Google Merchant Center
････････････････････････････P252、P260
Googleアナリティクス解析 ･･･････P75
Googleが掲げる10の事実 ･･････ P140
Googleキーワードプランナー
･････････････････････P92、P101、P254
Google検索セントラル････ P142、P168
Google広告 ･･････････････P228、P251
Google広告の透明性について ･･P272
Googleフォーム ･･･････････････ P103
GRC ･･･････････････････････････ P163
GTM（Google タグ マネージャー）
････････････････････････････････････P512
HtoH ･･･････････････････････････ P6

635

Instagram ·········P184、P190、P209
Instagramインサイト ·············P203
Instagram広告
············· P220、P228、P230、P231
IoT ································· P23
KGI（Key Goal Indicator：経営目標達
成指標）···················P203、P522
KPI（Key Performance Indicator：重
要業績評価指標）··· P51、P204、P522
LINE ······························ P186
LINE広告 ·················P228、P270
LINEヤフー ·······················P178
LinkedIn™ ························ P188
Linkedin™広告·····················P271
LPO ································P45
LTV（Life Time Value：顧客生涯価値）
································ P416、424
MA（Marketing Automation）
································ P390
MakeLP ···························P305
Meta Business Suite············P204
Meta広告··············· P220、P230
Meta広告ライブラリ ············· P272
Metaビジネスヘルプセンター ····P236
Metaピクセル·····················P233
Messenger························P204
Microsoft Clarity··············· P165
Microsoft Copilot···············P594
Microsoft広告 ····················P268
MVV（Mission, Vision, Values）·· P581
OpenAI ·················· P594、P601
Optimizilla ····················· P148
Organic Search ················P497
Organic Social ·················P497
PageRank ························ P141
PageSpeed Insitghts ··········· P148
page_view ·······················P492

Paid Search ·····················P497
Paid Social ······················P497
Paid Video ······················P497
Pinterest····················P188、P272
Pinterest広告 ············ P228、P272
P-MAXキャンペーン ······P252、P263
PMF（Product Market Fit）·····P582
PR（Public Relations）··········P554
PR TIMES ·······················P563
purchase ·························P492
Referral ··························P497
RFM分析 ·························P439
ROI··········· P41、P69、P224、P274
scroll ·····························P492
Semrush····························· P169
SEO・コンテンツマーケター ······ P577
SEO対策············ P38、P114、P138
SEOチェキ ························ P163
SERPsアナライザー···············P164
session_start ·····················P492
SFA（Sales Force Automation）··P390
SimilarWeb ······················ P94
Slack·····························P583
Social Insight ····················P207
Squoosh···························P148
TikTok·····························P187
TikTok広告 ·······················P270
TinyPNG（Tinify）················ P148
Universal Analytics（UA）·······P482
USP ············ P68、P82、P84、P86
utm································P498
utm_campaign ···················P499
utm_content····················P499
utm_medium ····················P499
utm_source·····················P499
utm_term ·························P499
video_engagement············P492

VR ······································ P411
VSL（Video Sales Letter：ビデオセールスレター）······························P340
Webアンケート ··············P93、P151
Web制作 ·····················P22、P82
WordPress ················P116、P146
X（旧Twitter）····················· P185
X Analytics（Xアナリティクス）
····························· P203、P466
X広告·······················P228、P269
Yahoo! ····················· P135、P178
Yahoo!広告 ·······················P267
Yahoo!知恵袋 ····················· P93
YouTube ·····························P187
YouTube Studio ················P212
YouTube広告 ·····················P287
Zoom ············· P120、P364、P372

【ア】
アセット ····················P257、P265
アップセル ·········· P40、P110、P429
アップデート情報········· P109、P455
アテンション（熟読エリア） ········P517
アドボカシー影響度 ·········P50、P56
アルゴリズム ···············P140、P178
いいね！（いいね）·················P204
イベント数 ···············P491、P529
インストリーム広告
····················P252、P288、P290
インタレストターゲティング ·······P236
インデックス ···············P143、P164
インデックス登録 ·················P514
インテント マッチ ·················P255
インフィード動画広告············P287
インフォグラフィック ·············· P115
インフルエンサー ·················· P201
インフルエンスファネル············· P35

ウェビナー ·P120、P296、P364、P369
エバーグリーンウェビナー P376、P382
エンゲージメント率（Engagement Rate）······························ P274
エンゲージメントレポート ·········P488
炎上 ·································P206
オークション分析 ················· P94
オプトイン ·························P296
オプトインページ ········ P294、P300
音声 ························P119、P600

【カ】
開封率····················· P25、P358
外部SEO························· P166
カスタマージャーニー· P63、P64、P65
カスタムオーディエンス ···········P238
仮説検証 ·························P542
画像広告 ·························P242
カルーセル広告 ···················P242
完全一致 ·························P256
危機対応マニュアル ·············P206
競合（Competitor） ·············· P92
興味関心（Interest）
····················· P31、P237、P296
キーイベント ··············P484、P494
キーワード··· P101、P136、P155、P254
キーワードのマッチタイプ ········P255
業務委託 ························· P591
クラウドファンディング ···········P565
クリエイター ·······················P580
クリエイティブ ·····P242、P278、P580
クリックエリア ·····················P518
クリック数の最大化··············P254
クリック数（Clicks） ··············P274
クリック率（CTR：Click Through Rate）······················P24、P274
クロスセル··· P40、P110、P430、P435

637

クローラー ……………… P143、P146
経済産業省 ………………… P581
継続（Retention）……………… P31
検索エンジン最適化 …… P74、P138
検索エンジン最適化（SEO）スターター
ガイド …………………………… P141
検索キャンペーン ………P251、P253
検索需要 ………………… P92、P556
検索需要関数…………………… P157
検索パフォーマンスの分析 ……P514
検索品質評価ガイドライン ……P124
月間平均検索ボリューム ……… P156
コアオーディエンス …………… P236
広告 ……………………………P220
広告投資対効果（ROI：Return on
Investment）………………… P274
広告費用対効果（ROAS：Return on
Advertising Spend）………… P274
広告ポリシー……………………P250
広告見出し ………………………P257
広告ランク………………………P257
購読解除率 ………P25、P352、P357
購入頻度 …………………………P54
購買（Action）…………………… P31
顧客獲得単価（CPA：Cost Per
Acquisition）………… P274、P532
顧客管理システム（CRM：Customer
Relationship Management）…P389
顧客・市場（Customer）……… P92
顧客生涯価値（LTV）…… P416、P423
顧客心理 ………………P31、P62
コレクション広告 ………………P243
コンテンツ ………………P96、P98
コンテンツSEO ……………… P149
コンテンツカレンダー ………… P199
コンテンツのアイデア ………… P99
コンテンツの形式 ……………… P99

コンテンツマーケティング……… P96
コンバージョン ……………… P32
コンバージョンAPI……………P235
コンバージョン数（CV：Conversion）
………………………………… P274
コンバージョン数最大化‥P254、P276
コンバージョン値を最大化 ……P254
コンバージョン率（CVR：Conversion
Rate）……… P24、P54、P240、P274

【サ】

最適化（Optimization）……… P26
サイネージ広告 ………………P566
自社（Company）……………… P92
視認範囲のインプレッション単価
…………………………………P254
シミュレーション
………… P273、P276、P277、P285
収益商品（バックエンド）
…………………P400、P416、P418
収益の方程式…………………… P48
集客商品（フロントエンド商品）
………………………… P394、P400
集客レポート …………………P487
終了エリア ……………………P517
重要業績評価指標 …………… P51
除外キーワード ………P257、P263
ショート広告 …………………P289
紹介（Advocacy）……………… P31
ショッピングキャンペーン ‥P252、P260
新規ユーザー数…………P53、P491
ステップメール …… P25、P350、P382
スパムリンク……………………P169
スモールキーワード（ロングテールキー
ワード：Long Tail Keyword）…P157
スライドショー広告 ……………P242
生成AI ……………………… P11

セッションあたりのページビュー数
………… P491、P528、P529
セッション数……………… P52、P491
セールスレター …………P294、P298
属性ターゲティング ……………P237
ソーシャルメディア ‥ P103、P111、P117、
P134、P182、P183、P192
ソーシャルメディアキャンペーン …P463
ソーシャルメディア広告 …P223、P229
ソーシャルメディア投稿 …… P117、P182
ソーシャルメディアマーケター …・ P577
ソーシャルメディアマーケティング
………………… P75、P180、P208
ソーシャルリスニングツール ……P207
専門性・経験・信頼性・権威性（E-E-
A-T)……………………………P124

【タ】

タクシーメディア ………………P565
ダブルファネル ………………… P36
探索 ……………………………P489
ターゲット市場………………… P69
地図 …………………………… P115
直帰率………………… P352、P491
テクノロジーレポート ………… P487
ディスプレイキャンペーン……… P252
デジタル広告……… P75、P123、P220
デジタル広告マーケター……… P578
デジタルマーケター …………… P20
デジタルマーケティング …………P22
デジタルマーケティング改善シート
……………… P17、P18、P19
デマンドジェネレーションキャンペーン
（旧ファインドキャンペーン）
………………P252、P258
電子書籍（E-Book）…………… P118
データアナリスト ………………P579

データドリブンマーケティング
………………… P75、P520、P542
到達率………………… P25、P353
トラフィック…………P44、P50、P52
動画キャンペーン……………… P252
動画広告 ………………P229、P242
ドミノ・ピザ …………………… P83

【ナ】

内部SEO………………… P145
日本マーケティング協会………… P10
入札戦略………………………P254
入力フォーム最適化（EFO）……P336
認知（Awareness）……………… P31

【ハ】

配信面…………………………P241
発信（Sharing）…………………… P31
ハッシュタグ ………………… P192
発リンク ……………………… P170
バンパー広告…………P252、P288
パンダアップデート…………… P144
パーソナライズドメール …………P25
パーチェスファネル ……… P33、P34
比較検討（Consideration）……… P31
表示回数（Impressions）……… P274
被リンク ………………P166、P168
品質スコア ……………………P258
ヒートマップ …………… P165、P516
ファーストビュー ……… P303、P317
フィード…………………………P262
フレーズ一致 …………P255、P256
ブログ記事 …………………… P114
ブロックチェーン ………………P22
プロンプト ………………P58、P611
平均エンゲージメント時間
………………… P484、P491

639

平均クリック単価（CPC：Cost Per Click） ················· P273、P274
平均購入単価 ····················· P54
ペナルティの確認 ················· P514
ペライチ ·························· P305
ペルソナ ······················ P26、P73
ペンギンアップデート ············· P144
ページビュー数 ··················· P491
フォロワー数 ····················· P466
ホワイトペーパー ················· P118

【マ】

マクロミル ························ P93
マーケティング ···················· P10
マーケティングファネル ············ P28
マーケティングマネジャー ········· P576
マーケティングメッセージ ·········· P68
ミエルカヒートマップ ·············· P516
見込み客（リード） ················· P53
見込み客化 ······················ P44
ミッション、ビジョン、バリュー
················ P115、P182、P561、P581
メタバース ························P22
目標インプレッションシェア ·······P254
目標広告費用対効果（ROAS） ··· P254

【ヤ】

矢野経済研究所 ··················· P93
唯一無二の販売提案（USP）
······················· P68、P82、P422
ユーザー数 ······················· P491
ユーザー生成コンテンツ（UGC：User Generated Content） ···· P112、P467

【ラ】

ライブ配信 ················· P120、P182
ランク付け ························ P143

ランディングページ ········ P122、P296
理想的な顧客像 ···················P73
ランサーズ ······················· P161
リアルタイムレポート ·············P486
リスティング広告 ···· P44、P123、P229
リファーラル率 ········ P50、P55、P524
リピートユーザー数 ········ P491、P530
リポスト ··················· P162、P185
リーチ数（Reach） ·········P52、P274
リード ···························· P53
リード獲得率 ··············· P50、P53
リードナーチャリング ···· P344、P346
リードマグネット ········· P294、P306
類似オーディエンス ··············P239
ロジックツリー ··················· P522

【ワ】

ワイヤーフレーム ·················P332

デジタルマーケティング実践チェックリスト

デジタルマーケティングの戦略と戦術の達成度を図るために
本チェックリストをご活用ください。

カテゴリー	チェック項目	チェック
マーケティング ファネル（第1章）	認知・興味関心・比較検討・購買・継続・紹介・発信の各ファネルにおける顧客心理を明確にしていますか？	
	各ファネルにおける KPI を設定していますか？	
ターゲット市場、 ペルソナ、USP（第2章）	最適なターゲット市場を選んでいますか？	
	ペルソナを作成していますか？	
	USP を作成していますか？	
コンテンツ マーケティング（第3章）	顧客のニーズを探りましたか？	
	認知・興味関心・比較検討・購買・継続・紹介・発信の各ファネルに適したコンテンツのアイデアと形式を考えていますか？	
	作成したコンテンツは専門性・経験・信頼性・権威性を備えていますか？	
	一次情報を基にコンテンツを作成していますか？	
	作成したコンテンツは信頼できる専門家による監修を受けていますか？	
SEO 対策（第4章）	検索エンジンからの集客において、Google を重視していますか？	
	Google が目指す目標を理解していますか？	
	検索エンジン最適化（SEO）スターターガイドを参照して SEO 対策を行いましたか？	
	URL を最適化していますか？	
	タイトルタグを最適化していますか？	
	パンくずリストを設置していますか？	
	ページの表示速度を上げていますか？	
	レポート型の記事コンテンツを作成していますか？	
	プレスリリース型の記事コンテンツを作成していますか？	
	辞書型の記事コンテンツを作成していますか？	
	対策キーワードを選定していますか？	
	記事を作成後、宣伝・拡散していますか？	
	記事を作成後、効果測定をしていますか？	
	記事の効果測定後、改善を実施していますか？	
	被リンクを購入していませんか？	
	自社が管理する他の Web サイトからリンクを設置していますか？	
	ビジネスパートナーにリンク設置を依頼していますか？	
	外部サイトのリンク切れに対応していますか？	
	スパムリンクを排除していますか？	
	発リンクを活用していますか？	

カテゴリー	チェック項目	チェック
ソーシャルメディア マーケティング（第5章）	ソーシャルメディアのユーザー層と特徴を押さえたうえで、ターゲット層に適したプラットフォームを選定していますか？	
	ソーシャルメディア運用を行ううえで、自社に精通した人材がいるか・いないかを確認していますか？	
	ソーシャルメディアに合った形式で情報を共有していますか？	
	ソーシャルメディアのプロフィールを充実させていますか？	
	配信ペースと配信時間を最適化していますか？	
	人的リソースの確保と管理をしていますか？	
	コンテンツカレンダーを作成していますか？	
	1つのコンテンツをフル活用していますか？	
	インフルエンサーを活用してトラフィックを獲得していますか？	
	解析ツールを活用して運用を最適化していますか？	
	危機対応マニュアルを作成していますか？	
	ソーシャルリスニングツールを活用していますか？	
デジタル広告運用 （第6章）	適切なデジタル広告のプラットフォームを選定していますか？	
	適切なキャンペーンの目的を選んでいますか？	
	Webサイトでの広告効果測定ができるようにタグを設置していますか？	
	イベントやコンバージョン計測の設定をしていますか？	
	ターゲットやペルソナの情報を基にターゲティング設定をしていますか？	
	適切な配信面を設定していますか？	
	ターゲットやペルソナに訴求するクリエイティブを作成していますか？	
	広告ポリシーを遵守し配信停止などのリスクを回避していますか？	
	シミュレーションの作成と実績のレポーティングを行い、 広告運用を最適化していますか？	
オプトインページ・ リードマグネット・ セールスレター・ EFO・VSL（第7章）	オプトインページの情報は必要最小限に絞っていますか？	
	オプトインページは具体的なメッセージや 利用シーンを想像できるビジュアルを組み合わせていますか？	
	オプトインページのCTAボタンは目立たせていますか？	
	オプトインページの内部リンクは控えていますか？	
	オプトインページの登録フォームは極力シンプルにしていますか？	
	オプトインページはソーシャルメディアのシェアボタンをつけていますか？	
	リードマグネットは即効性のある内容になっていますか？	
	リードマグネットはオリジナリティがありますか？	
	リードマグネットは本命商品との関連性がありますか？	
	セールスレターは「結」「起」「承」「転」の構成になっていますか？	
	セールスレターには信頼の要素が入っていますか？	

カテゴリー	チェック項目	チェック
	セールスレターは可読性が確保されていますか？	
	セールスレターは利便性が高いものになっていますか？	
	フォームは SSL 化が実施されていますか？	
	フォームは入力項目数を絞っていますか？	
	フォームは住所情報の入力をアシストしていますか？	
	フォームは必須マークと入力例を表示していますか？	
	フォームはアラート機能を活用していますか？	
	VSL を作成していますか？	
E メール・ウェビナー・リードナーチャリング・CRM（第 8 章）	E メールの到達率を改善するためにエラーアドレスを除外していますか？	
	E メールの到達率を改善するためにコンテンツの容量を抑えていますか？	
	E メールの到達率を改善するためにスパム判定につながる語句・記号は用いていませんか？	
	E メールの件名は 4U の原則にのっとっていますか？	
	E メール配信のタイミングと頻度は最適化されていますか？	
	ウェビナー実施の本番当日トラブルを避けるためにリハーサルをしていますか？	
	企画から効果測定までウェビナーの運営における 7 つのステップを施していますか？	
	収益を自動化するエバーグリーンウェビナーを実施していますか？	
	CRM を導入し、有効活用していますか？	
フロントエンド商品（第 9 章）	フロントエンド商品は手軽な価格で即座に購入可能ですか？	
	フロントエンド商品はバックエンド商品へのつながりと一貫性がありますか？	
	フロントエンド商品はニーズを完全には満たさない不完全なものになっていますか？	
バックエンド商品（第 10 章）	バックエンド商品は今の「不自由」に目を向けたものになっていますか？	
	バックエンド商品の USP は「かけ合わせ」で決めていますか？	
	バックエンド商品は LTV を考慮したものになっていますか？	
	アップセルは適切な頻度・タイミングで提案していますか？	
	アップセルは選択肢を増やしすぎていませんか？	
	クロスセルは予算に合った商品を提案していますか？	
	クロスセルは選択肢を増やしすぎていませんか？	
	クロスセルを成功させるために RFM 分析を行っていますか？	
	顧客の購入頻度を上げるために E メールを活用していますか？	
	顧客の購入頻度を上げるためにリマーケティング広告を活用していますか？	

カテゴリー	チェック項目	チェック
	顧客の購入頻度を上げるためにイベントを開催していますか？	
	顧客の継続期間を伸ばすためにインセンティブを提供していますか？	
	顧客の継続期間を伸ばすためにカスタマーサポートを実施していますか？	
	LTVを向上させるために商品やサービスのアップデート情報を提供していますか？	
紹介と発信（第11章）	インセンティブ情報や共有しやすいソーシャルメディア情報で紹介を促していますか？	
	顧客の紹介を促進するソーシャルメディアキャンペーンを実施していますか？	
	UGCの作成と発信を促すため、スタッフレビューを用意していますか？	
	UGCの作成を発信を促すために、利用方法と活用術を共有していますか？	
	UGCの作成と発信を促すためにソーシャルメディアキャンペーンを実施していますか？	
	商品・サービスに関する顧客のストーリーを共有していますか？	
	コミュニティイベントの開催で発信を促していますか？	
GA4、GTM、Google Search Consolre、ヒートマップ（第12章）	GA4の初期設定を行っていますか？	
	GA4のリアルタイムレポートを活用していますか？	
	GA4のテクノロジーレポートを活用していますか？	
	GA4の集客レポートを活用していますか？	
	GA4のエンゲージメントレポートを活用していますか？	
	GA4の探索レポートを活用していますか？	
	GA4の広告レポートを活用していますか？	
	目標のイベントをキーイベント設定していますか？	
	Eコマース設定をしていますか？	
	流入経路別のパフォーマンスを解析し、マーケティング施策を最大化するのに役立てていますか？	
	特定のオーディエンスのユーザー行動を解析し、マーケティング施策を最大化するのに役立てていますか？	
	コンテンツのキーイベント貢献度を解析し、マーケティング施策を最大化するのに役立てていますか？	
	マーケティングファネル別のパフォーマンスを解析し、マーケティング施策を最大化するのに役立てていますか？	
	GTMで効率的にタグを管理していますか？	
	Google Search Consoleを活用して検索トラフィックを解析していますか？	
	ヒートマップツールを活用してデータを解析していますか？	

カテゴリー	チェック項目	チェック
データドリブン マーケティング（第13章）	マーケティングファネル別に5個程度のKPIを選定していますか？	
	ロジックツリーを用いてKGIとKPIを設定していますか？	
	マーケティングのパフォーマンス低下の原因となるファネルを特定していますか？	
	データドリブンマーケティングを成功させるための11ステップを実践していますか？	
認知・PR（第14章）	マスメディアやインフルエンサーに取り上げてもらうためのPRを実施していますか？	
	ブランドのミッションやビジョンやバリューを基に自社独自のストーリーを作成していますか？	
	PR TIMESをはじめとしたプレスリリースを活用していますか？	
	認知向上のためのクラウドファンディング、タクシーメディア、イベントの開催、電車のサイネージ広告、テレビCMなどに取り組んでいますか？	
組織（第15章）	マーケティングマネジャーは組織にいますか？	
	SEO・コンテンツマーケターは組織にいますか？	
	SNSマーケターは組織にいますか？	
	デジタル広告マーケターは組織にいますか？	
	CRMマーケターは組織にいますか？	
	データアナリストは組織にいますか？	
	クリエイターは組織にいますか？	
	ミッション、ビジョン、バリューは明確になっていますか？	
	製品はPMFを達成していますか？	
	チームメンバーを育成し、組織を管理していますか？	
	マーケティング部は営業や商品開発など他部門と連携していますか？	
	守らなければならない規則を作成し遵守させていますか？	
	自社の目標とリソースに応じて組織を構築していますか？	
	業務委託を雇用するかマーケティング企業に外注するか決めていますか？	
AI（第16章）	ChatGPTなどの生成AIツールを活用していますか？	
	回答の精度を高めるためにプロンプトには条件を明示していますか？	
	回答の精度を高めるためにプロンプトでは質問を分割していますか？	
	回答の精度を高めるために文字数を適切に制限していますか？	
	回答の精度を高めるために明確なロールを指定していますか？	
	生成AIをリサーチに活用していますか？	
	生成AIを企画・構成に活用していますか？	
	生成AIを記事制作に活用していますか？	
	生成AIをSEO対策に活用していますか？	
	生成AIを広告運用に活用していますか？	
	生成AIをデータや画像の解析に活用していますか？	

―― 購読者限定特典 ――

デジタルマーケティングの成功を加速する特典をご用意しました

デジタルマーケティングを活用して成功を収めたいですか？
その答えが「はい」なら、
「AIと共に拓く デジタルマーケティング完全攻略バイブル」は
あなたの頼りになる友になるはずです。
この書籍を手に入れて、豪華特典を手にしましょう！

《 本書で掲載した以下ツールは購読者限定で無料で使用できます 》

1. デジタルマーケティング改善シート
   ― 効果的なデジタルマーケティングの戦略を策定
2. デジタルマーケティング実践チェックリスト
   ― 実践後に、このリストで進捗を確認
3. ターゲット作成シート
   ― あなたのビジネスにおけるターゲット市場を特定
4. ペルソナ作成シート
   ― 理想的な顧客像を作成
5. USP作成シート
   ― 競合他社と差別化するための唯一無二の価値提案を策定
6. 書籍で紹介したリソースのURLリスト
   ― 本書で紹介したツールやヘルプなどの重要なリソースに簡単にアクセス

● 特典はこちらからダウンロード！
https://www.autopilotacademy.jp/mastery-bible/
または、本書に添付されたQRコードをスキャン！

ご注意

提供される特典は、自社使用のみに限定させていただいております。再配布や再販は禁止されております。また、予告なく特典提供が終了する場合がありますので、お早めにダウンロードください。特典を使用して生じた問題について、当社および著者は責任を負いかねますので、ご了承ください。

━━┤ 購読者限定特典 ├━━

AIプロンプト集 & 無料ウェビナーのご案内！

Eメールアドレス登録でさらに豪華な特典をプレゼント！
今すぐ登録して、AIプロンプト集と随時受講可能な無料ウェビナーで、
デジタルマーケティングの成功を確実にしましょう！

《 特典1：デジタルマーケティングに役立つ AI プロンプト集 》

デジタルマーケティングに役立つ AI の活用方法を解説した「AI プロンプト集」をご用意しています。このプロンプト集には、以下のような内容が含まれています。

- **デジタルマーケティング改善シート**：全体的なマーケティング戦略を見直し、最適化するためのプロンプト。AI を活用して、現状の課題を洗い出し、効果的な改善策を立案できます。
- **トラフィック獲得の最適化**：Web サイトへの訪問者数を増やすためのプロンプト。SEO やソーシャルメディア、広告キャンペーンなど、多岐にわたる手法を AI で最適化できます。
- **コンバージョン獲得の最適化**：訪問者を顧客に転換するためのプロンプト。AI を活用したランディングページの改善や、ユーザー体験の向上を通じて、コンバージョン率を向上させることができます。
- **エンゲージメントの向上**：顧客との関係性を深めるためのプロンプト。AI を活用して、パーソナライズされたコミュニケーションを提供することができます。

《 特典2：AIと共に拓く デジタルマーケティング完全攻略バイブル 無料ウェビナー 》

随時受講可能な1時間の無料ウェビナーで、AI を活用した最先端のデジタルマーケティングの戦略と戦術を学びましょう。実践的な内容で、あなたのスキルを次のレベルへ引き上げます！ 無料ウェビナーはご登録後すぐにご視聴いただけます。

- **AI の本質と応用**：デジタルマーケティングにおける AI の具体的な活用方法を解説
- **実践的ツールデモ**：書籍で解説した内容全般にわたる AI ツールの実演
- **成功事例の共有**：最新の事例から学ぶ実践的な戦略と戦術

**AIプロンプト集ダウンロード＆無料ウェビナー視聴の特典は
こちらのフォームからメールアドレスを登録してください！**
https://www.autopilotacademy.jp/mastery-bible-ai/

または右の QR コードをスキャンし、
フォームからメールアドレスを登録してください！

ご注意
再配布や再販は禁止されております。
また、予告なく特典提供が終了する場合があります。

―― 購読者限定特典 ――

本読者限定の
１時間オンラインコンサルティングのご案内！

著者が直接、本書の内容を活用し、読者が直面している具体的なデジタルマーケティングの課題を解決するための個別アドバイスを提供します。

コンサルティングの目的は、読者が書籍の知識を自社のビジネスに適用し、実践的な改善策を見つけることです。コンサルティングの概要と詳細は以下の通りです。

《コンサルティング概要》
・全体の時間：1時間　　・価格：1万円（税込み）　　・形式：Google Meet、Zoom または電話

《コンサルティング詳細》
1. ビジネス概要と課題の理解（15 分）
    ・読者のビジネスモデル、ターゲット顧客、市場環境に関するヒアリング
    ・直面しているデジタルマーケティングの課題や目標の明確化

2. 書籍の知識を活用した解決策の提案
    ・読者の課題に関連する書籍の章やセクションを特定し、具体的なアドバイスを提供
    ・マーケティングファネルの構築、最適なターゲット市場の特定、ニーズに応えるコンテンツの作成、SEO、ソーシャルメディアの有効活用、デジタル広告運用の最適化、見込み客の育成、顧客生涯価値の向上、データを基にした仮説検証などについて議論

3. デジタルマーケティングに役立つ AI の活用方法の提案
    ・ChatGPT や他の生成 AI ツールをマーケティングの戦略や戦術に活用する方法についてアドバイス
    ・AI を用いたコンテンツ作成、顧客サービスの自動化、データ分析の強化など、具体的な活用例を提供

4. 行動計画の策定（ここまで 45 分）
    ・短期間で実行可能な行動計画と、長期的な戦略や戦術の概要を策定
    ・成果を測定するための KGI や KPI の設定、パフォーマンスの追跡方法についてアドバイス

5. フォローアップとサポート（1 時間）
    - コンサルティング後のフォローアップや追加サポートについて案内
    - 戦略や戦術の結果に関する質問やフィードバックを受けるための連絡方法の共有

《お申し込みの方法》
読者限定の 1 時間オンラインコンサルティングは、
こちらのフォームに必要事項を記入してお申し込みください！
https://www.autopilotacademy.jp/mastery-bible-consulting/

または右の QR コードをスキャンし、フォームに必要事項を記入してお申し込みください！

ご注意　著者の業務状況に応じて、実施までにお時間をいただく場合があります。

著者紹介

【著者】小池英樹

株式会社 AutoPilotAcademy（オートパイロットアカデミー）の CEO であり、デジタルマーケター。

上智大学を卒業後、ヤマトシステム開発株式会社に勤務し、2011 年に独立。顧客ゼロの状態からスタートし、オンラインを活用した集客のスキルを磨き上げ、中小企業から大手企業に至るまでの幅広いクライアントのビジネス成長を支援。

2019 年に立ち上げた AutoPilotAcademy では、自らの経験や知識を活かし、デジタルマーケティングの効果的な戦略や戦術を提供している。

趣味は、ドライブ旅行、ランニング、水泳、B'z ライブ鑑賞、映画鑑賞

株式会社 AutoPilotAcademy

https://www.autopilotacademy.jp/

Our Mission

デジタルマーケティングの全体系化と方法論の普及

AutoPilotAcademy【オートパイロットアカデミー】はデジタルマーケティングの全体系化と方法論の普及を目標としてこの目標を達成するために邁進します。

昨今、マーケティングのデジタル化が急速に進み、起業家やマーケティングの専門家はデジタルマーケティングに精通していなければ、企業を成長させることができなくなりました。

しかし、デジタルマーケティングのノウハウは多岐にわたります。
Ｅメールマーケティング、Meta 広告、SEO 対策、コンテンツマーケティング、GoogleAnalytics 解析など、多岐にわたるのです。

さらに、テクノロジーの進化に伴い、デジタルマーケティングは年々複雑で難しいものとなってきました。

各ジャンルのノウハウはそれぞれ進化を続けています。

あなたが企業を成長させようと思うなら、それぞれのノウハウをおさえていく必要があります。

しかし、あなたはただでさえ忙しいビジネスオーナーです。

複雑なデジタルマーケティングを自ら研究しているような時間の余裕はないはずです。

ビジネスの成長に必要なデジタルマーケティングの実践的なノウハウを身に付けるためには、サポートしてくれる誰かが必要なはずです。
それこそがまさに AutoPilotAcademy の目指すものです。

SEO 対策のみのノウハウを得たければ、SEO の専門家が開催している講習会に参加すればよいでしょう。
Google Analytics 解析のノウハウのみを得たければ、Google Analytics 解析の専門家が提供している書籍を読めばよいでしょう。
その他最新のノウハウを得たければ、その分野に精通した専門家を雇えばよいでしょう。

しかし、講習会や書籍や専門家などから得られるノウハウはデジタルマーケティングの分野の一部でしかありません。全体が網羅されておらず、分断されたノウハウしか学ぶことができないため、総合的にデジタルマーケティングのノウハウを身に付けることができないのです。

デジタルマーケティングは総合力で勝負する時代になりました。いくら個別のノウハウに習熟しようとも、デジタルマーケティングを成功させることはできないという事実を理解しなければなりません。

AutoPilotAcademy はこの問題を解決することができれば、多くの企業や経営者のお役に立てるのではないかと考えました。そこで、総合的にデジタルマーケティングのノウハウを身に付けることができるオンラインスクールを開校したのです。

AI と共に拓く
デジタルマーケティング完全攻略バイブル

2024 年 9 月 1 日　第一刷発行

著　者	小池英樹
発行者	鈴木勝彦
発行所	株式会社プレジデント社
	〒102-8641 東京都千代田区平河町 2-16-1 平河町森タワー 13 階
	https://president.co.jp/　https://presidentstore.jp/
	電話　［編集］(03) 3237-3733　［販売］(03) 3237-3731
編　集	金久保 徹、浦野 喬、川又 航、平野俊己（KOBEST）
編集・DTP 協力	大久保弓子
販　売	高橋 徹、川井田美景、森田 巌、末吉秀樹
カバーデザイン	緒方隆憲
DTP	黒須直樹
図　版	谷口朋美、つもうゆき
ネーミング	青野ともみ
校正	株式会社ヴェリタ
著作権処理監修	那住行政書士事務所
制作	関 結香
印刷・製本	株式会社サンエー印刷

【特記事項】

本書の内容は、執筆時点の情報に基づいていますが、技術の進展により情報が変更される可能性があります。ご了承ください。

本書に記載されている株式会社 AutoPilotAcademy のサービスに関する情報は、執筆時点のものです。情報は変更される可能性がありますので、ご了承ください。

本書に記載した組織名や製品名、機能名などには日本や米国、およびその他の国における登録商標または商標を含みます。本文中では、ガイドライン等に抵触しない範囲で、TM、® マークは記載しておりません。

Google の各サービスは Google LLC の商標であり、本書はいかなる形でも Google によって承認されたり、Google と提携したりするものではありません。

Meta の各サービスの記載は Meta の許諾を得て使用しています。

マイクロソフトの各サービスの記載はマイクロソフトの許諾を得て使用しています。

本書で紹介する生成 AI の内容は、執筆時の最新バージョンである ChatGPT-4omni の環境下で動作するように作成されています。

本書に掲載されている画像の一部は、Freepik および Flaticon およびソコストおよびイラスト AC および写真 AC の素材を使用しています。

これらの素材は、Freepik および Flaticon およびソコストおよびイラスト AC および写真 AC の素材の著作権の許可を得て使用しています。

ISBN 978-4-8334-5246-5

© 2024 Hideki Koike　Printed in Japan

落丁・乱丁本はお取り替えいたします。